■ 本书由大连大学重点学科建设经费资助

# 中国古代社会与思想文化研究论集 （第五辑）

郝虹 主编　贾鹏涛 副主编

中国社会科学出版社

图书在版编目（CIP）数据

中国古代社会与思想文化研究论集. 第五辑 / 郝虹主编. —北京：
中国社会科学出版社，2018.4
ISBN 978 - 7 - 5203 - 2151 - 8

Ⅰ. ①中…　Ⅱ. ①郝…　Ⅲ. ①古代社会—中国—文集②思想史—
中国—古代—文集　Ⅳ. ①K220.7 - 53②B215 - 53

中国版本图书馆 CIP 数据核字（2018）第 037713 号

| | |
|---|---|
| 出 版 人 | 赵剑英 |
| 责任编辑 | 孔继萍 |
| 责任校对 | 赵雪姣 |
| 责任印制 | 李寡寡 |

| | |
|---|---|
| 出　　　版 | 中国社会科学出版社 |
| 社　　　址 | 北京鼓楼西大街甲 158 号 |
| 邮　　　编 | 100720 |
| 网　　　址 | http://www.csspw.cn |
| 发 行 部 | 010 - 84083685 |
| 门 市 部 | 010 - 84029450 |
| 经　　　销 | 新华书店及其他书店 |

| | |
|---|---|
| 印　　　刷 | 北京明恒达印务有限公司 |
| 装　　　订 | 廊坊市广阳区广增装订厂 |
| 版　　　次 | 2018 年 4 月第 1 版 |
| 印　　　次 | 2018 年 4 月第 1 次印刷 |

| | |
|---|---|
| 开　　　本 | 710 × 1000　1/16 |
| 印　　　张 | 16.75 |
| 插　　　页 | 2 |
| 字　　　数 | 258 千字 |
| 定　　　价 | 69.00 元 |

# 序

　　大连大学"中国古代社会与思想文化研究中心"成立于2005年，是辽宁省高校人文社会科学重点研究基地。葛志毅教授和王善军研究员先后担任中心主任，为中心的发展做了大量工作，包括出版了《中国古代社会与思想文化研究论集》四辑，以及论文集《海粟集》。

　　作为一所市属高校，大连大学在中国古代社会与思想文化的研究及成果方面，当然无法与"985""211"等人员众多、实力深厚、传统悠长的高校相比。然而，在这样一所既非教育部直属，也非省属的地方性院校，大连大学的中国古代社会与思想文化研究中心却也取得了一些可喜的成绩。自中心成立以来，共获批国家社会科学基金项目7项，在《史学理论研究》《中国史研究》《史学月刊》《安徽史学》《史林》等较有影响的学术刊物上发表了多篇论文，出版学术专著30余部。应该说，对于这样一所市属高校的人文学者而言，坚持着对中国古代社会与思想文化的研究本身，就如同保存了主流学术研究的火种，虽微弱，却可薪火相传，如缕不绝。因为无论是否身处文化中心之地，作为中国人，对自己国家的古代社会与思想文化都有了解、传承和发扬的无可旁贷的责任。尤其处于非文化中心之地的学者，更需尽力存续、播扬火种。

　　历来主流学界对地方史的研究多有轻视之意。其实，地方院校服务地方是无可厚非的，学校生长于斯，发展也多需仰赖地方的养育，以学术文化反哺地方，天经地义。只是不必太功利，否则违背了学术的旨趣，所谓反哺和服务亦是无根，走不远的。具体言之，仅仅强调凸显地方特色，易流于自言自语、自话自说的境地，无法融入更大更宽广的学术语境中，地方史的研究终将难以为继。主流学术研究是树之根干，地方史的研究则是树之枝叶。无根干，枝叶无法生机可然。反过来，无枝叶，根干亦太过单调乏味。要言之,主流学术和地方史的研究本就应互为补充,相得益彰,共同汇聚成学术研究的大江大河。

本论文集收录了大连大学从事中国古代社会与思想文化研究的同人们近年来的成果,亦收录有关地方史研究的诸多新见,从中约略可窥得主流研究与地方研究的互融共存。

学术道路终非坦途,中流击水,砥砺方可前行。

是为序。

郝虹

2017 年 11 月 6 日

# 目　录

## 思想文化史研究

## 社会史研究

# 中外文化比较研究

思想文化史研究

# 论《易·象传》所揭"时""时义""时用"三者内涵实乃六十四卦卦义通例

葛志毅

《易·象传》在说《颐》《大过》等十二卦时，在结末赞语中分别用到"时大矣哉""时义大矣哉""时用大矣哉"，此可概括为《周易》"大时之义"。虽"大时之义"赞词仅及此十二卦，但若细绎其言，详审其义，"时""时义""时用"三者内涵实可推为六十四卦卦义通例。而且如详绎此《周易》"大时之义"，对认识儒学易理乃至全部儒家思想体系，意义所关至大。只是至今似未有人予以明析详示，特述之如下，以就教于大方。

## 一 《彖传》所言"大时"十二卦

《彖传》中言及"时""时义""时用"诸概念之卦如下。

第一，言"时"者。

1. 《颐·彖》："颐，贞吉，养正则吉也。观颐，观其所养也。自求口实，观其自养也。天地养万物，圣人养贤以及万民。颐之时大矣哉。"

2. 《大过·彖》："大过，大者过也。栋桡，本末弱也。刚过而中，巽而说，行，利有攸往，乃亨。大过之时大矣哉。"

3. 《解·彖》："解，险以动，动而免乎险。解利西南，往得众也……天地解而雷雨作，雷雨作而百果草木皆甲坼。解之时大矣哉。"

4. 《革·彖》："革，水火相息，二女同居，其志不相得曰革。己日乃孚，革而信之。文明以说，大亨以正，革而当，其悔乃亡。天地革而四时成，汤武革命，顺乎天而应乎人，革之时大矣哉。"

第二，言"时义"者。

5.《豫·彖》："豫，刚应而志行，顺以动，豫。豫顺以动，故天地如之，而况建侯行师乎。天地以顺动，故日月不过，而四时不忒。圣人以顺动，则刑罚清而民服。豫之时义大矣哉。"

6.《遁·彖》："遁亨，遁而亨也。刚当位而应，与时行也。小利贞，浸而长也。遁之时义大矣哉。"

7.《姤·彖》："姤，遇也，柔遇刚也。勿用取女，不可与长也。天地相遇，品物咸章也。刚遇中正，天下大行也。姤之时义大矣哉。"

8.《旅·彖》："旅，小亨，柔得中乎外，而顺乎刚，止而丽乎明，是以小亨，旅贞吉也。旅之时义大矣哉。"

9.《随·彖》："随，刚来而下柔，动而说，随。大亨，贞，无咎，而天下随时，随时之义大矣哉。"按，末两句，《释文》引王肃本作"而天下随之，随之时义大矣哉"，是也，当从之，此恰可与以上诸句句法同。①

第三，言"时用"者。

10.《坎·彖》："习坎，重险也，水流而不盈。行险而不失其信，维心亨，乃以刚中也……天险不可升也，地险山川丘陵也。王公设险，以守其国。险之时用大矣哉。"

11.《睽·彖》："睽，火动而上，泽动而下，二女同居，其志不同行……天地睽而其事同也，男女睽而其志通也，万物睽而其事类也。睽之时用大矣哉。"

12.《蹇·彖》："蹇，难也，险在前也。见险而能止，知矣哉。蹇利西南，往得中也。不利东北，其道穷也。利见大人，往有功也。当位贞吉，以正邦也。蹇之时用大矣哉。"

按《彖传》解诸卦而言及"时""时义""时用"者，《豫·彖》程传以为《豫》以下十一卦，若校如王肃本，则当为十二卦。

金景芳先生曾指出，《周易》中最重时、中、正、顺、应等几个概念，据以定吉凶之用的便主要是这几个原则，又指出其中以"时"最重要。作为思想方法上的重要特征，《周易》重变通，金老说："《易》以

---

① 《释文》引王肃本，（清）阮元校刻《十三经注疏》（上册），中华书局1980年版，第43页校勘记。

时为贵"，"至言'其道穷'者，则谓时当变通也"①。金老这里指出"时"之重要，在于它和"变通"的关系，即趋时变通乃救弊开新的有效方法。他在《易论上》较全面地论述了变通趋时之义，他说："趋时之义，在《周易》中实认为是行动最高原则。综计《彖传》、《象传》、《文言》中用'大矣哉'赞叹'时义'者六，赞叹'时用'及'时'者各三，其余言'与时偕行'者三，言'与时行'者二，言'与时消息'者一，言'时止则止，时行则行，动静不失其时'者一，言'承天而时行'、'应乎天时而行'者各一。孔子读《易》韦编三绝，盖深有得于此，故不惮从多方面予以阐发。孟子说：'孔子，圣之时者也。'确能指出孔子思想的特点。孔子自述说：'我则异于是，无可无不可。'孟子说：'可以速则速，可以久则久，可以处则处，可以仕则仕，孔子也。'这'无可无不可'和'可以速则速'数语，正是时字注脚。《周易》占变爻本已具有变通趋时之义，但是经孔子阐述之后，更发展了它，丰富了它，使它遂达到更高的境地。"② 金老于此以"时"为例，全面总结了《易传》中有关变通趋时之义的论述，甚为精辟中肯。我欲仅就《彖传》所见用"大矣哉"赞叹"时""时义""时用"的十二例，略抒体会，且以探讨"时""时义""时用"三者在易卦体系中的意义地位。

## 二 《彖传》与大时之义

此十二条见于《彖传》，王弼《周易略例》论《彖传》说："夫《彖》者何也？统论一卦之体，明其所由之主者也。"又说："凡《彖》者，统论一卦之体者也。"又说："凡《彖》者，通论一卦之体者也。"这都说明，《彖传》是一卦大意主旨的总说明。那么，出现于一卦总说明中的"时"是什么呢？《周易略例》曰："卦以存时，爻以示变"，"夫卦者，时也；爻者，适时之变者也"。可以看出，"时"即指每一卦本身。王弼实际上也视每一卦为一时，又称之曰"世"，如于《屯》卦曰："屯难之世，弱者不能自救，必依于强，民思其主之时也。"又于《大过》卦

---

① 金景芳：《学易四种》，吉林文史出版社 1987 年版，第 44、47 页。

② 金景芳：《古史论集》，齐鲁出版社 1981 年版，第 220 页。

曰:"大过者,栋桡之世也。"皆可证。① 那么,如何理解此"时"呢?《周易》的六十四卦体系,全部可视为一个完整的发展过程,而其中每一卦都可视为此全部发展过程中的一个环节,如此的每一环节就是所谓"时"②。在一卦变为另一卦之前,每一环节都处于相对稳定的状态,但它自身内部也有一个相对独特的变化过程,即相对于六十四卦大过程的每卦中的小过程。在此相对独立的小过程中表现出来的内容,就可用上述王弼所言卦、爻关系来说明,即一卦内六爻的变化过程构成一个环节,此环节就是一卦。如果一卦为一时,六十四卦即为一过程之六十四时,所以《周易折中》引蔡清曰:"时之一字,贯六十四卦,皆有,不止《豫》等诸卦耳。"③ 那么,为什么六十四卦中仅于此十二卦揭出"时"义,且又用"大矣哉"予以赞叹呢? 笔者认为,应该是这十二卦之"时"在发为天道人事之际尤未有引起人们注意之处,因而亦具相当代表性,故特予强调。

但此十二卦《象传》在说法上又小有不同,即分为"时""时义"及"时用"三者。吴澄曰:"专言时者,重在时字,时义重在义字,时用重在用字。"上引蔡清之言接下去说:"有时则有义,有义则有用。单言时,则义与用在其中矣。言义未尝无用,言用未尝无义,各就所切而言。"④ 是"时""时义""时用"三者实互相含摄,一卦《象传》若三者中只言其一,余二者自然应认为已包于其中,但三者意义在一卦中的轻重比例之异,已由此显出。其明予揭出者,必是其在此卦内涵中较其

---

① 金景芳:《周易讲座》附录,吉林大学出版社 1987 年版,第 402—403、406—407 页。

② 《周易》所谓"时",内涵丰富,具多元性,如"消息盈虚之谓'时',《泰》、《否》、《剥》、《复》之类是也。又有指事言者,《讼》、《师》、《噬嗑》、《颐》之类是也。又有以理言者,《履》、《谦》、《咸》、《恒》之类是也。又有以象言者,《井》、《鼎》之类是也。四者皆谓之时。"见刘大钧整理《周易折中》,巴蜀书社 1998 年版,第 26 页。此以"消息盈虚""事""理""象"四个具体概念解"时"。按此四者仅从不同层面解释了相关易卦的独具属性特征,但"时"作为易卦的共同属性内涵不会因此受影响而改变,只不过因此突出了卦作为"时"的具体多样性特征。此多样性与各卦在六十四卦体系中的卦时地位之统一性是辩证的结合关系。这里视六十四卦象征某一事物发展的全部过程经历,而每一卦则相当于全过程中的某一具体特定点,此特定点即为"时",即每一卦所代表的具体时间节点。此应为《周易》时概念最主要的内涵意义,故又可称为卦时。

③ 刘大钧整理:《周易折中》,巴蜀书社 1998 年版,第 545 页。

④ 同上。

余二者凸显其重要者，是以才出现在各卦中皆只揭其一而略去其二之不同现象。此外，虽然《象传》中分别言及"时""时义""时用"者仅此十二卦，但此三者内涵实普适于六十四卦，或者说，六十四卦之每一卦皆具此三者内涵。只是《象传》于此十二卦外其余诸卦，未一一明确予以揭出，而是需读者仔细涵泳咀嚼，细心推求。就是说，《象传》乃于此十二卦特为发例，当准此十二卦之例悉心推求六十四卦通例。下面以此十二卦《象传》言及"时""时义"及"时用"者为例，分别阐示剖析之。

第一，言"时"者共四卦，可举《颐》《解》《革》三卦分析之。《颐·象》曰："天地养万物，圣人养贤以及万民。"即《颐》之时在养。《解·象》云："天地解而雷雨作，雷雨作而百果草木皆甲坼。"即《解》之时在开解。按，甲坼应指草木萌发时甲壳开裂，故"坼"亦有开解之意。《革·象》云："天地革而四时成，汤武革命，顺乎天而应乎人。"即《革》之时在变革。

第二，言"时义"者五卦，可举《豫》《姤》两卦。《豫·象》曰："天地以顺动，故日月不过，而四时不忒。圣人以顺动，则刑罚清而民服。"是《豫》之义在以顺动。《姤·象》曰："天地相遇，品物咸章也。刚遇中正，天下大行也。"是《姤》之义在遇合。

第三，言"时用"者三卦，可举《坎》《睽》两卦。《坎·象》曰："天险，不可升也；地险，山川丘陵也。王公设险，以守其国。"即《坎》之用在用险之道。《睽·象》曰："天地睽而其事同也，男女睽而其志通也，万物睽而其事类也。"即《睽》之用在合睽之道。

总之，所谓"时"即是卦，六十四卦即相当于六十四时。《象传》中特于此十二卦中揭出"时"义而特加赞叹者，是因为此十二卦在发为天道人事之际，有特别应予注意者，亦可借之为其余诸卦立一典型。此十二卦所言又有"时""时义""时用"之别，此三者之别在内容上表现为各有侧重。我在分析说解中分别使用了如"颐之时""豫之义""坎之用"之类的讲法，就是为示三者间意义侧重之细微殊异，对此殊异应注意悉心体悟开解。项安世曰："《豫》、《随》、《遁》、《姤》、《旅》，皆若浅事而有深意，故曰'时义大矣哉！'欲人之思之也。《坎》、《睽》、《蹇》，皆非美事，而圣人有时用之，故曰'时用大矣哉！'欲人之别之也。《颐》、《大过》、《解》、《革》，皆大事大变也，故曰'时大矣哉！'欲人之谨之也。"① 此乃以十二卦为例，具体指出"时""时义""时用"三者在各卦意义中的细微殊异之处，并希望能予关注理解，故分别欲人思之、别之、谨之。而且如此不惮其烦地反复述说致意，就是为使人悉心分辨三者在不同卦中的细微殊异所在。此外，虽仅此十二卦《象传》分别言及"时""时义"及"时用"者，但必须知晓此十二卦乃特为发例者，实则六十四卦之内各卦皆包含此"时""时义"及"时用"三者在内，只不过需要读者自行涵泳推求，以期寻得六十四卦通例而已。唯有明乎此通例，《周易》整体贯通之"大时之义"，方可洞明于心。②

卦即是时，这又涉及卦时与卦名的关系问题，由此进一步涉及《象传》在易学义理研究上的重要作用问题。王弼在《周易略例·明象》中说："故举卦之名，义有主矣；观其《象》辞，则思过半矣。"③ 即《象传》总论一卦大意，而一卦大意又可借卦名标示出来。金老也曾论及卦名问题，他说："每卦取象，约之于名，著之于《象》，而畅发其义于《爻》。《象》者论其全，而《爻》则辨其分；《象》者道其常，而《爻》者穷其变；此象与爻之别也。六十四卦之卦名，根据象传发明，可括为二例。"④ 因卦象乃六十四卦属性义谛的基本依托，故卦名及象、爻所言俱主要是对卦象的阐释发明。其中对卦名的阐释，尤以《象传》最重要，故《象传》与卦名关系尤密，所以为把握一卦大义，必须深究《象传》。仔细研究体味会发现，《象传》在阐释易卦大义及易学义理方面，地位重要，是研究《周易》的重要认识凭借。这可以《损》《益》两卦为例剖析之。按《损》《益》两卦《象传》，乃主要围绕损、益两概念讲两卦卦象及两卦大义。《损·象》曰："损，损下益上，其道上行。"此乃借"损"讲其卦卦象，"损"之名由此显。《损》卦乃由《泰》卦变来，将

---

① 刘大钧整理：《周易折中》，第545页。
② 按，对十二卦《象传》所言"时""时义"及"时用"之疏解，孔颖达《周易正义》卷二豫卦下已备尽其详，可参。只是以之与《周易折中》卷九《象上传》豫卦下所言比较，后者显得更简明、直白、切要，研究者可自行参校对比。
③ 金景芳：《周易讲座》附录，第402页。
④ 金景芳：《学易四种》，第40页。

《泰》初九减损，增益到《泰》六五之上，变成《损》之上九。以《泰》卦下体之刚济其上体之柔，故称"损下益上，其道上行"。关于《益》卦，其《彖传》曰："益，损上益下，民说无疆。自上下下，其道大光。"此乃假借"益"字讲其卦象，"益"之名亦由此显。《益》卦乃由《否》卦变来，即减损《否》之上九，增益到下之初六，由下坤上乾之《否》，变为下震上巽之《益》，是为损上益下。犹减损君利而济益下民，故下民悦喜。又《益》乃由《否》变来，《否》之上九乃阳刚之极，乃下来转为《益》之初九，是为"自上下下"。由《否》而《益》，是为"其道大光"①。

　　以上《彖传》所言，乃是对《损》《益》两卦的卦象与卦名的论述，进一步分析《彖传》，可见《损》《益》两卦间的对立互补及相互统一关系，尤可见《周易》中的重时思想："损益有时"及"与时偕行"。至此可以看出，《彖传》对易理的阐释有独到的深入之处，其中包括对重时思想或曰大时之义的阐发论述。

　　《损》《益》两卦可视为一对对立统一的范畴。《损》必须借助《益》才能说明，《益》也必须借助于《损》才能说明，故《损·彖》曰："损，损下益上。"《益·彖》则曰："益，损上益下。"在《损》之六爻中，有损有益，损益相伴并举。在《益》中言"益"之外，亦杂有"损"义，如《益》上九："莫益之，或击之"，"击之"即相当于"损之"。两卦《彖传》又进一步指出损益本身不是绝对的，应以趋时为原则，故《损·彖》曰："损刚益柔有时，损益盈虚，与时偕行。"《益·彖》曰："天施地生，其益无方。凡益之道，与时偕行。"《周易》六十四卦的卦时之义，一般可以通过对卦象、卦名而揭示出其内容主旨。通过对《损》《益》两卦的分析可以看出，在一种朴素的对立统一观念主导下，《损》《益》两卦从卦象、卦名乃至卦义内容上是相互依赖又相互渗透的，六十四卦的关系就在各卦时环节间的通融贯联之中。故《损》《益》两卦应说明，《周易》六十四卦是一个联系整体，各卦间在内容意义上互补相通。对此若能全面揭示，会更有助于深入理解六十四卦的整体性。《损》《益》之外，其著者如《乾》与《坤》、《泰》与《否》、

---

① 唐明邦主编：《周易评注》，中华书局 2004 年版，第 108、111 页。

《剥》与《复》、《坎》与《离》、《既济》与《未济》等，亦可见每两卦间皆存在如《损》《益》般的关系，即从卦象、卦名上已多明显可见相互的对立统一关系。其实《象传》之外，如《说卦》《序卦》《杂卦》诸传，都在试图解开《周易》六十四卦相关各卦间的内容意义联系，这对深入认识六十四卦体系及其属性是非常有益的，似此等内容还有待继续发掘阐发。

上述《象传》对《损》《益》两卦的论述极有代表性，故《象传》所言对认识六十四卦的卦义属性等十分重要。其中又讲到损益之道"与时偕行"，更可见重时之义在易卦体系中的意义，所以在阐发六十四卦属性意义时，对此须留意关注。

以上关于《象传》对卦象、卦名及卦义阐释内容的论述中，总结出《象传》在易卦研究上的深入性和相关重要性。其中更主要的是重时思想或曰大时之义多见于《象传》中，故十二卦大时之义见于《象传》绝非无因。前引《易论上》金老纵论《周易》变通趋时之义外，他更早就讲过，"《易》以时为贵，观《易》者不可滞于一途。《象传》、《文言》称'时'、'时行'、'时用'、'时义'之例甚多"，以下首举此十二卦《象传》之例，次举《乾》、《坤》等十三卦之例，而《观》《恒》等四卦言"四时"者"不与焉"。① 这里金老对"《易》以时为贵"在《象传》及《文言》中的反映，进行了详密的综合举证，除三例见于《文言》外，其余举证内容皆出自《象传》，可见重时思想或大时之义在《象传》内容中的比重，亦应引起人们对之的看重。

综上所述，"时"在《周易》体系中是一个重要概念，而且在《周易》乃至儒家之外，亦可看到与之相类似的思想。如《管子·山至数》："乘时进退。故曰：王者乘时，圣人乘易。"按"易"应指《周易》变易之易，"时"应指《周易》变通趋时之时。从《周易》对"时"及变通趋时思想的深入理解和详细论述看，很可能是"时"超出《周易》乃至儒家，已向外扩散漫衍其影响，如至少已影响及于管子学派。

---

① 金景芳：《学易四种》，第44—46页。

# 三 大时之义乃六十四卦卦义通例

借助以上对十二卦卦例的分析，可为《周易》六十四卦归纳出一个通例，即关于六十四卦共同属性特征的条例。可以说，每一卦即相当于一"时"，亦皆有其"时义""时用"，以用于寄托《周易》随时、趋时、适时而变的重时大义。当然，其中要以"时"最为根本。《周易》六十四卦以乾、坤为首，以既济、未济居末，用以象征世界事物发展无穷链条中的一个环节，其中每一卦即为此特定链条中的一个"时"。作为此环节的卦时，亦皆具自己的"时义""时用"，由此可揭示每一卦时的内涵意义所在，综合六十四卦全体即可见全部易卦体系属性特征的系统性意义。其中"时义"是对"时"在每一卦意义的具体阐示；"时用"是对每一卦在发为人事之用的具体行为方式的喻示。故"时"及"义""用"三者共同构成一卦大义的基本内涵体系，其中尤以"时"可见《周易》的意义本质寄托。易之为义有三，其一为变易，《周易》以九六占变，是变易之义的具体体现，即要借助对《周易》的研究运用，掌握事物的发展变化之理。《春秋说题辞》曰："易之为言易也，变易其道也。"[①] 为何变易其道？因为有"时"的约束。儒家反对执一不变，主张因时而变，故儒家学说中有经有权，经为常道不变，权则为因应时变而设，即在原则性之下辅以灵活性，济穷求通，以成万世常存永续之大道。经学上有所谓"《诗》无达诂，《春秋》无达辞，《易》无达占"，即此随时因应之义在学说体系中的具体贯彻。用现代认识讲，就因为事物随时迁变流转，因时而异，那么，人们为保证主观与客观的一致性，就要具体问题具体分析，使思想观念与时偕进而不可拘执顽泥。"《易》无达占"乃从卜筮角度讲易学义理的适时而变、唯变是俱根本大旨。由于《易》视世界为一流转不居的变易实体，因此反映世事变化的《易》理思想亦应主动应对世变。有人说儒家经学乃古今之常道，不刊之鸿教，认为它是可以顺应万世，取之不竭，应物不穷，常驻常在的至理大道之源，原因就在于

---

① ［日］安居香山、中村璋八辑：《纬书集成》（中册），河北人民出版社1994年版，第856页。

它对变易之道的深刻体悟理解。可以说,《周易》大时之义普适渊深,耐人玩味,绎之无穷,思之不竭,何可不谓"大时之义"确乎大哉! 故有学者谓易学之道可概括为一"时"字,卓确不易。杭辛斋有谓"孔子立教之要义,曰'中',曰'时'"①,此两者在《周易》内皆有反映。又有所谓"时中"可概言为君子至德,其义可相与发明。《礼记·中庸》载仲尼曰:"君子中庸,小人反中庸。君子之中庸也,君子而时中。"朱子以"随时以处中""无时不中"解"时中",又曰:"盖中无定体,随时而在,是乃平常之理也。"②"中"与"时"皆乃至高极美之德,虽常存常在而不变,却又极难把握得宜。这样,"时中"作为至德之难能可贵,由此可见。此"时"既可解为"时时",即古往今来川流不息的永恒时间流,又可解为时间流中某一特定节点上的具体的"时";"时时"与"时"之结合,即成《周易》之"时"概念。《象传》对"时""时义""时用"三者之赞叹,表达了《周易》之重时思想,这种思想要求,在古今永恒不息的时间川流中的每一刻,君子都应努力做到使自己言行事业表现出适时的合理性。那么,此重时理念即相当于对"天行健,君子以自强不息"精神的践行贯彻,使此精神流溢宇宙,磅礴世界,常存于天地而永驻。此外,如果承认《周易》是儒家乃至中国古代思想的核心根基,那么,我们还可据此"大时"之论进窥儒家经学体系作为至理大道的永恒意义。

——原刊于《管子学刊》2014 年第 6 期

作者简介:葛志毅(1947—    ),男,大连大学原中国古代社会与思想文化研究中心主任、教授,主要从事中国古代历史、文化研究。

---

① 杭辛斋:《学易笔谈》,岳麓书社 2010 年版,第 39 页。

② 朱熹:《四书集注》,中华书局 2012 年版,第 19 页。朱子此处实以"平常"解"庸",似不甚合宜。中庸之庸,应含恒常之义,如此则可解中庸为平易永恒之理。

# 孟子仕隐观的社会正义原则
# 及其对文人心态的影响

## 王　立

《周易·系辞下》有"君子之道，或出或处"。出者，仕进；处者，隐退，这是社会中人面临的君与臣、人与社会主客关系的重要问题。一般来说，《诗经》时代主体独立人格意识尚未形成，有关出处的意念不明显，但人们已有对涉足政事的忧虑。《邶风·北门》咏："王事适（扔给）我，政事一埤益（加）我。我入自外，室人交遍谪（责备）我。已焉哉！天实为之，谓之何哉！"吐露从政苦恼。《小雅·小明》言："曷云其还，政事愈蹙"；"岂不怀归？畏此反覆（统治者变化无常）"。朦胧感受到当政执事的烦恼威胁，思索避开自保。《卫风·考槃》咏离群索居自得其乐："独寐寤歌，永矢弗过。"后人称此诗可为隐逸诗之祖。《小雅·雨无正》也有："维曰于仕（做官），孔棘且殆（急迫危险）；云不可使，得罪于天子；亦云可使，怨及朋友。"显示了中国文学早期抒情主体的进退不知所措之虑。

## 一　孔子出处仕隐观的基本表现

春秋末年，随着奴隶制解体与新兴地主阶级崛起，"士"阶层形成壮大。知识分子作为社会较高文化层次的代表，始为无可替代的"谋士"，为诸侯参政主事。在"百家争鸣"时代氛围中，出处自觉的理性思考时代来临。每一种文化的发达及其活力，是以其定型时期理论思想的多样性、适应性为前提的。而作为中国士大夫文化组成部分的出处问题，即带有中国式的哲理、朴素辩证法思想和人文精神。其作为孔子面对历史挑战的一种应战策略，跃升到思想史的层面上来。

《论语》展示出孔子的理想人格是《雍也》，说"博施于民而能济众"。《子路》里他宣称："苟有用我者，期月而已可也，三年有成。"只是一厢情愿的入世憧憬。理想人格实现屡遭挫折，他不得不取出处两宜的立身行事原则，《季氏》自言："隐居以求其志，行义以达其道"；在隐退中完善自我，以自我为中心进行更加主动的政治选择，这就是《泰伯》讲的"天下有道则见，无道则隐"；《卫灵公》讲"邦有道，则仕；邦无道，则可卷而怀之"；以及《述而》讲的"用之则行，舍之则藏"。

孔子的如上志向，是有条件且在孜孜不断地努力的。《礼记·射义》称孔子与弟子一同练习射箭，《论语·八佾》中称："君子无所争，必也射乎？揖让而升，下而饮，其争也君子。"他把比射竞技看得还是很重要的，并具有高尚的精神追求："子曰：'君子谋道不谋食，耕也，馁在其中矣；学也，禄在其中矣。君子忧道不忧贫。'"（《卫灵公》）其实，"道"的实现与否，也与追求者的物质待遇分不开。

儒家先哲思想在后世人理解和阐发中可更加以清晰明确。上面诸多政治上去取进退的话语，即司马光《资治通鉴》卷五十六评汉末党锢之祸时所讲的："天下有道，君子扬于王庭，以正小人之罪而莫敢不服；天下无道，君子囊括不言，以避小人之祸，而犹或不免。党人生祸乱之世，不在其位，四海横流，而欲以口舌救之，臧否人物，激浊扬清，撩虺蛇之头，践虎狼之尾，至身被淫刑，祸及朋友，士类歼灭，而国随以王亡，不亦悲乎！"只不过孔子的时代，隐退还不至于有严重的性命之忧。然而，孔子比起那些深怀愤世嫉俗之心的真正隐者，总对参政不能忘情，而隐者们一再讽孔子"知其不可而为之者"。《阳货》自陈："吾岂匏瓜也哉？焉能系而不食？"这类话语在《子罕》也有不同语境下的表述："子贡曰：'有美玉于斯，韫椟而藏诸，求善贾而沽诸？'子曰：'沽之哉，沽之哉，我待贾者也！'"因而，前揭孔子说的天下无道则隐，邦无道则可卷而怀之，亦当视为激愤之语，并非放弃入仕追求，这与他的士人价值原则并不相违背："所谓大臣者，以道事君，不可则止。"

尽管孔子力图出处两得，自我价值的被否定与不被肯定却常常困扰于胸，他要采取适当方式解脱与补偿。这就是后来为程朱理学推崇的"孔颜乐处"。孔子称羡颜回箪食瓢饮，甘于贫寒："回也不改其乐"（《雍也》）；他自谓："饭疏食饮水，曲肱而枕之，乐亦在其中矣。"（《述而》）

由"孔颜乐处"的人生境界推展为一种"孔颜人格"。内心中孔子最崇尚能保全个性名节的隐士:"不降其志,不辱其身,伯夷叔齐与!"(《微子》)"伯夷叔齐饿于首阳之下,民到于今称之,其斯之谓与?"(《季氏》)这内中原因之一,是这两位殷朝逸士善于宽容忍让,保持心理平衡,"不念旧恶,怨是用希"。(《公冶长》)但以道自任的孔子又何尝不热切地期待在群体组织中确证自身的价值,《微子》写他受到真正的隐者长沮、桀溺奚落,不仅不动气,还为之动情:"夫子抚然曰:'鸟兽不可与同群,吾非斯人(人群)之徒与而谁与?天下有道,丘不与易也。'"受到荷蓧丈人讥诮时也自辩:"不仕无义。长幼之节,不可废也;君臣之义,如之何其废之?"无怪被人认为这是"知其不可而为之"。这种"为",不单是自己行为上的身体力行,更是一种精神价值的重新审定。①

孔子惯于在一种两相对照框架中,进行社会认知和标明政治态度的。在社会,政治形势至少有两种;于是个体也有两种不同的态度。《泰伯》称:"邦有道,贫且贱焉,耻也;邦无道,富且贵焉,耻也。"径直把个人对于政治参与与否,看作其人格评定,乃至内心感觉的风标。《宪问》里称:"子曰:邦有道,危言危行;邦无道,危言行孙。"后者杨伯峻释为"言语谦顺",显然是标举要洁身自好。该篇还明确解释"耻"——"子曰:邦有道,谷(做官得禄);邦无道,谷,耻也。"羞耻感是人自我意识较为自觉化的一个标志,在此衡量人的出处态度,说明孔子的出仕乃是以不损害自身人格为前提的,其实,这不就是他聚徒讲学以谋生传道行为的初始缘由么?在他看来,为仕即要实现自己的政治理想,而不仅是做官食禄。否则,即便是身处高位也于心不安。可以说,后世文人出处两难选择中,另辟一个折中的方案,即常为诗人们津津乐道的"朝隐"②,不仅落实到行为方式上,还要在诗赋中大力讴歌、表白如此之举的无奈,正是这一点的现实推行与文学实践,但在价值标准和功能上却背道而驰了。

---

① 参见王立《中国古代文学十大主题——原型与流变》,台湾文史哲出版社 1994 年版,第 85—91 页。

② 王立:《朝隐的缘起及核心之旨——再论中国古代出处文学主题》,(韩国)岭南中国语文学会《中国语文学》(第 37 辑),(韩国)岭南大学校,2001 年。

## 二　孟子出处仕隐观的几点新创

孔子出处仕隐主张在《孟子·万章下》中得到发挥，说万章问孔子为何不辞官，孟子答曰，孔子做官先要试一下，主张能行得通而君主却不肯施行，才离去，所以不曾在一个地方停留三年："孔子有见行可之仕，有际可之仕，有公养之仕。于季桓子，见行可之仕也；于卫灵公，际可之仕也；于卫孝公，公养之仕也。"[①]

第一种因可行道而做官，第二种因君主礼遇而做官，第三种因君主能养贤而做官。《孟子·万章下》还把仕进分成了"为贫"和"非为贫"而仕，后者乃是为了政治理想而仕——做官又实现不了自己的政治理想，似有违角色人格，使人内心无法平衡："立乎人之本朝，而道不行，耻也。"这一点的有意延伸，与孟子人格个性更强，更为浩气刚烈不为无关。相比之下，他不是因遭际坎坷的挫折感形成的出处两宜，而是从根本上就蔑视那种出仕又不能建功立业的生存状态（不能为与不作为），反对言行不由衷的仕出做官。

对于处隐，孔子也并非简单化地认为是像隐者离开社会避居山林那样离世逃遁，而是多元化选择。《论语·宪问》载："子曰：'贤者辟（避）世，其次辟地，其次辟色，其次辟言。'"尽管他自己不属于"辟世"，但他告诫门徒敬重避世的隐士。《论语·为政》讲究在日常生活的人际关系中处理好个人与家族、社会之关系，求得精神完善与人格实现，并以之影响政治。

相比之下，孟子则发展了孔子出处态度的上述层面，更为重视出处选择中的个体人格操守，力求客观，《万章下》称："仕非为贫也，而有时乎为贫。"经济条件时或制约着出处选择，但有着人格尊严的士，却不能食无道者之禄，还是要视政治条件可否："天下有道，以道殉身；天下无道，以身殉道。（朱熹注：道屈则身在必退，以死相从而不离也。）未闻以道殉（逢迎）乎人者也。"用牺牲道来迁就王侯为此孟子该篇中更称赏："柳下惠不以三公（高官）易其介（操守）。"（《尽心上》）《滕文公

_____

① 杨伯峻：《孟子译注》，中华书局 1960 年版，第 240 页。

下》认为，出仕是一个士与生俱来的本能需要、角色使命规定的社会责任："士之仕也，犹农夫之耕也"；"士之失位也，犹诸侯之失国家也"。认为道高于势，德尊于位，在义与利、义与生——即鱼和熊掌不可得兼时，毅然要舍利取义，舍生取义，绝不枉道以从势。因而《尽心上》中他恳切地叮嘱宋勾践："士穷不失义，达不离道。穷不失义，故士得己焉；达不离道，故民不失望焉。"这样，能在天下无道时不消极躲避，且要"以身殉道"的孟子，其出仕行道便显得更为自觉主动。在以自己的主张影响诸侯时，他并未忽视处隐。《万章下》还以出处尺度来评论古贤，认为伊尹与柳下惠分别走的是"出"的极端。前者是"治亦进，乱亦进"，"圣之任（负责）者也"，后者处变不惊："不羞于汙（坏）君，不辞小官，进不隐贤（才能），必以其道；遗佚而不怨，阸穷而不悯。"至于伯夷与孔子，一个是"治则进，乱则退"，简单行事孤芳自赏；另一个是"可以处而处，可以仕而仕"的"圣之时者"。

　　比起后世那些明哲保身地主张"朝隐"的，孟子《万章下》反对身处朝中而"不作为"的态度："立乎人之本朝，而道不行，耻也。"本朝，即朝廷，《晏子春秋·内篇谏下》："故诸侯之宾客惭入吾国，本朝之臣惭守其职，崇君之行，不可以导民，从君之欲，不可以持国。"[1]《荀子·儒效篇》指出："儒者法先王，隆礼义，……人主用之，则埶（势、地位）在本朝而宜；不用，则退编百姓而悫；必为顺下矣。虽穷困冻餧，必不以邪道为贪；无置锥之地，而明于持社稷之大义。嚆呼而莫之能应，然而通乎财万物，养百姓之经纪。埶在人上，则王公之材也；在人下，则社稷之臣，国君之宝也；虽隐于穷阎漏屋，人莫不贵之，道诚存也。"[2]孟子看出了邦国治乱与道之有无，不应作为个体出处进退的唯一决定因素，所以才更推重孔子："集大成也者，金声而玉振之也。"这启发了《荀子·儒效篇》借称颂孔子，而对文人理想人格及其价值实现设计的图景："彼大儒者，虽隐于穷阎漏屋，无置锥之地，而王公不能与之争名；……用百里之地，而千里之国莫能与之争胜。……其穷也，俗儒笑之；其通也，英杰化之，嵬琐逃之，邪说畏之，众人愧之。通则一天下，

<hr />

① 吴则虞：《晏子春秋集释》卷二，中华书局 1962 年版，第 155 页。
② 章诗同：《荀子简注》，上海人民出版社 1974 年版，第 60 页。

穷则独立贵名。天不能死，地不能埋，桀、跖之世不能污……"如是近乎完善的儒家精神，以如上核心内容构成了古代出处文学主题核心之旨与深层结构。

## 三　孟子仕隐观与其社会正义思想的联系互动

首先，孟子如此对待出处仕隐抉择，因其坚守更高的一层伦理范畴——正义。《孟子·滕文公下》标举独立人格操守的坚持："富贵不能淫，贫贱不能移，威武不能屈，此之谓大丈夫。"他讲求的正义，更多地接近平等公正，即《史记·刺客列传》写豫让的"国士遇我，我故国士报之"。《孟子·梁惠王下》叙邹鲁两国冲突时，邹穆公不满，因官吏死了三十三人，百姓却没有一个死难的，他拿不准是否诛杀那些"疾（怒）视其长上之死而不救"的百姓，孟子的回答体现出一种社会正义的理念：

> 凶年饥岁，君之民老弱转乎沟壑，壮者散而之四方者，几千人矣；而君之仓廪实，府库充，有司莫以告，是上慢而残下也。曾子曰："戒之戒之！出乎尔者，反乎尔者也。"夫民今而后得反之也。君无尤（怪罪）焉。君行仁政，斯民亲其上、死其长矣。

他引用曾子语，认为君主用什么态度对待百姓，百姓就会以如此态度回报。这实为较温和的表述，在有的语境中此意表述更激越，如《公孙丑上》借引述来表态："《太甲》曰：'天作孽，犹可违；自作孽，不可活。'此之谓也。"看来似乎站在百姓的"民本"立场，有人认为这是"民本思想"的表现，而在深层上，孟子追求的是一种期求君臣平等的正义观念。"民为贵，社稷次之，君为轻。……"（《尽心下》）不过是矫枉过正的愤激之语。

其次，孟子讲求实现社会正义的责任感，突出体现在赞成"以直报怨"，这是社会正义的核心。《孟子·滕文公下》载汤居亳地，与葛伯为邻，葛伯放纵无道，不祭祀；汤赠其牛羊供祭却被其吃掉了；汤责问，葛伯又称无粮："汤使亳众往为之耕，老弱馈食。葛伯率其民，要其有酒食黍稻者夺之，不授者杀之。有童子以黍肉饷，杀而夺之。《书》曰'葛伯仇饷',此之谓也。为其杀是童子而征之,四海之内皆曰:'非富天下也,为匹夫匹妇复仇也。''汤始征,自葛载',十一征而无敌于天下。"不能说汤的征伐仅因一童子遇害,但以为无辜童子复仇号令天下,却越加师出有名。《论语·阳货》指斥:"乡愿,德之贼也!"就点出那些没有善恶是非的好好先生,实际上起到的是败坏道德原则的恶劣作用。承此,《孟子·尽心下》更具体揭露了其自私而无社会责任感的卑劣实质:"阉然媚于世也者,是乡原(愿)也。"他们口说"生斯世也,为斯世也,善斯可矣",其实行的却是纵恶媚世。"原",本谨厚之称,而孔子以为德之贼,故万章在此疑惑,《孟子·尽心下》如是解释:

> 曰:"非(指摘)之无举也,刺(责骂)之无刺也;同乎流俗,合乎污世;居之似忠信,行之似廉洁;众皆悦之,自以为是,而不可与入尧舜之道,故曰'德之贼'也。孔子曰:'恶似而非者:恶莠,恐其乱苗也;恶佞,恐其乱义也;恶利口,恐其乱信也;恶郑声,恐其乱乐也;恶紫,恐其乱朱也;恶乡原,恐其乱德也。'君子反经(归于经)而已矣。经正,则庶民兴;庶民兴,斯无邪慝矣。"

《孟子·滕文公下》提倡"富贵不能淫,贫贱不能移,威武不能屈"的坚韧执着,也体现在复仇意志的褒举上。孟子仕隐观与其对正义复仇期许的内在联系在于,复仇意识实际上洋溢着不畏强暴、不为权势所屈折的勇气,透露出原始共产主义那平等、公正且敢于献身的精神,因而有血性的孟子的个性情怀。这样《离娄下》中孟子才敢于面陈齐宣王:"君之视臣如土芥,则臣视君如寇仇。"像《公孙丑上》载北宫黝历练勇气,便接受了挑战君权的检验:"不受于褐宽博,亦不受于万乘之君;视万乘之君,若刺褐夫;无严诸侯,恶声至,必反之。"上述思想也与"同态复仇"旨意接近。后者本质是社会公平原则,拉法格《思想起源论》指出正义思想起源是报复的渴望和平等的感情:"……同等报复是为代替流血复仇而创造和施行,它能为原始人所承认是因为这能满足他们的复仇欲,同等报复一经成为风俗就应当像一切风习一样做出具体规定。"① 报复范围的限制，起初不过要防止大规模流血事件的毁灭性后果，后来集中表现为"同态复仇"。对此古巴比伦人《汉穆拉比法典》、古印度人《摩奴法典》曾有具体规定，拉法格说："人们逐渐习惯了不是向氏族或全家复仇，而只是向犯罪者复仇，而且这复仇限于严格的报复——以打击还打击，以死还死。"先秦儒家也注意到，同态复仇一定程度上可避免报复过当，更突出了复仇的正义性质，《孟子·尽心下》的感慨代表了儒家对复仇逻辑对等性的认识："吾今而后知杀人亲之重也：杀人之父，人亦杀其父；杀人之兄，人亦杀其兄。……"《左传》《墨子》等载录先秦复仇传闻一般遵循同态复仇的原则，与魏晋南北朝后扩大化复仇区别明显。②《春秋公羊传·定公四年》受此启发，强调只有枉死才可进行复仇："父不受诛，子复仇可也；父受诛，子复仇，推刃之道也。"何休注："取仇身而已，不得兼仇子复，将恐害己而杀之。"对复仇范围的限制，无疑使复仇的正义性更难于摇撼。"推刃之道"，指的是复仇利刃一来一往，冤冤相报不止，这显然不是正义复仇了。而同态复仇在孟子这里，与其积极入世、在位认真的责任感是联系互动的。

## 四　唐末林慎思《续孟子》对孟轲仕隐观的理解发挥

唐末林慎思认为，《孟子》七篇非本人亲自著述，而是弟子整理，不能完整、充分地表达孟子本意，于是"因传其说演而续之"，"大抵因孟子之言推阐，以尽其义"。《续孟子·高子五》发挥了孟子思想：仕出，为帝王师，建功立业，必定要有先决条件，即君主贤明，能采纳苦口良言，否则不会有所作为，这"官"也就没必要做。林慎思心目中的孟子为何毅然离开官场呢？他的"文本重建"体现为《续孟子·高子五》的叙述：

---

① ［法］拉法格：《思想起源论》，王子野译，生活·读书·新知三联书店 1963 年版，第74—75 页。

② 王立、刘卫英：《传统复仇文学主题的文化阐释及中外比较研究》，北京师范大学出版社 2011 年版。

孟子将去齐，高子曰："王欲授夫子室，夫子舍之而去，然王意于夫子不为不厚矣，夫子或缺所以，王必补之，今何为不止？孟子曰：'吾尝观齐王之意也，先有执雅乐之器进于王，王始重之，使奏，而未尝乐也。后有执靡声之器进于王，王始轻之，使奏而未尝舍也。然而执雅乐之器者，王虽未弃，王终不能用矣。是执雅声以得罪于王也。今吾以王之未弃也，若受王之禄，居王之室，王终不能矣，是媒吾身以得罪于王也，不亦甚乎！吾幸去，何适而不遇哉！孔子曰：邦有道，谷；邦无道，谷，耻也。'"①

在林慎思看来，齐王既理智战胜不了"靡声"诱惑，那么作为有着独立人格和理想抱负的臣子，也就只有弃官归隐。按，《孟子·梁惠王上》有见梁襄王后的印象："望之不似人君，就之而不见所畏焉。"可是在《续孟子·公孙丑六》的这一重建文本里，则索性让文本中的主人公付诸"用脚投票"的行动：

孟子去齐反邹，止于昼。公孙丑、高子从。昼人有惑于孟子曰："齐王能悔过修德，日新其道，邹之民闻于路，夫子何适哉？"孟子不怿，径宿于昼。高子以为孟子信昼人之言而欲不行，乃谓公孙丑曰："昼人之言于夫子，夫子信乎？"公孙丑曰："诺。予请问之。"入曰："众人之言，信伪孰多？"孟子曰："伪多。"曰："能言天不覆，地不载乎？"曰："甚于斯！言天不覆，地不载，是露其机而先见其伪，先见其伪欲惑于人，其可得乎？隐其机而难知其伪，欲人不惑，其可得乎？且设穽于野，隐其机也；兽不知其防，则触而入矣。设伪于国，隐其机也，人不知其防，则触而入矣。曰：孰不惧邪？曰：君子周防其身，何惧？"公孙丑出曰："夫子不信昼人之言哉！"

《续孟子》这里可谓把孔子"天下有道，则仕；无道则隐"实践了，

① 林慎思：《续孟子》，永瑢、纪昀等《文渊阁四库全书》第 696 册，台湾商务印书馆 1986 年影印版，第 624—625 页。

恐怕还正是把握到了《孟子》原意,《万章下》称:"孟子曰:'伯夷,目不视恶色,耳不听恶声。非其君不事,非其民不使。治则进,乱则退。横政之所出,横民之所止,不忍居也。思与乡人处,如以朝衣朝冠坐于涂炭也。当纣之时,居北海之滨,以待天下之清也。故闻伯夷之风者,顽夫廉,懦夫有立志。'……"被誉为"圣之清者"的伯夷所为,也是孟子理想人格的一个化身,倾心仰慕的,所谓"三军可以夺帅也,匹夫不可以夺志也"。

一般来说,古代中国的"义"较为偏重"私义",这也往往是人们对中西方文学表示的正义精神,理解、解释不一致的一个症结所在。① 而在讲究君臣平等的孟子,却较为青睐人人遵从的社会正义。林慎思敏锐地发现并予以强调,禹不因父被杀之仇而拒为舜用,是因有"天下苍生"的利益在,"公义"大于"私义",而私义则应服从"公义",于是这里的"公义"较接近我们认同的正义精神,《续孟子·庄暴十二》还叙述:

> 庄暴问孟子曰:"鲧遭舜殛,禹受舜禅,其为孝乎?"孟子曰:"禹之孝在乎天下,不在乎一家也。夫鲧遭舜殛,公也;禹受舜禅,亦公也。舜不以禹德可立,而不殛鲧,是无私于禹也;禹不以父雠可报,而不受禅,是无私于舜也。且舜哀天下之民于垫溺也,命禹治之,禹能不私一家之雠而出天下之患也,此非禹之孝在乎天下而不在乎一家欤?苟私一家之雠而忘天下之患,则何以为禹之孝?故孔子曰:'禹,吾无间然矣。'其是之谓乎?"

这是在孟子亲亲(老吾老以及人之老)思想和"为匹夫匹妇复仇"的基础上,试图调和向君父报父仇所面临的两难困惑,而用高于"私义"的更符合普遍利益的范畴,来解决"不能复仇尽孝"的矛盾。

林慎思的主张有着文人文化史根基,也有时代的必然性。中唐后藩镇割据,涌现许多表现民间正义精神的文人叙事作品,如李公佐《谢小娥传》的女性化装为佣为父、夫报仇;沈亚之《冯燕传》杀掉不义的情

---

① 王立:《西方的骑士与中国古代的侠——中西方文学共同母题中表现的正义精神》,《上海师范大学学报》2009 年第 4 期。

妇而主动自首开脱无辜，以及薛用弱《贾人妻》的女性隐姓埋名为夫雪怨、李肇《故囚酬报李勉》的刺客醒悟反杀恩将仇报者等，其固然有着某种主题学视野下的一以贯之的传统，然而，都或正或反，或与文人咏侠诗歌呼应，体现了一种民间的正义精神，得到了文人的认同而在精神层面上带来影响。于是下层豪侠文化带来了对孟子正义思想理解阐释的新视野，林慎思的重构孟子，不过是一个时代精神的缩影，也是孟子思想所体现的正义观念延续光大的时代心声。

## 五　孟子仕隐观对于中国文人心态的影响

巴黎大学比较文学博士李辰冬教授（1907—1983），在多年仕途阅历的深切经验后，把中国文人的出处抉择划分为仕、隐两大类，指出在社会实践及个体思想表现上，其实又非常复杂："想做官的不一定都能做到，即令做到，也不一定都能达到自己的理想，于是苦恼、牢骚、忿恨、不平等等的情绪就由这里产生。大凡理想愈高，离现实愈远，当两极端接触时，则失望也愈大，由失望而附带产生的各种情感也愈浓厚。……许多文人的放荡诗酒，行为不羁，激昂慷慨的行为与作品，就由这种'失＋望'的情绪所致。……重观念，富情感，以城市生活与绅士生活作为描写对象及文字典雅，为'仕'人文学的主要特征。'仕'人文学的特征，当然不止这几点，不过，其他特征都由这些主要的特征演绎而来。"① 他指出由"隐"的政治态度经过文人心态所派生出的文学，以大自然、农村、山林、风景为题材，文体也不严格地守着规律。这实际上涉及创作主体仕隐观制约文学题材主题的问题。因此，讨论中国文学题材主题与文人心态关系时，不能忽视早期儒家出处观的影响，而与"我善养吾浩然之气"且与"至大至刚"正义观念联系的孟子仕隐观，则特别重要。

首先，孟子进一步确立了其《周易·系辞上》"君子之道，或出或处，或默或语"二元对立的政治态度和处世方针，强化了阴阳对举、进退仕隐政治思维原则的建构，强调仕进态度与正义实现、社会责任感的内在联系。直到西晋之后，这一非此即彼的价值观才为"朝隐"明哲保

---

① 李辰冬：《李辰冬古典小说研究论集》，中华书局 2006 年版，第 249—252 页。

身的折中谋略所修改。

其次，考察唐末林慎思这一早期的出处思想接受阐释史，将其改造重铸孟子思想的历史贡献确当定位，可知，他对此后该"单位观念"的接受流传建构趋向起了定向作用。孟子对华夏精神史的贡献在于，其提供并突出了古代文人心态中正义人格坚守所受民间豪侠精神的滋养激励，其蕴含的暗示与情绪化的热诚，带有恒久的感染力和激发力，也就成为中国文人标榜"出劣处高"价值观的原型辐射中心。孟子为后世如朱元璋等敏感的君主所不喜，是为旁证。

最后，由于西汉中叶后儒家文化居于中国文化主流地位，出处意念伴随着儒家人格理想对于文人功业情结的支配功能稳态化，其踵随文人士大夫情感体验的丰富与雅文学表现形式演进，流光溢彩的美学因子日增，在文学圣殿中跃然登场。几乎每一个有成绩的文学家，其内心都免不了出处情结带来的喜悦和苦恼、感伤和忧虑，从而不少春恨悲秋的抒情①，田园山水题材的偏爱，咏史咏怀的根基，都建立在出处意念焕发的勃郁之忧上，而正义理想是其支配性动机。

所谓"国学研究"，不应停留在对早期儒家思想的关注，而应结合文学作品流，切实考察不同历史阶段中"国学"内在价值流向的转化变更，特别是与不同历史阶段文人心态结合、文学主题体现等方面，可以说，这才是国学与文学主题学内在互动相生的生命力之所在，亦为其摆脱困境进入新的学术生长点之所在。② 而多数文人心中，都离不开孟子正义人格影像的召唤。

——原刊于《大连理工大学学报》（社会科学版）2013 年第 2 期

作者简介：王立（1953—　），男，大连大学语言文学研究所所长，教授，主要从事主题学研究。

---

① 王立：《春恨与悲秋——中国文学史中两种美感体验的比较》，《青海社会科学》1986 年第 2 期。

② 王立：《关于国学与文学主题学关系的几点思考》，见大连理工大学国学研究所编《国学与文化自觉》，人民出版社 2012 年版。

# 论春秋时代的"南冠"人格及影响

陈　煜

春秋时代，如何能够超越生命时限，超越时代局限，在青史留名，死而不朽成为士人思考的命题。孔子曾说："君子疾没世而名不称焉。"（《论语·卫灵公》）屈原在《离骚》里也说："老冉冉其将至兮，恐修名之不立。"《左传》襄公二十四年（前549），晋国的范宣子向鲁国叔孙豹请教，范宣子认为，他家世代为贵族，家世显赫，香火不绝，这就是"不朽"。博学多才的叔孙豹，提出了衡量不朽的标准："太上有立德，其次有立功，其次有立言；虽久不废，此谓不朽。"此后，"三不朽"成为后代学者探讨的问题，唐代孔颖达在《春秋左传正义》中对德、功、言做出了界定："立德谓创制垂法，博施济众"；"立功谓拯厄除难，功济于时"；"立言谓言得其要，理足可传"①。那么，普通士人就没有机会青史留名不朽了么？还原春秋时代，本文梳理出了"南冠"人格，士人没有达到"三不朽"标准，但依然能够影响后代士人，历久弥新。

## 一　威仪昭示士人命运

"敬慎威仪，以近有德"（《左传·昭公二年》）是春秋士人重要的主张，威仪是表，道德是里。因为春秋士人相信"皇天无亲，惟德是辅"（《左传·僖公五年》宫之奇语），天命的转移唯德是依。许倬云先生认为天"依据人类行为来判决天命谁属，这是中国文化演化过程中一个极重要的突破"。"这是一个重大的突破，可说是开辟鸿濛，将史前的文化带

---

① 李学勤：《十三经注疏·春秋左传正义》，北京大学出版社1999年版，第1003页。

入文明；自此以后生命才有意义，人生才有善恶好坏的标准。"① 春秋时代，士人在霸主不断兴起的时代并没有太多机会实现立德、立功、立言。士人主要考虑的是要保持威仪，展现良好的精神风貌。因为稍有不慎，就可能有性命之忧。"相鼠有皮，人而无仪！人而无仪，不死何为?"（《鄘风·相鼠》）人不知礼仪，难道就该死么? 这不是春秋人的危言耸听，从一个人的言语动作，的确可窥见一个人命运的端倪。成公十三年（前578），刘康公更是把威仪重要性提高到前所未有的高度："民受天地之中以生所谓有命也。是以有动作礼义威仪之则，以定命也。能者养以之福，不能者败以取祸。"天地运动化育出了人的生命，礼义威仪的修为决定着人的命运。君子一举一动，一言一行，揖让进退，均是其内在道德修养的生动体现。

威仪概念产生很早，"诞惟厥纵淫泆于非彝，用燕丧威仪"（《尚书·酒诰》）。纣王酒池肉林，宴饮无度，丧失了君王的威仪，进而也失去了江山。夷王时代的《叔向父禹簋》："共明德，秉威仪，用绸缪奠保我邦我家。"② 嘱咐后人内要明德，外要秉持威仪。《大雅·烝民》："仲山甫之德，柔嘉维则。令仪令色，小心翼翼。古训是式，威仪是力。"周宣王时，仲山甫既有行为可则的威仪，又有柔和而美善的道德。行为礼仪在幼年就开始培养，贵族少年"十年，出外就傅，居宿于外，学书计。……朝夕学幼仪，请肆简、谅"。（《礼记·内则》）十岁时，男孩居宿要与女眷分隔。跟老师学习各种行为仪节，学习应对之言。"中国人的礼仪，和他们的风俗一样，都是教育的内容。一个文人可以从他行礼时那样从容自若的态度看得出来。这些东西一旦经严厉的教师用来当作箴规施教后，便成为固定的东西，像道德的原则一样，永远不能改变。"③

襄公三十一年（前542），北宫文子全面系统地阐述了威仪："有威而可畏谓之威，有仪而可象谓之仪。""君有君之威仪，其臣畏而爱之。臣有臣之威仪，其下畏而爱之。""故君子在位可畏，施舍可爱，进退可度，周旋可则，容止可观，作事可法，德行可象，声气可乐，动作有文，

---

① 许倬云：《历史分光镜》，上海文艺出版社1998年版，第173页。
② 郭沫若：《郭沫若全集·历史编》第一卷，人民出版社1982年版，第339页。
③ ［法］孟德斯鸠：《论法的精神》，张雁深译，商务印书馆1987年版，第310页。

言语有章，以临其下，谓之有威仪。"动作言语、进退周旋、德行容止，皆是威仪。威仪中，仪是行为礼仪，威是威严可畏。"君子不重则不威"（《论语·学而》）。君子不持重就没有威严。

威仪是君子风度的重要部分，是士人外在形象，亦是内在气质。对于内在道德（"质"）和外在仪态（"文"）的关系，"文犹质也，质犹文也"（《论语·颜渊》）。"泰而不骄，威而不猛"是威仪的一个注解："君子无众寡，无小大，无敢慢，斯不乎亦泰而不骄乎？君子正其衣冠，尊其瞻视，俨然望而畏之，斯不亦威而不猛?"（《论语·尧曰》）君子对于任何人都不轻慢，泰然自若而不傲慢；君子衣冠楚楚，让人望而生畏，威严但不凶猛。孔子作为彬彬君子实现了威严和祥和的统一：："子温而厉，威而不猛，恭而安。"（《论语·述而》）"他在人前的一举一动，即使是最细微的琐事，都要合乎礼仪的规定。这并不是他自己的发明，因为礼仪生活在孔子之前许多世纪里早已培养成了。但他的威望和榜样的确被认为是可取的社会实践得以流传下去。"① 威仪的背后体现的是子产主张的宽猛相济、恩威并重的统治思想。

"古之为享食也，以观威仪、省祸福也。"（成公十四年）在推杯换盏之间，威仪最容易尽失，原形毕露，也最能考验人的定力。"宾之初筵，温温其恭。其未醉止，威仪反反，曰既醉止，威仪幡幡。"（《小雅·宾之初筵》）嘉宾刚入筵席，举止恭敬又斯文，酒过一巡尚未醉，举止谦和又客气。酒过三巡已酩酊，举止失措，醉态百出了。钟鸣鼎食间要"摄以威仪，威仪孔时"（《大雅·既醉》）。所以威仪要在宴会之际时刻保持得体。

穿衣戴帽不仅是美化自己，而且要适合自己。否则"服美不称，必以恶终"（《左传·襄公二十七年》叔孙豹语），在冠饰上做出花样，是年轻人标新立异的追求，却容易遭到别人厌恶乃至扼杀。僖公二十四年（前636），郑子华的弟弟子藏出奔到了宋，他爱好收集鹬毛做冠帽，过于招摇。郑伯听说之后特别厌恶，派人进行诱捕然后杀害。君子曰："服之不衷，身之灾也。子藏之服，不称也夫。"（《左传·僖公二十四年》）奇

---

① 何兆武、柳卸林：《中国印象——世界名人论中国文化》，广西师范大学出版社2000年版，第67页。

装异服，锋芒毕露是大忌。

冠冕成为春秋士人服饰的一个重要标志。"人之有冠，犹宫墙之有墙屋也。"(《国语·晋语六》)"凡害人者，弗使冠饰而加明刑焉。"(《周礼·秋官·司圜》)不让戴冠饰成了一种处罚手段。面对"冠雄鸡，佩猳豚"服饰出格的子路，孔子对他进行了教育改造。"孔子设礼稍诱子路，子路后儒服委质，因门人请为弟子。"(《史记·仲尼弟子列传》)子路直到临死亦注意冠饰，哀公十五年，子路临危不避难，临死不忘礼，"以戈击之，断缨，子路曰：'君子死，冠不免'，结缨而死"。子路舍生取义，还不忘整理冠冕，保持君子风度。后来儒者不同的衣饰标志着不同的特长。"儒者冠圜冠者，知天时；履句屦者，知地形；缓佩玦者，事至而断。"(《庄子·田子方》)

衣冠整齐体现的是对他人的尊重，不可轻视。"言辞信，动作庄，衣冠正，则臣下肃。言辞慢，动作亏，衣冠惰，则臣下轻之。"(《管子·形势解》)作为君主公卿，要注意服饰，这是对士人的尊重，否则士人会认为猜疑或侮辱自己，甚至会招来杀身之祸。"季孙好士，终身庄，居处衣服常如朝廷。而季孙适懈，有过失，而不能长为也。故客以为厌易己，相与怨之，遂杀季孙。"(《韩非子·外储说左下》)

士人说话还要慎重，字斟句酌，出口成章。"慎尔出话，敬尔威仪。"(《大雅·抑》)不能无所顾忌，更不能肆无忌惮。成公十七年(前574)，柯陵之会，单襄公见晋厉公昂首阔步，郤锜，其语犯；郤犫，其语迂；郤至，其语伐；齐国佐，其语尽。单子因此认为："今郤伯之语犯，叔迂，季伐。犯则陵人，迂则诬人，伐则掩人。"简王十二年，晋杀三郤。十三年，晋侯弑。……齐人杀国武子(《国语·周语下》)。郤锜言谈冒犯，郤犫话语迂阔，郤至言语矜夸，齐国佐说话随便，无所顾忌。他们最后的结局应验了单襄公的观察判断。

君子言谈举止无差错，出使诸国才会得到敬重。"淑人君子，其仪不忒。其仪不忒，正是四国。"(《曹风·鸤鸠》)君子仪容举止端方正派，不容人挑衅侮辱。昭公五年，晋韩宣子如楚送女，叔向为介。当时楚王"汏侈已甚"，狂妄自大，有人担心叔向会受辱，但叔向坚信："慎吾威仪，守之以信，行之以礼，敬始而思终，终无不复。"楚王果然想羞辱他们，然而蒍启疆一番劝谏，楚王打消了侮辱韩起、叔向的念头，但试探还是不能少的，结果"王欲敖叔向以其所不知，而不能，亦厚其礼"。在博学而且注重威仪的叔向面前碰了壁。

总之，言谈举止皆威仪，言谈体现着人的思想意识和思维方式，举止展现人的审美情趣、道德修养，更重要的是"衣冠不正，则宾者不肃。进退无仪，则政令不行"（《管子·形势解》）。西汉扬雄则提出"四重"："重言，重行，重貌，重好。言重则有法，行重则有德，貌重则有威，好重则有观。"（《法言·修身》）

## 二 相遇战场展示威仪风度

"国之大事，在祀与戎。"（《左传·成公十三年》）日常生活保持威仪还相对容易，难的是在拼命厮杀的战场上也要讲究威仪，不仅体现的是个人素质，更重要的是展现国家的形象。钱穆先生曾总结说："即在战争中，犹能不失他们重人道，讲礼貌，守信让之素养，而有时则成为一种当时独有的幽默（一披读当时诸大战役之记载，随处可见）。道义礼信，在当时的地位，显见超出于富强攻取之上（此乃春秋史与战国史绝然不同处）。"① 在紧张激烈、惊心动魄的对峙中，春秋士人依然保持着威仪，互致问候，恭敬有礼。宣公十二年（前597），楚晋邲之战，楚将的驭手许伯、车左乐伯、车右摄叔奉命驾车向晋军致师挑战，三人对于"致师"有不同理解。许伯着重于冲击敌营，震慑敌人然后全身而退；摄叔着眼于活捉一名敌人。乐伯的想法更能展现一种从容不迫的致师姿态，即车左要射出好箭压制住敌人，又有闲暇代御者执辔，御者还有心情下车让四匹马排列整齐，并能细心地调整马脖子上的皮带。三个人按照各自的标准完成了既定任务。在撤退时遇到了意外，晋军鲍癸率兵紧追不舍，乐伯左右开弓，压制了追兵，但仅剩一支弓箭，紧急中碰巧有一只惊吓的麋鹿跳跃跑出，乐伯一箭稳稳射中这只麋鹿背部凸起处（古代田猎以射中动物背部为好箭法），摄叔从容下车，然后把麋鹿献给鲍癸并说，时令不对，应该打猎的动物没遇到，这只麋鹿就送给随从吧。鲍癸让士兵停止追逐，因为"其左善射，其右有辞，君子也"。这个小插曲比

---

① 钱穆：《国史大纲》，商务印书馆1994年版，第71页。

挑战更能体现了车左娴熟的箭法，车右机智的辞令，楚将轻松淡定的心态。后来晋国魏锜也到楚军阵营挑战，在撤退的途中遇到六只麋鹿，射中一只献给了追赶的楚将潘党，潘党同样放归了魏锜。挑战不仅是耀武扬威，也有惺惺相惜，互相敬重，彬彬有礼，尊重君子，这才是战场上君子威仪的要义。

此后，战场上的君子风度受到推崇，射君子非礼成为当时战场上的一个独特景观。成公二年（前589），齐晋鞌之战。春秋时代的战车上，皆御在中，将帅在左。韩厥因为父亲托梦嘱咐，所以居车中代替御者。齐侯的部下根据韩厥的风姿仪态，建议"射其御者，君子也"。齐侯则认为"谓之君子而射之，非礼也"。结果车中左右将士皆被射杀，韩厥不顾一切地追赶齐侯，路上又遇到了丧车要搭车的綦毋张，韩厥为了不让他立于左右凶险之处，用肘迫使他退于身后。杜预注曰："齐侯不知戎礼。"孔颖达在《春秋左传正义》中认为："戎事以杀敌为礼，齐侯谓射君子非礼也，乃是齐侯不知戎礼也。"[1] 其实齐侯的这句话反而彰显了春秋时代战场上对君子的尊重，是对君子的精神气度推崇，对其所拥有诗书礼乐修养的崇拜，对具有君子风度的人才的爱护。昭公二十六年（前516），齐鲁战于炊鼻，季氏臣冉竖告诉季平子自己射中一位皮肤白皙，胡须飘飘的齐国将领的手，季平子认为是陈武子，并问冉竖是否和他交手，冉竖回答"谓之君子，何敢亢之？"虽是托词，但显然射君子非礼已深入人心。而且战场上互相拼杀，不久就可能化干戈为玉帛。韩厥在俘获齐侯（被逢丑父替换）时敬酒献璧恭敬有礼，因为他知道今年两国兵戎相见，明年也许就会和好如初。果然，第二年，齐侯朝晋，晋侯宴享齐侯，齐侯看着韩厥，韩厥就问，君侯还认识我么？齐侯回答，你换衣服了。韩厥登，举爵曰："臣之不敢爱死，为两君之在此堂也。"臣不惜性命拼战场，正是为两国国君在堂上欢宴。可见君子不仅有外在的威仪，还应有对战争与和平的辩证认识。

两国交战不仅是军队硬实力的比拼，而且是软实力的碰撞。晋军"好以整肃"，整齐严肃显示军威。楚军则是倾向于急行军，不注意队列。宣公十四年，晋国"示之以整，使谋而来"。晋国通过举行阅兵仪式来展

---

[1] 李学勤：《十三经注疏·春秋左传正义》，第695页。

示队伍整肃，军纪严明，以威慑郑国，使其惧而从晋。而楚军"其行速，过险而不整"（成公十六年）。行军速度太快，通过险阻之地就队形不整。

晋国在金戈铁马冲突中除"示之以整"外，更要追求一种闲庭信步的境界。成公十六年（前575），晋楚鄢陵之战，栾鍼想起自己曾向楚国子重总结的晋国之勇，"好以众整"，且"好以暇"。晋军整肃统一，又能从容闲暇。晋军"行人不使，不可谓整；临事而食言，不可谓暇"。于是派行人专门送酒慰劳楚国子重，子重称赞了栾鍼没有忘记曾说过的话，然后一饮而尽，继续敲击军鼓，指挥作战。这场战斗"旦而战，见星未已"。杀得天昏地暗，晋、楚将士在战斗期间精神气度不相伯仲。后来楚军由于一个偶然事件，即谷阳竖献饮于子反，子反醉而不能见，楚王见子反如此麻痹大意，恐怕胜利难保，急令楚军全身而退。

即使战败溃退，也要保持威仪和风度。宣公十二年（前597），楚晋邲之战，晋人战败逃跑，晋人载旌旗的战车卡在坑中无法行进，楚人就告诉晋军撤去车轮间的横木，晋将依计而行，刚走不远，因旗大兜风，马盘旋不前，楚人又告诉晋人拔掉军旗，这样晋车才脱离大坑。晋人回头不忘调侃楚人："我们真不如贵国屡次逃奔经验丰富啊。"

进入春秋末期，在战场讲究威仪的现象逐渐消失。昭公二十六年（前516），鲁与齐战于炊鼻，齐国子囊带大声叱骂声子，但鲁国声子却不愿回应，子囊带又骂，声子于是回骂。陈武子也因手被射中而破口大骂。战场上所谓"君子"叱骂声不断，威仪已荡然无存了。

## 三　威武不屈的南冠人格

日常生活中注意威仪比较容易，在激烈的战场仍能想到威仪就有了难度，最难能可贵的是成为阶下囚还能保持威仪。春秋无义战，人们耳熟能详的是诸如晋楚城濮之战、齐晋鞌之战、楚晋邲之战的前前后后，等等。但常常忽略了《左传》还记录了士人被俘后的表现，他们威仪不减，志气不衰，威武不屈，《左传》因此而充满了人文关怀，耐人寻味的是《左传》重点描述了晋国、楚国和吴国的士人，让人充分领略到了士人背后的文化底蕴。

宣公十二年（前597），晋楚邲之战，晋师败绩，晋国的最大损失是足智多谋、义勇双全的知罃被俘。并被囚禁长达十年之久。十年后，晋人用楚公子及一个大臣的尸体和楚国交换知罃。其时，知罃之父"荀首佐中军矣，故楚人许之"。知罃获释在即，是顺水人情，楚王却不依不饶地考问知罃"怨我乎？""德我乎？""何以报我？"知罃无怨无德，而且不卑不亢，巧妙提出作为楚君的"外臣"，如能回国免死，治理边疆遇到楚军，也不敢逃避，竭力致死，为的是尽到"外臣"之礼。知罃羁留在楚十年，依然豪气冲天，壮心不已。回答楚王既得体又不失尊严，绵里藏针，软中带硬。楚王曰："晋未可与争。"重为之礼而归之。吴曾祺评曰："荀罃当晋悼之世，佐霸有功，故其气宇亦与庸庸者不同，其对楚子之言，凛凛生气，与公子重耳告楚成王相似。"[①] 知罃对楚王敬谢不敏，相反，对郑贾人优待有加，因为郑贾人曾谋划把荀罃偷运出楚国，可惜没等到这个机会。荀罃的精彩回答完全可以媲美当年的公子重耳，他后来辅佐晋悼公实现了霸业中兴。

十年的图圄生涯，知罃认识到"暴骨以逞，不可以争。大劳未艾。君子劳心，小人劳力，先王之制也"（襄公九年）。知罃主政晋国后，屡次兴师问罪郑国，遇楚则不战而还，郑国终于承受不住几番威慑，主动脱楚事晋，实现了不战而屈人之兵。晋悼公的霸业在知罃的主持下达到鼎盛时期，国内君臣和睦，对外，不战而疲楚之兵，"三驾而楚不能与争"（襄公九年）。

吴国在春秋后期登上历史的舞台，但吴国的君子如季札的风度为春秋诸国所敬重。吴王弟弟蹶由也因为被俘的表现获得了尊重。昭公五年（前537），吴王派其弟蹶由犒劳楚军以探虚实，楚人把他抓起来准备衅鼓。楚王问蹶由来之前是否占卜吉凶？蹶由的回答出乎很多人的预料，他强调占卜吉利，个人不幸反而是国家的幸事。如果自己被杀，吴军就知道戒备了。说明蹶由能辩证认识福祸相依，能正确看待个人与国家的关系。在《韩非子·说林下》中，蹶由推论了自己衅鼓的利弊："且死者无知，则以臣衅鼓无益也；死者有知也，臣将当战之时，臣使鼓不鸣。"蹶由的铮铮之言让楚国人敬佩，没有被衅鼓，一直拘于楚国十四年，直到昭公十九年，令尹子瑕引用了谚语"室于怒市于色"，在家里生气而怒

---

① 林新樵：《左传选》，福建教育出版社1985年版，第179页。

气伤及无辜，奉劝楚王嫉恨吴王但不必迁怒其弟，于是楚王"乃归蹶由"。

知罃得以获释是由于其父在晋国政坛地位上升的缘故，如果没有这样的背景，士人只能依凭自己对国家的挚爱。楚国钟仪就这样成功地实现了自救，他在生死攸关的考验面前，显示出一种成熟的自信和笃定，保持着令人肃然起敬的尊严。成公七年，楚国宫廷琴师钟仪被郑国俘虏，献给了晋国。钟仪被囚系两年，但仍戴着南方楚国的帽子，晋景公偶然撞见，问他故国、职业、君王如何？钟仪不卑不亢、委婉作答。范文子知道后，大加称赞，强调"楚囚，君子也"。并用仁、信、忠、敏来总结钟仪的君子人格，认为钟仪说自己是伶人不忘本，是仁德；演奏南音不忘旧，是守信；介绍国君不恭维无私心，是忠于国家。尊重晋君，通达事理。于是厚礼接待钟仪，促成晋楚和解。钟仪的作答体现了"言近而指远者，善言也。君子之言也，不下带而道存焉"（《孟子·尽心下》）。君子虽然说的都是眼前的事情，却有深邃的道理在里面。他始终戴着楚国的帽子表现出对自己祖国深沉的热爱。

晋、楚、吴三国大夫敬慎威仪，言出有章，昭示着春秋时代的历史发展方向，知罃代表晋悼公复霸即将到来；蹶由不屈不挠则预示吴国逐渐崛起，即将登上春秋舞台，逐鹿中原；钟仪回归促进晋楚修好结成，是晋楚弭兵的前奏。

关于钟仪所戴的南冠，孔颖达认为是獬豸冠，只有一角，能触邪恶。"此冠前低后高，两边突起，形成双角，后部下延至颈部，有两系带。"黄凤春先生则认为是高冠，在长沙人物御龙帛画、包山楚墓漆奁画、战国早期的曾侯乙墓出土的漆鸳鸯盒上及信阳长台关楚墓出土的漆瑟上所绘的人物画像可以见到这种高冠，"楚国的高冠高耸于头顶，其上有环状或平顶状的结构，两边垂缨，结下颈下。服戴时仅著之于顶，并不像其他的冠一样覆盖整个发际"①。

后人没有记住拥有高贵血统的蹶由和立下功绩的知罃，而是记住了平凡的钟仪。主要有以下原因：一是钟仪囚犯的身份；二是作为文化人的身份；三是被俘还能保持威仪；四是成功地摆脱了困境。随着后代封

---

① 黄凤春：《浓郁楚风：楚国的衣食住行》，湖北教育出版社2001年版，第14、11页。

建统治的强化，士人成为囚徒或被贬谪的机会增加，每当遇到这样的境遇就会想到充满坚定信念的南冠人格，比拟古人激励自己。如经历了国家兴亡和个人际遇变化的南朝诗人江总，在《遇长安使寄裴尚书》里说："北风尚嘶马，南冠独不归。"诗人庾信遭逢亡国之痛，羁留在北朝，叹恨羁旅，忧嗟身世，常想起南冠。如《哀江南赋序》："钟仪君子，入就南冠之囚。"《率尔成咏》："南冠今别楚，荆玉遂游秦"；天生傲骨的骆宾王因讽谏武则天而入狱，在诗中他借助"南冠"表达自己坚定的信念和高洁的品格，在著名的《在狱咏蝉》中写道："西陆蝉声唱，南冠客思深。"骆宾王还有《宪台出絷寒夜有怀》："自应迷北叟，谁肯问南冠。"卢照邻《赠李荣道士》："独有南冠客，耿耿泣离群。"钟仪羁留晋国却不忘南音，受到李白欣赏："楚冠怀钟仪，越吟比庄舄。"（李白《淮南卧病书怀寄蜀中赵征君蕤》）后来在流放夜郎的途中，李白自比"南冠君子"，表现身遭磨难，但精神不倒坚忍执着的斗志情怀。"南冠君子，呼天而啼。"（李白《万愤词投魏郎中》）"北阙圣人歌太康，南冠君子窜遐荒。"（李白《流夜郎闻酺不预》）许多诗人在羁留外地或迁谪时也自然想到"南冠"君子。如元稹《三月三十日程氏馆饯杜十四归京》："我正南冠絷，君寻北路回。"柳宗元"永贞革新"失败后，被贬永州时作《奉酬杨侍郎丈因送八叔拾遗戏赠诏追南来诸宾二首》："一生判却归休，谓著南冠到头。"李群玉《将之京国赠薛员外》："南冠束秀发，白石劳悲讴。"李商隐《与同年李定言曲水闲话戏作》："相携花下非秦赘，对泣春天类楚囚。"南宋诗人文天祥及部下十二人在蒙古人押解途中逃离，逃往真州又被疑，仰天长叹，无限感慨。赋《真州杂赋》诗："十二男儿夜出关，晓来到处捉南冠。"明末夏完淳随父抗清，不幸失败被捕。在公堂上慷慨陈词，痛骂降将洪承畴。在狱中撰写了诗稿《南冠草》。其中《别云间》："三年羁旅客，今日又南冠。无限河山泪，谁言天地宽。"行刑时，他傲然挺立，拒不下跪，面对明孝陵慷慨就义。清统治者大兴文字狱，康熙七年，顾炎武被牵连在内，虽然他极力抗辩，仍被监禁七个月，作《赴东》诗之三："未得诉中情，已就南冠絷。"后因朋友的营救，才得出狱。到了现代，革命者陈同生被押解去南京时，同为难友的田汉赠给他一首《南京狱中·赠陈同生》诗："夜半呻吟杂啸歌，南冠何幸近名河。养花恨我闲情少，谈鬼输君霸气多。"1943 年，郭沫若在重庆创作了《南冠草》这部历史剧，写的是明末夏完淳抗清的事迹。后来成为南京市越剧团优秀保留剧目，"南冠"与夏完淳融为了一体。

钟仪无意于立德、立功、立言，在历史上留名，只是在危难之际，保持自己的气节和尊严，他用行为彰显、充实了君子风度的内涵，影响和激励后代士人。他与后来汉代出现的威武不屈的苏武、宁死不屈的明末夏完淳遥相呼应。昭示着楚国在春秋时代后期不再是荆蛮的代名词，已拥有足以自豪的文化传统，后来正是在这片楚国文化氤氲的土壤上产生了伟大的诗人屈原。

——原文刊于《北方论丛》2012 年第 4 期

作者简介：陈煜（1967—　），男，大连大学文学院副教授，主要从事先秦思想文化研究。

# 匈奴金银器在草原丝绸之路
# 文化交流中的作用

张景明

战国至西汉时期，在北方草原地区活动的民族有东胡、匈奴、丁零等，东胡的遗迹、遗物发现甚少，未见能分辨出有丁零的遗迹、遗物，大量的遗迹和遗物是匈奴所遗留下来的，包括金银器。匈奴春秋末期日渐活跃，战国时期的势力逐渐强盛，占据了大漠南北，经过长期的分、合、聚、散，历经斗争与融合，并吸收了中原地区华夏民族和西方文化因素，建立了中国北方草原地区的第一个部落联盟，创造了独具特色的游牧文化。其中，金银器具有代表性，器类分装饰品、兵器饰件、日常用具等。以草原上常见的动物为装饰，分单体动物、多种动物组合和动物争斗三种艺术风格，既反映战国至汉代草原地区的经济类型、生活情景，还表现出图腾崇拜的深层文化内涵。同时，以金银器的造型、纹样装饰、制作工艺为载体，反映出草原丝绸之路上的北方草原地区与中原地区和西方地区的南北文化、东西文化交流的状况。并在草原丝绸之路的文化交流中起到较大的作用。

## 一 匈奴金银器考古发现与文化内涵

从匈奴金银器的考古发现地点与时代看，可以分为战国和西汉两个时期，类别包括装饰品、兵器饰件、日常用品，其中，装饰品发现的数量和种类最多，主要用于头饰和身体上的挂饰及配饰；兵器饰件用于剑柄、剑鞘上的装饰，往往在这些部位包金，有的装饰有纹样；日常用品多见用餐的匙。在北方草原地区的考古发掘资料中，金银器的造型艺术反映了这一阶段草原文化的特征，形成独特的金银器文化内涵。

目前，中国境内发现战国时期匈奴金银器的地点有：内蒙古杭锦旗阿鲁柴登墓葬①、准格尔旗玉隆太②、伊金霍洛旗石灰沟墓葬③、鄂尔多斯市东胜区塔拉壕乡碾房渠窖藏④、太仆寺旗（金银器现藏故宫博物院）、乌兰察布市察右前旗白家湾窖藏⑤、陕西省神木县纳林高兔墓葬⑥、新疆托克逊县阿拉沟30墓⑦等。汉代匈奴金银器发现地点有：内蒙古准格尔旗西沟畔2号墓⑧、西沟畔4号墓⑨、甘肃省华池县⑩等。此外，陕西历史博物馆收藏的透雕双驼纹金饰牌和双鹿纹金牌饰⑪、内蒙古鄂尔多斯博物馆收藏双鹰搏驼纹金带扣，从风格看属于西汉早期。在外贝加尔地区、蒙古国境内的北匈奴遗存中也发现大量的金银器，主要为装饰品。如色楞格河支流德日塔河的德列斯图依墓地出土有金带饰、鹰噬山羊纹金饰牌等，吉德吉尔—梅革墓地出土金箔片，恰克图地区沙拉戈尔墓地⑫出土有金带饰、野兽纹透雕金饰牌等，蒙古国中央省诺彦乌拉墓地⑬出土有圆形金饰品、卧马纹金饰牌、金片、金箔片、包金针等。时代相当于中国的汉朝。

根据环境考古学研究的结果看，早商时期的鄂尔多斯地区，气候从温暖、湿润变得寒冷、干旱，这种气候的变化导致了传统经济类型的改变，农业经济受到了牧业经济的冲击，逐渐过渡到半农半牧的经济类型。

---

① 田广金、郭素新：《内蒙古阿鲁柴登发现的匈奴遗物》，《考古》1980 年第 4 期。

② 内蒙古博物馆等：《内蒙古准格尔旗玉隆太的匈奴墓》，《考古》1977 年第 2 期。

③ 伊金霍洛文物工作站：《伊金霍洛旗石灰沟发现的鄂尔多斯式文物》，《内蒙古文物考古》1992 年第 1、2 合期。

④ 伊克昭盟文物工作站：《内蒙古东胜市碾房渠发现金器窖藏》，《考古》1991 年第 5 期。

⑤ 包青川、胡晓农等：《察右前旗白家湾金器窖藏发掘简报》，《草原文物》2011 年第 1 期。

⑥ 戴应新、孙嘉祥：《陕西神木县出土匈奴文物》，《文物》1983 年第 12 期。

⑦ 王炳华：《新疆阿拉沟发现春秋至汉代少数民族墓葬群》，《文物》1977 年第 12 期。

⑧ 伊克昭盟文物工作站等：《西沟畔匈奴墓》，《文物》1980 年第 7 期。

⑨ 伊克昭盟文物工作站等：《西沟畔汉代匈奴墓地调查记》，《内蒙古文物考古》1981 年创刊号。

⑩ 黄晓芬、梁晓青：《甘肃华池县发现透雕金带饰》，《文物》1985 年第 8 期。

⑪ 谭前学：《陕西历史博物馆收藏的金牌饰》，《文博》1997 年第 4 期。

⑫ ［俄］米尼亚耶夫：《德列斯图依墓地》，圣彼得堡，1998 年，第 78—84 页。

⑬ ［蒙］策·道尔吉苏荣：《北匈奴》，乌兰巴托，1961 年；［蒙］策温道尔吉：《匈奴考古的新资料》，《蒙古古代文化》，诺沃西比尔斯克新西伯利亚，1985 年，第 51—87 页。

内蒙古伊金霍洛旗朱开沟文化遗址①一至五阶段相当于新石器时代晚期、夏代、早商时期，前四个阶段有着发达的农业生产工具、筑造讲究的房屋建筑，标志着农业经济占主体；第五阶段却不同，如农业生产工具不发达且数量少、房屋建筑不讲究、房屋外面发现有规则的红烧土遗迹、出现动物纹装饰的青铜器、陶器的鋬耳发达等，从考古学角度说明当时已处于半农半牧阶段。当然这种牧业生产仅仅在鄂尔多斯地区率先开始，并逐步影响了长城沿线的南北地区。直到西周至春秋中期，由于气候变得更为干旱，加之夏家店上层文化遗址出土了驯马用具中的马衔，才为游牧文化的全面发展奠定了基础。到战国时期，东胡、匈奴的牧业经济在社会经济中占绝对优势，而匈奴金银器中的动物造型则以马、牛、羊、鹿、虎、鸟为最多，这些是匈奴民族牧养和猎取的主要对象，反映了当时的游牧式经济类型和生活方式。

野兽纹、兵器、马具是亚欧草原文化的主要内涵，匈奴金银器出现了大量的动物纹装饰和兵器饰件，作为战国至汉代亚欧草原文化重要组成的匈奴文化，在这方面体现出文化的个性。尤其是匈奴金银器中的动物装饰和造型，在代表游牧经济的同时，还寓意着图腾的深层文化含义。北方草原生态环境赋予了动物的生存和植物的生长，匈奴的日常生活和生产都离不开这些动植物，对它们产生了依赖感和亲情感，从而加以崇拜。匈奴人也经历过原始部落制，因而将与自己生活有密切关系的动物作为图腾崇拜。在匈奴金银器的动物装饰与造型中，分为单体动物、多种动物组合和动物争斗三种形式，表现在图腾文化中又有不同的象征意义。单体动物常见马、羊、牛、鹿、虎、豹、刺猬、鹰等，表现形式或立，或卧，或蹲踞，或行走，或飞翔，在器物的装饰中较多，也成为匈奴部落联盟建立前各个部落的图腾。如羊、马、虎的造型，在各个遗迹出土的金银器上都有装饰，风格也呈一致。马多表现卧状，四肢内屈；虎多为圆雕的虎首和静态中的卧虎形象。这些动物在匈奴氏族或部落林立的时候作为各自的图腾，直到匈奴统一北方草原地区后，可以推断应该是匈奴共同体的图腾。

---

① 内蒙古文物考古研究所：《朱开沟——青铜时代早期遗址发掘报告》，文物出版社2000年版。

　　多种动物组合是匈奴建立共同体过程中征战的象征。如内蒙古杭锦旗阿鲁柴登匈奴墓葬出土的鹰顶金冠饰，在冠顶、冠体、冠带上分别有圆雕的展翅雄鹰和浮雕的狼、羊、虎、马等图案，在醒目的位置上突出了鹰的重要，所以传统中对草原情景的简单描绘的说法有些单一，应该还有部落联盟国家形成的文化象征之意。战国晚期正是匈奴建立部落联盟国家的时期，匈奴中以鹰为图腾的部落经过多年征战，逐渐统一了以虎、狼、马、羊等为图腾的部落，组成了部落联盟国家。金冠上的动物造型和布局正与匈奴当时的社会状况相吻合，说明多种动物的组合表示了建立部落联盟国家和以动物为图腾的文化寓意。动物争斗的造型也有这种文化含义。如察右前旗白家湾匈奴窖藏出土的虎咬鹰纹金带扣，鹰展翅伸颈啄咬虎的口颚，毫无恐惧之感；虎站立张口吞咬鹰的头部。鄂尔多斯市东胜区碾房渠匈奴窖藏出土的虎狼咬斗纹金带扣，虎呈伫立状，前肢踏住狼身，张口咬住狼的上颚，狼反口咬住虎的下颚；狼口下部有一蜷缩的小动物，虎身上饰有群狼图案。匈奴势力强盛时，"大破灭东胡王，……西击走月氏，南并楼烦、白羊河南王。悉复收秦所使蒙恬所夺匈奴地者……"[1] 这种动物争斗的造型也是匈奴部落间互相征战的象征。

　　从史书对匈奴春、夏、秋祭及有以"金人"作祭天用具的记载来看，有的金银器的动物造型也作为祭天用品。"岁正月，诸长小会单于庭，祠。五月，大会茏城，祭其先、天地、鬼神。秋，马肥，大会蹛林，课校人畜计。"[2] 从这段记载得知，匈奴有祭祀祖先、天地和鬼神的习俗，说明原始信仰有了很大的进步，已从崇拜动物转向崇拜神灵，但祭祀过程中也离不开以大自然给予的动物为供奉品。内蒙古杭锦旗阿鲁柴登匈奴墓葬出土的羚羊形金饰件，角部占了整个造型的三分之一，指向苍天，可能与祭天有一定的关系，因为匈奴有以偶像祭天的惯例。"金日磾字翁叔，本匈奴休屠王太子也。武帝元狩中，骠骑将军霍去病将兵击匈奴右地，多斩首，虏获休屠王祭天金人。"[3] 由此可知，这件角部朝天的羚羊形金饰件是匈奴祭天用品之一。

---

① 司马迁：《史记·匈奴列传》，中华书局 1959 年版，第 2889 页。
② 同上书，第 2892 页。
③ 班固：《汉书·金日磾传》，中华书局 1962 年版，第 2959 页。

在匈奴金银器的动物造型中，还有龙的形象。目前的考古学资料表明，龙与凤最早发现于北方草原地区。辽宁省阜新市查海遗址出土的人工堆砌的石龙，距今 8000 年前；内蒙古翁牛特旗三星他拉发现的红山文化玉龙，距今约 5500 年前。比中原地区河南省濮阳市仰韶文化遗址发现的蚌塑龙都要早。内蒙古翁牛特旗发现的凤形陶杯，属于赵宝沟文化，距今约 7000 年前，是我国发现的时代最早的凤造型。后来传到中原地区，并被建立封建王朝的政权作为权力的象征，而民间却把这种神物看作吉祥动物的象征。龙在中国的历代中有着不同的文化寓意，新石器时代作为图腾崇拜，阶级社会作为王权的象征，现代社会作为中华民族向上腾飞的精神标志。从匈奴金银器的造型来看，龙纹比较少见，如鄂尔多斯市东胜区塔拉壕乡碾房渠窖藏出土的双龙纹金饰片。这种龙的造型应该是受到中原文化的影响所致，具有崇拜的图腾和权贵之意，因为金银器是匈奴上层贵族所拥有的奢侈品。另外，在金银器的动物装饰中，有蛇的图案。如内蒙古准格尔旗西沟畔 2 号墓出土的双蛇纹金缀饰，双蛇呈头部相向的盘绞状。这类的造型在匈奴青铜器的动物装饰中常见，寓意民族繁衍昌盛。在匈奴以后的北方游牧民族中，经常能见到龙的图案，并寓意象征着吉祥如意的文化内涵。

## 二 匈奴金银器在草原丝绸之路文化交流中的作用

中国学者一般将装饰在器物上的动物称为动物纹，西方学者称为野兽纹，甚至有些西方学者认为中国北方草原的动物纹是来自西方，由此产生中国北方草原文化"西来说"。其实，中国北方草原地区在早商时期就出现了动物纹，那种认为动物反颈、四肢内屈造型来源于斯基泰的说法，随着内蒙古宁城县那四台出土的马纹金饰牌也不攻自破，因为这种造型的母体就在北方草原地区，发现的时代早于斯基泰文化。因此，中国北方草原的动物纹有自己的发展渊源，只不过在发展过程中融入一定的西方文化因素，并与其他亚欧草原地区的动物纹形成一定的共性。

匈奴金银器的动物纹装饰在山戎、东胡等动物纹的基础上有了进一步的发展。在早商时期，内蒙古鄂尔多斯高原的朱开沟第五阶段遗址中就已经发现了虎纹青铜戈，出现了最早的动物纹装饰。商代晚期至西周前期，在内蒙古中南部地区和东南部地区、北京市、辽宁省西部、山西省北部、陕西省北部等地，发现了数量较多的圆雕动物形象，基本上附着在青铜短剑、青铜刀、青铜匕的柄端，有绵羊、马、鹿、鹰、蛇等，多表现动物的首部，双眼和鼻孔呈双环形，长角的动物角部弯曲成环，这种造型在整个亚欧草原的其他地区发现甚少，并对匈奴金银器中的圆雕动物有一定的影响，说明有内在的承继关系。西周至春秋中期，以内蒙古东南部地区为分布中心的夏家店上层文化遗址，出土了数量较多的动物纹青铜器和金银器，器物造型、动物装饰风格、制作工艺等对匈奴金银器有较大的影响。如饰牌边框内的动物常见同样动物的排列，动物的形态呈一致性；动物自然构图的饰牌多表现单体动物和动物争斗情景，这也是匈奴金银器惯用的纹饰布局。内蒙古宁城县小黑石沟夏家店上层文化墓葬①出土的虎咬羊纹青铜饰牌，与伊金霍洛旗石灰沟匈奴墓葬出土的虎咬鹿纹银带扣和杭锦旗阿鲁柴登匈奴墓葬出土的虎咬牛纹金带扣在装饰风格上比较接近；宁城县那四台夏家店上层文化遗址出土的屈足马形金饰牌，与杭锦旗阿鲁柴登匈奴墓葬出土的金冠带饰上的马纹和准格尔旗西沟畔 2 号匈奴墓葬出土的卧马纹金剑鞘饰片的动物形态相近。所以说，夏家店上层文化的动物纹装饰对匈奴金银器影响深远。

杭锦旗阿鲁柴登匈奴墓葬出土的鹰顶金冠饰，是目前发现的唯一比较完整的"胡冠"标本。赵武灵王胡服骑射以后，胡冠传入中原地区。王国维的《胡服考》中有较为详细的论述："胡服之冠，汉世谓之武弁，又谓之繁冠，古弁字读若盘，繁读亦如之……，若插貂蝉及鹖尾，则出胡俗也。其插貂蝉者，谓之赵惠文冠。……其加双鹖尾者，谓之鹖冠，亦谓之鶡䲹冠。"《后汉书·舆服志下》记载："武冠，一曰武弁大冠，诸武官冠之，侍中、中常侍加黄金珰附蝉为文，貂尾为饰，谓之'赵惠文冠'。"从而可知，赵武灵王仿效的胡冠，并不是直接的搬用，而是加以改造。《战国策·赵策》记载："赵武灵王赐周绍胡服衣冠、具带、黄金师比。""具带者，黄金具带之略。黄金师比者，具带之钩。亦本胡名。"这几段记载，说明了战国时期的匈奴金银器在服饰上对中原地区的影响。

---

① 项春松、李义：《宁城小黑石沟石椁墓调查清理简报》，《文物》1995 年第 5 期。

　　西汉时期匈奴金银器动物造型、种类和装饰风格在继承战国匈奴金银器的基础上有所发展，既有相同的方面，也有不同之处。西汉匈奴金银器的饰牌、带扣多数为长方形边框，内有单体动物或同样动物的组合纹样，这是战国时期的遗风。但新增加花草衬托主体动物的纹样，相反动物间争斗纹样相对于战国时期有减少的趋势，这跟匈奴与汉朝和亲政策有关。汉代匈奴金银器中的透雕工艺比较普遍，这也是与战国时期匈奴金银器的一个差别。准格尔旗西沟畔 2 号匈奴墓出土的金带扣和银节约上，背面都錾刻器物重量和制作机构的汉字。如虎豕咬斗纹金带扣的背面刻有"一斤五两四朱少半""一斤二两廿朱少半""故寺豕虎三"；七件虎形银节约的背面分别刻"少府二两十四朱""晏工二两二朱""晏工二两十二朱""晏工二两廿一朱""晏工□两十二朱""晏工二两五朱""晏工二两十朱"。这完全是受汉朝影响的结果，抑或是来自汉朝工匠所为，或为汉地工匠制作以赐贡的形式传入。根据史书记载，匈奴使者出使汉朝都会得到冠带衣裳、黄金玺璤绶、玉具剑，佩刀、黄金、钱财、衣被等赏赐，其中就包括了金银饰品，因而可以看出匈奴与汉朝通过金银器为载体，反映了南北文化的交流状况。

　　文化交流是双向和互动的，一方面匈奴金银器受汉朝文化的影响，另一方面汉朝的金银器也有匈奴文化的因素。在汉朝境内发现的几批金或青铜带扣，如河北省易县燕下都 30 号墓[①]出土的动物纹金带扣，江苏省徐州市西汉宛朐侯刘执墓[②]出土的三兽纹金带扣，广州登峰路 1120 号墓[③]和象岗南越王墓[④]均出土鎏金青铜带扣等。这些汉墓出土的金带扣和鎏金青铜带扣，无论是装饰纹样还是制作工艺，都具有战国晚期的草原遗风，与匈奴金银器的装饰风格一致。说明匈奴金银器的动物造型对中原地区和南方地区动物装饰有一定的影响。同样，中原地区金银器的制作也影响了汉代匈奴的金银器。河南省洛阳市金村汉墓[⑤]出土的银人像、

①　河北省文物研究所：《燕下都》，文物出版社 1996 年版。
②　徐州博物馆：《徐州西汉宛朐侯刘执墓》，《文物》1997 年第 2 期。
③　广州市文物管理委员会等：《广州汉墓》（下），文物出版社 1981 年版，第 148 页。
④　广州市文物管理委员会等：《西汉南越王墓》（上），文物出版社 1991 年版，第 20—21 页。
⑤　王世民：《金村古墓》，《中国大百科全书·考古卷》，中国大百科全书出版社 1986 年版；［日］梅原末治：《洛阳金村古墓聚英》，京都，1944 年。

银耳杯，其上面都錾刻有汉字铭文，标明器物的重量、制作机构等。这种类型的金银器在内蒙古准格尔旗西沟畔 2 号匈奴墓也有发现，如虎豕咬斗纹金带扣、虎形银节约，背面錾刻标明重量、制作机构的铭文。表明匈奴文化中融入了中原文化的因素。

汉代匈奴生活的草原地区与中原地区的文化交流也是如此，这在其他考古学资料中也能证实。在南西伯利亚、蒙古国地区，发现一些汉代的古城和宫殿遗址。如 1940 年在俄罗斯的哈卡斯省府阿巴干发现的一座汉式宫殿遗址，经考古发掘后显露出中央大殿和两旁的厢房遗迹，并在中央大殿的四周发现板瓦、瓦当，其中有"天子千秋万岁常乐未央"有铭瓦当，还发现有建筑中的炕，用石块砌成的取暖设备，以及绿玉椭圆形花瓶残片、环首刀、尖端的铜扣、铜制铺首等。① 从建筑材料、建筑形制、出土遗物看，属于汉代风格的遗址。虽然目前学术界对此宫殿主人的看法存在分歧，有李陵之说、丁零之说、汉家公主之说、匈奴右骨都侯须卜当之说、王昭君女须卜居次云之说等，但可以反映当时北方草原地区与中原地区文化交流的状况。

匈奴金银器的动物造型，与斯基泰文化的"野兽纹"有着密切的关系。斯基泰人分布在黑海北岸、北高加索、南俄罗斯地区，于公元前 8 至前 3 世纪驰骋在俄罗斯草原上，以兵器、马具和"野兽纹"为其文化特征。特别是"野兽纹"对中国北方草原地区的金银器动物装饰艺术有很大的影响。斯基泰文化的形成时间，学术界一般认为是公元前 7 世纪后半叶，随着考古发掘资料的日渐丰富，学术界已对那种认为斯基泰文化是欧亚草原兵器、马具、"野兽纹"中的某些母体的看法有了很大改变，这种文化模式不是产生于一个地区，而是每一个地区都有其发展的历史渊源，只不过在相同地理环境和生计方式之下有文化的共同性而已。中国北方草原地区的动物纹就有自己的起源和发展过程，在某些文化因素和造型艺术上受到了斯基泰文化的影响，包括了匈奴金银器的动物纹。

在南俄罗斯罗斯托夫州发现的斯基泰文化遗迹②中出土的属于公元前

---

① ［俄］C. B. 吉谢列夫：《南西伯利亚古代史》，乌鲁木齐，1981 年；周连宽：《苏联南西伯利亚发现的中国式宫殿遗址》，《考古学报》1956 年第 4 期。

② 日本东方博物馆·朝日新闻：《南俄罗斯骑马民族遗宝展》，朝日新闻发行，1991 年。

5—前 4 世纪的金银器,与中国北方草原地区战国晚期匈奴金银器既有相近的地方,同时又有一定的差异,这正是说明中西文化之间的交流状况。罗斯托夫州五人兄弟墓群 8 号墓出土的虎首圆形金项圈,与内蒙古准格尔旗玉隆太匈奴墓葬出土的虎衔羊银项圈接近,都是在端部装饰动物纹,但形制有所不同,前者只有一圈,前部中间有缺口,两侧装饰相对的虎纹;后者盘曲两圈,一端装饰虎衔羊。罗斯托夫州基陶科夫墓地 2 号墓出土的鹿纹金缀饰,与准格尔旗 2 号墓出土的卧鹿纹金剑鞘饰片,无论是制作工艺还是鹿的造型近乎一致,只是在姿态上有所差异。虎咬野猪纹金饰牌与杭锦旗阿鲁柴登匈奴墓葬出土的嵌宝石豹噬野猪纹金带扣在题材上相同,但制作工艺和动物间排列却不同。罗斯托夫州五人兄弟墓群 8 号墓出土的金珠项饰,与杭锦旗阿鲁柴登匈奴墓葬出土的金珠项饰属于同一类型的装饰品,但形制有差异,前者以编结的金丝串联金珠,后者将金珠直接串联而成。罗斯托夫州温索奇脑墓地 2 号墓出土的人形金饰件,与杭锦旗阿鲁柴登匈奴墓出土的羚羊形金饰件在制作工艺和祭祀功能上相近,但造型却不相同。西方学者曾认为中国北方草原地区动物首部反颈、四肢内屈的造型是由斯基泰地区传入的说法,其实在早于斯基泰文化的北方草原地区夏家店上层文化中就已经发现,从而可以推翻西方学者的看法,这种动物造型的原型就在中国北方草原地区,斯基泰文化中的同类造型也许是从草原东部传入的。所以说,杭锦旗阿鲁柴登匈奴墓葬出土的反颈屈足羊纹金缀饰有自己的造型渊源,并非受斯基泰文化的影响。而怪兽形造型却在我国找不到原型,但这种题材的器物无论是北方草原地区,还是中原地区、南方地区都有发现。如内蒙古准格尔旗西沟畔 2 号墓、神木县纳林高兔匈奴墓葬、河北省易县辛庄头 30 号墓、江苏省徐州市狮子山西汉墓①、广西平乐县银山岭 94 号墓②,出土有怪兽纹金带饰、金剑鞘饰片和青铜带饰,说明流行于斯基泰艺术题材也传入了中国境内。因此,文化交流是客观的、互动的、双向的,只有在交流中才能不断地充实自有文化的内涵,匈奴金银器的动物造型就是在中西文化交流中发展起来的。

---

① 邹厚本、韦正:《徐州狮子山西汉墓的金扣腰带》,《文物》1998 年第 8 期。
② 广西壮族自治区文物工作队:《平乐银山岭汉墓》,《考古学报》1978 年第 4 期。

在阿尔泰地区的巴泽雷克文化的诸多遗址中，都出土了数量较多的怪兽纹器物。如图艾克金和卡坦达巨冢出土的狮身鹰头、狮身鹰喙木雕品，巴泽雷克2号墓出土的角上带鹰头的鹿头饰，尤斯特德19号墓出土的兽身鹰喙木雕品等。① 这些怪兽形象与中国北方草原和中原地区战国至西汉发现的怪兽纹都很相似，说明这一时期巴泽雷克人与中国北方草原地区游牧民曾经发生过联系，并传入中原地区。另外，在匈奴遗迹中，还发现有金银制作的项圈，这种器物在黑海北岸的克拉斯诺达尔地区比较流行，分为中间有缺口和盘曲成圈两种类型，有的两端有动物装饰。由此可知，匈奴金银器动物造型中有一定的西方文化因素。同样，西方金银器的动物造型中也有中国文化的元素。俄罗斯埃尔米塔日博物馆收藏的有一件金壶，造型具有斯基泰和波斯的艺术风格，植物纹却接近古希腊的特色，飞鸟与中国的"长生鸟"相似，其神态极似中国汉代朱雀、凤鸟的形象。② 俄罗斯罗斯托夫州哈布力墓地3号墓出土有两件嵌宝石双龙纹金带扣，与中国汉朝常见的龙纹装饰相同。这说明在公元前3世纪至公元1世纪，中国文化通过草原丝绸之路传播到了西方国家。

从匈奴金银器动物造型和制作工艺看，战国晚期继承了夏家店上层文化的因素，西汉早期具有战国晚期的遗风，西汉晚期出现了表现祥和氛围的动植物组合纹样。总体上看，匈奴金银器装饰艺术中以草原上常见的动物为主，在继承北方草原传统的动物造型的基础上又有创新，既反映了畜牧业、狩猎业的社会经济类型，又表示出观念形态上的图腾崇拜的深层文化含义。同时，以金银器的造型、纹样装饰、制作工艺为载体，反映出草原丝绸之路上的北方草原地区与中原地区和西方地区的南北文化、东西文化交流的状况。

——原刊于《中原文物》2013年第4期

作者简介：张景明（1966—　）男，大连大学东北文化遗产与文化产业研究院院长、中国东北史研究中心主任、博物馆副馆长，教授，主要从事专题考古学、艺术人类学、民族文化学研究。

---

① 乌恩：《欧亚大陆草原早期游牧文化的几点思考》，《考古学报》2002年第4期。
② 齐东方：《苏联埃尔米塔日博物馆藏鸟纹金壶》，《文物天地》1991年第2期。

# 三重视角下的王肃反郑:学术史、思想史和知识史

## 郝 虹

对于魏晋经学史,学术界有如下三个共识:其一,魏晋时期是经学史的一个重要转折点。其二,王肃是这一转折点的关键人物。关于这两点,早在《隋书·经籍志》中就被点明了:"(汉时)言五经者,皆凭谶为说……魏代王肃,推引古学,以难其义。王弼、杜预,从而明之,自是古学稍立。"[①] 日本学者本田成之也谈道:"三国时代,大体不过是追随前、后汉诸儒的,学问虽少,但经学不能说是全衰。特别如王肃、何晏、王弼那样的例外,在某种意味上是不为两汉所因的,宁说对于六朝以后的学问思想界开一新方向的人物。"[②] 其三,王肃作为这一转折点的关键人物,主要是以反两汉经学的集大成者郑玄而闻名。皮锡瑞在《经学历史》中说:"郑学出而汉学衰,王肃出而郑学亦衰。"[③] 贺昌群在《魏晋清谈思想初论》中谈道:"郑氏盖集汉学之大成者,故魏晋之际,清谈前期反郑之说蔚起……王肃为反郑之最力者。"[④] 台湾学者简博贤认为:"魏晋之代,学风丕变,所以排妖妄而抑尊思也。是以撼思立说,动与郑违;经学之变,莫变于是矣。"[⑤] "郑君博稽六艺,参酌今古;义训优洽,时论归宗,亦云伟矣。子雍继起,动与郑违;是以注释群经,时见攻驳之

---

① 《隋书》卷32《经籍一》,中华书局1973年版,第941页。

② [日]本田成之:《中国经学史》,孙俍工译,上海书店2001年版,第170页。

③ 皮锡瑞:《经学历史》,中华书局1959年版,第155页。

④ 贺昌群:《魏晋清谈思想初论》,商务印书馆1999年版,第20页。

⑤ 简博贤:《今存三国两晋经学遗籍考》,台湾三民书局1986年版,自序第2页。

言。"① 基于上述三个共识，不难看出，王肃反郑是经学史上的重大问题，其学术价值不容轻视。

学术界对王肃反郑的看法，大致归类有以下几种。

其一，是古文经学内部的争斗。此说源自《三国志·王肃传》中的叙述，"肃善贾、马之学，而不好郑氏"②。现代学者多据此而论，比如范文澜的《中国通史》认为"郑学盛行以后，经学不再是今文古文的争斗，而是转为古文经学内部马融学与郑玄学的争斗。代表马融纯粹古文学派的王肃，也遍注群经，与郑学对立"③。赵吉惠等人主编的《中国儒学史》进一步写道："王肃学宗贾逵、马融。贾、马皆为古文大师，专主古文。而郑玄却杂糅今古文，混乱家法，这便引起王肃的不满。他不惜伪造，以攻郑学，目的在于重振汉学，恢复经学家法统绪。"④ 谢祥皓、刘宗贤在所著《中国儒学》一书中也持此观点，"其关键问题就在于是否严守古文经学的家法，同时也表现有理论观点上的深刻对立。今学以承师说为准，古学以通圣意为真；贾逵、马融，坚持古文学说，故为王肃所喜；郑玄兼采今说，即为王肃所恨"⑤。其实，清代学者皮锡瑞早就有此疑问，"肃善贾、马而不好郑，殆以贾、马专主古文，而郑又附益以今文乎？"值得注意的是，皮氏接着又否定了这种看法，"案王肃之学，亦兼通今古文。肃父朗师杨赐，杨氏世传欧阳《尚书》，洪亮吉《传经表》以王肃为伏生十七传弟子，是肃尝习今文；而又治贾、马古文学。故其驳郑，或以今文说驳郑之古文，或以古文说驳郑之今文"⑥。则王肃反郑出于维护古文家法之说恐难成立。

其二，是为了争夺官方的学术地位。此说法大约始自清代学者陈澧，他在《东塾读书记》中认为"魏之典制，多因于汉。郑君注礼，亦多用汉制。王肃幼为郑学，其后乃欲夺而易之，实欲并夺汉魏典制而易之，

① 简博贤：《今存三国两晋经学遗籍考》，第 181 页。

② 《三国志》卷 13《王朗传》附《王肃传》，中华书局 1982 年版，第 419 页。

③ 范文澜：《中国通史》（第二册），人民出版社 1978 年版，第 294 页。

④ 赵吉惠、郭厚安、赵馥洁、潘策主编：《中国儒学史》，中州古籍出版社 1991 年版，第 362 页。

⑤ 谢祥皓、刘宗贤：《中国儒学》，四川人民出版社 1993 年版，第 323 页。

⑥ 皮锡瑞：《经学历史》，中华书局 1959 年版，第 155 页。又，周予同的注释中列举了王肃以今文说驳郑玄古文说和以古文说驳郑玄今文说的例子，见第 156—157 页，注释［5］。

使经义朝章,皆出于已也。小失皆发郑短,可见其不遗余力矣。肃为魏世臣,而党于司马氏,以倾魏祚。身死之后,其外孙司马炎篡魏,事事尊王景侯,竟遂其夺而易之之愿矣"①。现代学者龚杰的《简论汉魏的郑学与王学》亦持此论。②

其三,是曹氏和司马氏两个集团的政治斗争在学术上的反映。此观点的主要根据为:甘露元年(256),高贵乡公曹髦到太学,怀着强烈的反司马氏的政治心态,依郑学对王学提出质疑。方立天据此在其《汉代经学与魏晋玄学——论我国前期封建社会中官方哲学的演变》一文中提出"实际上,郑王之争主要是双方政治后台曹魏集团和司马氏集团的斗争"③。

其四,是为了彰显春秋之志。台湾学者简博贤的《今存三国两晋经学遗籍考》说:"拨乱返正,春秋之志也。是以贬讨大人,用纠政谬;所以扶正理而抑尊权也。丘明体斯微义,故缘经立传,责君特重……魏晋儒独契斯旨,故摘词陈义,辄见抑尊之义。"④

其五,是出于个人的好恶。周予同在所著《经今古文学》一书中认为,"他(王肃)的反对郑学,完全出于个人的好恶,所以或用今文说驳郑的古文说,或用古文说驳郑的今文说"⑤。周先生此观点后来发生了变化,提出要对王肃和"王学"进行重新估价,"王肃为什么专与'郑学'立异?他是囿于经义的阐释,还是在经义的阐释中有其政治的作用?他的学说对于西晋的政治有无影响?为什么当时能够流行,且成为一个流派?为什么到隋唐还有影响?过去的'尊郑抑王'是否是单纯的经义得失关系?"⑥ 由这些疑问,周先生认为应对王肃和王学进行全面的爬梳和新的探索。

---

① 陈澧:《东塾读书记》,生活·读书·新知三联书店1998年版,第285页。

② 龚杰:《简论汉魏的郑学与王学》,《人文杂志》1989年第1期。

③ 方立天:《汉代经学与魏晋玄学——论我国前期封建社会中官方哲学的演变》,《哲学研究》1980年第3期。

④ 简博贤:《今存三国两晋经学遗籍考》,自序第2—3页。

⑤ 周予同:《经今古文学》,中华书局1955年版,第18页。关于这一点,有些学者已举出王肃不好郑氏,而有同于郑者;好贾、马而有异于贾、马者,以及王肃不讳言郑是之例,如简博贤《今存三国两晋经学遗籍考》,第292、362页。

⑥ 朱维铮编:《周予同经学史论著选集》(修订本),上海人民出版社1996年版,第699页。

其六,王肃反郑有师学渊源。汤用彤在其《王弼之周易论语新义》一文中指出,"子雍善贾马之学,而不好郑玄,仲子之道固然也。……宋衷之学,异于郑君,王肃之术,故许康成"①。贺昌群在其《魏晋清谈思想初论》一书中亦持此论,"'(王肃)从宋忠读《太玄》而更为之解',则肃之善贾马学而不好郑玄,盖师承有自"②。唐长孺所著《魏晋南北朝史论丛》也说:"就是经学中郑玄、王肃的差异也由于郑较近于汉儒家法,而王肃则年轻时曾从荆州学派的宋忠读《太玄》多少受新经学影响。"③ 庞朴在其主编的《中国儒学》一书中提到了虞翻对王肃的影响,"王朗任会稽太守时,曾以虞翻为僚属,彼此关系密切。在经义研讨方面,虞翻对王朗、王肃父子有所影响。王肃对郑注的批评更加广泛,纠正了郑学某些方面的疏漏"④。王葆玹在所著《今古文经学新论》中谈到,王朗应将《论衡》《诗细》《吴越春秋》三部南方学术的代表作传给王肃,这些书可能对王肃也有影响。⑤

其七,日本学者桥本秀美认为,王肃反郑是出于对礼制的现实性考虑,"郑玄的分析是对文献概念进行理论研究的结果,离现实人情甚远;王肃则直接参与朝廷礼制的讨论,更关心现实的礼制,所以,其礼说须具可实践性,要求合情合理,不能只顾理论上的完美"⑥。

以上诸位学者从不同侧面对王肃反郑问题进行了探讨,极大地拓宽了笔者的视野,正是在吸收前辈和时贤研究成果的基础上,笔者做了进一步的研究,认为王肃反郑有学术史的渊源、思想史的背景和知识史的原因。

# 一 学术史的渊源

王肃反郑的学术史渊源,可从家学与师学两个层面分说。

---

① 汤用彤:《魏晋玄学论稿》,上海古籍出版社 2005 年版,第 70 页。
② 贺昌群:《魏晋清谈思想初论》,商务印书馆 1999 年版,第 8 页。
③ 唐长孺:《魏晋南北朝史论丛》,生活·读书·新知三联书店 1955 年版,第 364 页。
④ 庞朴主编:《中国儒学》(第二卷),东方出版中心 1997 年版,第 79 页。
⑤ 王葆玹:《今古文经学新论》,中国社会科学出版社 1997 年版,第 181 页。
⑥ [日] 桥本秀美:《论郑王礼说异同》,《北大史学》第 12 辑。

### 1. 家学渊源

王肃反郑的家学传承因素中，最值得关注的是，《论衡》对王朗及王肃的影响。

《后汉书》卷四十九《王充传》注引《袁山松书》曰：

> 充所作《论衡》，中土未有传者，蔡邕入吴始得之，恒秘玩以为谈助。其后王朗为会稽太守，又得其书，及还许下，时人称其才进。或曰，不见异人，当得异书。问之，果以《论衡》之益，由是遂见传焉。①

上述材料，隐含了三重递进的背景：第一，表明《论衡》在汉魏之际受欢迎的程度。王朗因有了《论衡》这本书，而被称赞为才能有进益，可见当时的人们对《论衡》思想持肯定态度。第二，表明汉魏之际是一个思想解放的时代，《论衡》以其鲜明的反东汉主流学术——神学经学的特点而被视为异端②，长期不显，其在汉魏之际竟大受欢迎，反映了怀疑甚至否定原有的思想观念，在汉魏之际已成为潮流。第三，王朗深得《论衡》之益，将此书传与儿子王肃自不待言。从王肃经注中，亦可明显看出所受《论衡》的影响。

（1）反谶纬神学的理性精神。例如《尚书》释名。

> 郑玄曰："尚者，上也；尊而重之，若天书然，故曰《尚书》。"
> 又：郑玄《书赞》曰："孔子乃尊而命之，曰《尚书》。"③
> 王肃曰："上所言，史所书；故曰《尚书》也。"④
> 王充云："或问《尚书》，曰，'尚者上也，上所为，下所书

---

① 《后汉书》卷49《王充传》注引《袁山松书》，中华书局1965年版，第1629页。

② 有关"神学经学"的提法，参见任继愈主编《中国哲学发展史》（秦汉卷）"东汉末年神学经学的没落和社会批判思潮的兴起"一节，人民出版社1985年版，第697—712页。

③ 孔颖达：《尚书正义·孔安国〈尚书序〉疏》。《十三经注疏》（上册），中华书局1980年版，第115页。

④ 马国翰：《尚书王氏注序》，《玉函山房辑佚书》（第一册），上海古籍出版社1990年版，第420页。

也。''下者谁也？'曰'臣子也。'然则臣子书上所为矣。"①

郑玄所释本之纬书《尚书纬璇玑钤》②，其所谓"若天书然"带有神秘主义的色彩，而王肃所释"上所言，史所书"则平实质朴，尤与郑释相较，有去神意、重人事的内涵。王肃将王充"下所书"改为"史所书"，使意思更加明确，而把《尚书》看作古代政事言论的记载和汇编，并非神意的记录，则二王有明显的一致性。另一则证据为郑王"感生帝说"之争。

《毛诗·大雅·生民》云：厥初生民，时维姜嫄。生民如何，克禋克祀，以弗无子，履帝武敏歆，攸介攸止，载震载夙，载生载育，时维后稷。

郑玄《笺》曰："祀郊禖之时，时则有大神之迹。姜嫄履之，足不能满，履其拇指之处，心体歆歆然；其左右所止住，如有人道感己者也。于是遂有身，而肃戒不复御，后则生子而养，长名之曰弃。"

王肃引马融曰："帝喾有四妃，上妃姜嫄生后稷，次妃简狄生契，次妃陈锋生帝尧，次妃娵訾生帝挚。挚最长，次尧，次契。下妃三人皆已生子，上妃姜嫄未有子，故禋祀求子。上帝大安其祭祀而与之子，妊娠之月帝喾崩，挚即位而崩，帝尧即位。帝喾崩后十月而后稷生，盖遗腹子也。虽为天所安，然寡居而生子，为众所疑，不可申说。姜嫄知后稷之神奇，必不可害，故欲弃之，以著其神，因以自明。尧亦知其然，故听姜嫄弃之。"③

又，王肃《毛诗奏事》云："稷、契之兴，自以积德累功于民事，不以大迹与燕卵也。且不夫而育，乃载籍之所以为妖，宗周之

---

① 王充：《论衡·须颂篇》，《诸子集成》（第七册），上海书店1986年版，第196页。
② 《尚书纬璇玑钤》载"孔子求得黄帝玄孙帝魁之书，迄秦穆公凡三千三百三十篇，乃删以一百篇为《尚书》，十八篇为《中候》"，"《尚书》篇题号尚者，上也，书者，如也；上天垂文象，布节度，书如天行也"（郑玄《尚书纬璇玑钤注》，《玉函山房辑佚书》第二册，第2020页）。
③ 王基：《毛诗驳》，《玉函山房辑佚书》（第一册），第582—583页。

所丧灭。"①

郑《笺》本之纬书，《尚书中候》云："苍耀稷生感迹昌。"② 比较郑、王"感生帝说"之异，可以看出，郑玄认为姜嫄是踩了神的脚印，导致怀孕生后稷，王肃认为后稷乃是帝喾的遗腹子，并非姜嫄感神之迹所孕。在此，王肃表现了可贵的理性精神，他一方面对不夫而孕这种违背生活常识的现象持否定和贬斥的态度，认为是载籍所记的妖妄之事，是周朝灭亡的思想根源；另一方面，他认为稷、契的兴起，凭借的是人事，而非神意，"以积德累功于民事"。让我们再来看《论衡》反姜嫄感神迹受孕的论述：

> 《论衡·奇怪篇》曰："烁一鼎之铜，以灌一钱之形，不能成一鼎，明矣。今谓大人天神，故其迹巨。巨迹之人，一鼎之烁铜也；姜嫄之身，一钱之形也。使大人施气于姜嫄，姜嫄之身小，安能尽得其精，不能尽得其精，则后稷不能成人。"③

王充以一鼎之铜与一钱之形比喻大人天神之精气与姜嫄之身，一鼎之铜不能成一钱之身，则大人天神精气无法使姜嫄受孕生子。王肃则从生活常识出发否定不夫而孕。笔者以为，王肃应该是接受了王充的逻辑论证，所以直指不夫而孕为妖妄。

（2）类推的认识方法。如上例所显现的那样，王充思想最重要的特点之一，就是以类推法来论证古籍记载中某些事件和人们头脑中某些观念的荒谬性，从而推翻它们。从王肃对郑玄的驳难中，可以窥到王充这一认识方法也影响了王肃。

> 《毛诗·大雅·文王》云：帝谓文王，无然畔援，无然歆羡，诞先登于岸。

---

① 王肃：《毛诗奏事》，《玉函山房辑佚书》（第一册），第577页。
② 郑玄：《尚书中候注》，《玉函山房辑佚书》（第二册），第2013页。
③ 王充：《论衡·奇怪篇》，《诸子集成》（第七册），第33页。

郑玄《笺》曰:"天语文王,女无是跋扈者,妄出兵也。无如是贪羡者,侵人士也。欲广大德美者,当先平狱讼,正曲直也。"

王肃《毛诗义驳》曰:"帝谓文王者,诗人言天谓文王有此德,非天教语文王以此事也。若天为此辞,谁所传道?"①

《诗》中的"帝谓文王",郑玄《笺》云"天语文王",将"谓"解释为"语",即"告诉"的意思,则其大意为"天告诉文王,你不要跋扈,好穷兵黩武……"王肃则认为"帝谓文王"的"谓"是"认为"的意思,而非"告诉"的意思,其大意为"天认为文王有此美德……"郑《笺》和王《驳》相异的焦点在于,天和文王之间能否进行对话,郑玄认为可以对话,所以将"帝谓文王"笺为"天语文王",而王肃认为无法对话,所以反驳说:"若天为此辞,谁所传道?"王肃能发出这种疑问,显然是受了王充思想的影响。

《论衡·变虚篇》曰:"子韦之言,天处高而听卑,君有君人之言三,天必三赏君。夫天,体也,与地无异。诸有体者,耳咸附于首。听与耳殊,未之有也。天之去人,高数万里;使耳附天,听数万里之语,弗能闻也。人坐楼台之上,察地之蝼蚁,尚不见其体,安能闻其声?何则?蝼蚁之体细,不若人形大;声音孔气,不能达也。今天之崇高,非直楼台;人体比于天,非若蝼蚁于人也。谓天非若蝼蚁于人也,谓天闻人言,随善恶为吉凶,误矣。四夷入诸夏,因译而通。同形均气,语不相晓,虽五帝三王,不能去译,独晓四夷;况天与人异体,音与人殊乎?人不晓天所为,天安能知人所行?使天体乎,耳高不能闻人言;使天气乎,气若云烟,安能听人辞?"②

王充这段话的意思可分为三层:第一,天和地,都是某种"体",凡是属于"体"的东西,耳朵都长在头上,则天耳距离人有数万里之遥,

---

① 王肃:《毛诗义驳》,《玉函山房辑佚书》(第一册),第575页。
② 王充:《论衡·变虚篇》,《诸子集成》(第七册),第42—43页。

不可能听见人的声音，就像人坐在楼台上，观察地上的蝼蚁，连看都看不见，更不用说听其声了。第二，边远的少数民族与中原华夏人虽同属于人，外形与禀气均同，尚且出现语言不能相通的情况，需有翻译才可交流，何况天和人不是同一类"体"，如何能交流？第三，假使天是某种"体"，则其耳太高，无法听到人的话；假使天是一种气，则气若云烟，云烟亦不能听人言。这段话虽然探讨的是天不能听见、听懂人的话，但反之，人不能听见、听懂天的话亦然。所以王肃认为"天告诉文王……"是不可能的，倘若天要和文王说这段话，那么谁来作中介使其话传到文王之耳呢？！

### 2. 师学渊源

笔者曾撰文《王肃反郑是经今古文融合的继续》，要旨即为：王肃经学作为魏晋经学的代表，直接师承于荆州学派。东汉末年，经今古文的融合已是经学发展不可逆转的趋势。两汉经学的集大成者郑玄，在融合经今古文时，掺杂谶纬并且解经烦琐。荆州学派和王肃继续沿着"郑学"融合经今古文的道路前进，但坚决反谶纬，解经尚简约。正是站在这一角度，可以说荆州学派和王肃反郑是经今古文融合的继续。①

## 二 思想史的背景

所谓学术史，本文主要指的是内在的学术嬗演的历史；而思想史，更多指的是外在的社会思潮变迁的历史。事实上，学术史与思想史的界限并不这么简单分明，比如笔者在《王肃反郑是经今古文融合的继续》中所谈，经今古文的融合在东汉末年是不可逆转的学术趋势——这一点无疑是从学术史的角度立论；荆州学派与王肃反谶纬，主要是受汉魏之际理性主义思潮兴起的影响——这一点显然是从思想史的角度出发，因此反对郑玄在融合经今古文时掺杂谶纬，正是站在这一角度，我们说：荆州学派与王肃反郑是经今古文融合的继续——这一结论则又回到了学术史的框架内。再如，王肃经学的家学渊源中，对今文《尚书》与王朗

---

① 郝虹：《王肃反郑是经今古文融合的继续》"摘要"，《孔子研究》2003 年第 3 期。

《易传》的继承①,是循迹于学术史内部的线索;《论衡》在汉魏之际的兴起及对王肃的影响,则显然是外部社会思潮史的作用,但今文《尚书》、王朗《易传》和《论衡》共同构成了王肃经学的家学渊源的三个分支,这一点则又回到了学术史内部的传承。从上述所举两个例子中,我们清晰地看到了学术史与思想史的互相纠葛,你中有我,我中有你。

如果说,在"学术史的渊源"一节中,我们更多地展现了学术史对思想史的涵摄,那么在此节,我们将发现思想史是如何影响了学术史的走向。

首先,从郑玄到王肃,是社会思潮由东汉的道德理想主义转为魏晋的实用主义的时代。反映在经注上,二者的差异有:

其一,郑玄尚名分,王肃重人情。

《仪礼·丧服第十一》曰:"改葬缌。"

郑玄注云:"服缌者,臣为君也,子为父也,妻为夫也。必服缌者,亲见尸柩,不可以无服,缌三月而除之。"②

王肃注云:"本有三年之服者,道有远近,或有艰故,既葬而除,不待有三月之服也。非父母无服。无服则吊服加麻。司徒文子改葬其叔父,问服于子思。子思曰:'礼,父母改葬,缌而除。'不忍无服送至亲也。"③

《仪礼·丧服第十一》曰:"父卒,继母嫁,从为之服报。"

郑玄注云:"尝为母子,贵终其思。"④

---

① 《三国志·王朗传》载其"师太尉杨赐"(中华书局1982年版,第406页),东汉弘农杨氏世习《欧阳尚书》,所以,洪亮吉的《传经表》将杨赐、王朗、王肃依次排列,王肃被列为《欧阳尚书》的第十七代传人。(见周予同为皮锡瑞《经学历史》所作注释,中华书局1959年版,第156页,注释三、四)台湾学者李振兴在所著《王肃之经学》"尚书王氏注探源"一节中,列举了王肃《尚书注》与今文《尚书》相关之处(台湾嘉新水泥公司文化基金会研究论文第三六六种)。又,《三国志·王肃传》曰:"撰定父朗所作《易传》。"(中华书局1982年版,第419页)王肃既然整理了其父的《易传》,则应当受到王朗《易传》的影响。

② 贾公彦:《仪礼郑注·丧服第十一疏》,《十三经注疏》(上册),中华书局1980年版,第1124页。

③ 王肃:《丧服经传注》,《玉函山房辑佚书》(第一册),第844—845页。

④ 贾公彦:《仪礼郑注·丧服第十一疏》,第1104页。

王肃注云:"从乎继而寄育则为服,不从则不服也。服则报,不服则不报。"(杜佑《通典》卷八十九,又卷九十四引云:若不随则不服。又云:随嫁乃为之服。)①

第一则材料中,郑注认为改葬服缌的被服者与服者包括君臣、父子、夫妻;而王肃认为只包括父子或母子。第二则材料中,郑注认为只要有母子名分,就应该为继母服丧;而王肃认为只有在继母有养育之恩的前提下,才为之服丧,否则不服。从这两则材料中,可以看出郑、王二人价值观的不同,郑玄更重视伦理关系中处于下位的"臣""子""妻",对处于上位的"君""父""夫"毫无条件的恭顺,认为"君臣尊卑之贵贱,如山泽之有高卑也"②,强调名分一旦确立,就应自始至终服从名分的要求,"贵终其思"。王肃则更多的是从个人情感的角度出发,认为是否服丧以及服丧的轻重,都应取决于个人对被服者有无发乎本然的情感,而非外在的名分。两者在名分问题上的差异,恰是时代思潮的转变在学术上的反映,即处于东汉末年的郑玄,仍未摆脱因儒学的官方意识形态化,士人在价值观上普遍取道德理想主义倾向的影响③,而经历了建安战乱和魏晋禅代的王肃,深受道德理想主义破灭后、实用主义思潮兴起的影响。④ 一般而言,取道德理想主义的价值观,更易于重名分规范,而轻个人私情;而取实用主义价值观则相反,更倾向于从个人的角度出发,因此两人理解经典的视角产生了位移。

其二,郑玄神化君,目的是强化君权;王肃则去除对君的神化,目的是抬高臣权。

郑玄注《礼记·大传》曰:"王者之先祖,皆感太微五帝之精以

---

① 王肃:《丧服经传注》,《玉函山房辑佚书》(第一册),第843页。

② 袁钧辑:《郑君遗书》,"清代稿本百种汇刊"(经部),文海出版社,第267页。

③ 参见拙文《儒学的官方意识形态化与东汉党人的人生价值观》,《中国古代社会与思想文化研究论集》(第一辑),黑龙江人民出版社2006年版。

④ 参见拙文《汉魏之际士人的实用主义人生价值观》,《中国古代社会与思想文化研究论集》(第二辑),黑龙江人民出版社2007年版;《从士人的人生价值取向看魏晋儒学的衰落——以王肃为典型》,《中国古代社会与思想文化研究论集》(第三辑),黑龙江人民出版社2008年版。

生。苍则灵仰威,赤则赤熛怒,黄则含枢纽,白则白招拒,黑则汁光纪,皆用正岁之正月郊祭之;盖特尊焉。《孝经》曰:'郊祀后稷以配天。'配灵威仰也。宗祀文王于明堂,以配上帝;泛配五帝也。"①

王肃驳曰:"案《易》,帝出乎震,震,东方,生万物之初;故王者制以木德王天下,非谓木精之所生。五帝皆黄帝之子孙,各变号代变而五行为次焉。何太微之精所生乎?……而郑云以五帝为灵威仰之属,非也。"②

又,《孔子家语·五帝第二十四》中云:"天有五行,水、火、金、木、土,分时化育,以成万物,其神谓之五帝。"

王肃注曰:"五帝,五行之神,佐生物者,而谶纬皆为之名字,亦为妖怪妄言。"③

除了上述"五帝非天说",还有前文提到的"感生帝说",以及对《尚书》的释名,此外,还有对《尚书》"稽古同天"的注释,郑注为"尧同于天也";王注为"尧顺考古道而行之"④。这四则材料都指向了两人突出不同的一点:郑玄在极力神化君,而王肃则力求将君与人事相连。两人在谶纬问题上的势不两立与此亦有关联。简博贤以为,郑玄重谶纬而王肃反谶纬的原因在于:"康成说经,辄祖谶立言;所以务神其说,而严其所尊也。昔人尝疵其以谶乱经矣,而不知康成崇信谶纬,正其尊尊封建意识之显衍;非徒惑于休咎之验也。王肃排谶纬,斥妖妄,所以申情理,而推阐随时之训也。两家大本既殊,趣向自异;固无足多怪也。"⑤简先生所论的可贵之处在于,把前人仅将郑玄用谶归结为乱经的说法推进了一步,即郑玄并不只是惑于休咎之验而信谶,而是有其"尊尊"的思想根源,祖谶立言的目的是"务神其说"。笔者以为还可沿着简先生之

① 孔颖达:《礼记正义·大传疏》,第1506页。
② 王肃:《圣证论》,《玉函山房辑佚书》(第二册),第1995页。
③ 张涛:《孔子家语注译》卷6《五帝解第二十四》,三秦出版社1998年版,第278页,注释(2)。
④ 《三国志》卷4《三少帝纪》,第136页。
⑤ 简博贤:《今存三国两晋经学遗籍考》,第322页。

论继续深入，为何郑玄重"尊尊"意识、而王肃更重"申情理"？答案恐怕还得回到两人所处时代背景的不同去寻找。郑玄尽管也经历了汉末战乱，但其主要生活在东汉仍然作为统一王朝的时期，作为当时就闻名天下的大学者，郑玄的学问是密切关注现实的，现代有学者指出郑玄是想"以礼匡世"①，洵为的论。挽救东汉王朝，郑玄开出的药方之一是神化君，这其实也恰是东汉建朝之初思路的延续。我们知道，刘秀即位后，以颁布诏书的形式给予谶纬合法的承认，这一举措背后的复杂原因固然有待仔细梳理，但有一点是无疑的，即通过神化君来加强皇权，同时增强社会对王朝的向心力。其逻辑简单明了：君权神授，天命所归，身为臣应服从、忠于至高无上的君，乃至为其牺牲，即"臣下以顺道承事其君"②"死君之难为尽忠"③。而汉末天下大乱，直至魏晋禅代，所谓君权神授的天命论动摇，抑君申臣思潮兴起。④王肃的"申情理"，反映了天命论动摇后，对公正和权威的"天"的存在出现怀疑，同时发现君之得天下并非出于神意，而是实力争夺的结果，那么曾经因为君献身以获取上天公正评判的信仰崩塌，从而提高臣权的要求抬头。

其次，从郑玄到王肃，是学术思潮由东汉的儒学独尊的僵化，转为魏晋的思想解放的多元时代。反映在学术领域内，表现为：王肃反郑并非个人行为，而是代表了当时的学术风尚。

贺昌群在《魏晋清谈思想初论》中说："郑氏盖集汉学之大成者，故魏晋之际，清谈前期反郑之说蔚起，蒋济尝难郑玄《礼记注祭法》（《魏志·卷十四·蒋洛传》裴注引），王粲有难郑玄尚书事（《颜氏家训·勉学篇》，又参阅《困学纪闻》卷二），虞翻奏郑玄解《尚书》

---

① 章权才：《两汉经学史》，台北万卷楼图书有限公司1985年版，第289页。又，杨天宇《郑玄三礼注研究》中亦阐述了相似的观点，即"汉末社会混乱，封建之礼法崩坏，君不君，臣不臣，农民起义，'犯上作乱'。要维护封建统治，就必须正定'名分'……这正是郑玄特重礼学的根本原因"（天津人民出版社2007年版，第181—182页）。

② 见郑玄为《易》萃卦所作的注。袁钧辑《郑君遗书》，"清代稿本百种汇刊"（经部），文海出版社，第239页。

③ 见郑玄为《孝经·事君章第十七》中的"君子之事上也，进思尽忠"所作的注。袁钧辑《郑君遗书》，第148页。

④ 参见拙文《魏晋儒学盛衰之辨——以王肃之学为讨论的中心》，《中国史研究》2011年第3期。

违失（《吴志·卷十二·虞翻传》注引《翻别传》），王肃为反郑之最力者……"①

所谓王粲难郑玄《尚书》事见于《颜氏家训》：

> 《颜氏家训·勉学篇第八》云："吾初入邺，与博陵崔文彦交游，尝说王粲集中难郑元《尚书》事，崔转为诸儒道之。"②

蒋济"难郑玄注《祭法》"云：

> "郑玄注《祭法》云：'有虞以上尚德，禘郊祖宗，配用有德，自夏已下，稍用其姓氏。'济曰：夫虬龙神于獭，獭自祭其先，不祭虬龙也。骐骥白虎仁于豺，豺自祭其先，不祭骐虎也。如玄之说，有虞已上，豺獭之不若邪？"③

王粲难郑玄《尚书》事虽无文可考，但其作为荆州学派的一员，反郑的角度与思路可能与王肃较为接近；蒋济难郑玄注《祭法》，缘于魏明帝想要追谥六世祖，当时不少大臣持反对意见，如钟繇说："今若追崇帝王之号，天下素不闻其受命之符，则是武皇帝栉风沐雨，勤劳天下，为非功也……"④ 而蒋济也是攻驳郑玄要为最高统治者拉扯一个体面的祖宗，无论自己是否为其后代的观点。可见魏时人在人事与神意天命孰轻孰重的问题上，更倾向于重人事，这恰是汉魏之际理性主义思潮兴起的结果。

还有一则材料颇堪玩味。曹魏晚期，曹髦曾在太学与诸博士讨论经学，撇开曹髦当时反司马氏的政治心态，因而对王肃之学提出质疑不谈，值得注意的是，曹髦对郑玄之学也提出了步步深入的质疑：

> 帝又问曰："孔子作彖、象，郑玄作注，虽圣贤不同，其所释经义一也。今彖、象不与经文相连，而注连之，何也？"俊对曰："郑

---

① 贺昌群：《魏晋清谈思想初论》，商务印书馆1999年版，第20页。
② 颜之推：《颜氏家训·勉学第八》，《诸子集成》（第八册），第5页。
③ 《三国志》卷14《蒋济传》裴松之案，第456页。
④ 《全三国文》卷24钟繇《处士君号谥议》，中华书局1958年版，第1185页。

玄合彖、象于经者,欲使学者寻省易了也。"帝曰:"若郑玄合之,于学诚便,则孔子曷为不合以了学者乎?"俊对曰:"孔子恐其与文王相乱,是以不合,此圣人以不合为谦。"帝曰:"若圣人以不合为谦,则郑玄何独不谦邪?"俊对曰:"古义弘深,圣问奥远,非臣所能详尽。"①

笔者以为,上述材料说明在学术研究领域,不再有什么高高在上,不可动摇的权威,任何人的学问都可以被质疑,这恰是思想解放的时代思潮在学术研究领域内的折射。因此可以说,王肃反郑并不仅是个人行为,而是具有一种代表性。

从上述思想史背景的切入,使我们在更广阔的视野下,进一步了解了王肃反郑的原因。当我们再读王肃《孔子家语序》中所言"郑氏学行五十载矣,自肃成童,始志于学,而学郑氏学矣。然寻文责实,考其上下,义理不安,违错者多,是以夺而易之。世未明其款情,而谓其苟驳前师,以见异于人。乃慨然而叹曰:'岂好难哉?予不得已也。圣人之门,方壅不通,孔氏之路,枳棘充焉,岂得不开而辟之哉?'"② 我们会对王肃发自真情的表白给予更多同情的理解,即王肃认为自己之所以反郑,并非出于标新立异,而是确实认为郑学有错。本节的论述想说明的是:站在今人的立场上看,郑玄和王肃都没有错,因为他们生活的时代不同,面对的问题不同,因此对儒学及圣人之意的理解有别,解答有异。周予同先生曾谈道:"事实上,经学史上的学派斗争,每每是以经学为形式,展开思想斗争和政治斗争的。他们所争论的形式是经,但实质上却是社会实际问题,反映了不同阶层不同集团的不同利益和不同见解。'王学'的兴起及其与郑玄斗争的社会根源,是值得深思的。如果像清儒那样,囿于学派的偏见,拘泥于经义的得失,是不能获得正确的结论的。"③ 本文此节内容可视为对周先生所论的进一步展开。

---

① 《三国志》卷4《三少帝纪》,第136页。
② 《全三国文》卷23 王肃《孔子家语解序》,第1180页。
③ 《周予同经学史论著选集》(增订本),上海人民出版社1996年版,第699页。

## 三　知识史的原因

关于经典记载中涉及的一些知识细节，后人与前人的认识有时并不一致，原因是多方面的，具体到郑王分歧，表现为以下几点。

### (一) 郑学出现了错误

郑学的出现固然在经学史上号称小统一时代，并形成了"当时莫不仰望，称伊、洛以东，淮、汉以北，康成一人而已。咸言先儒多厥，郑氏道备。自来经师未有若郑君之盛者也"的辉煌局面①，但并非无错可纠。虞翻奏"郑玄解《尚书》违失事"称：

> 故征士北海郑玄所注《尚书》，以《顾命》康王执瑁，古"月"似"同"，从误作"同"，既不觉定，复训为杯，谓之酒杯；成王疾困凭几，洮頮为濯，以为浣衣成事，"洮"字虚更作"濯"，以从其非；又古大篆"丣"字读当为"柳"，古"柳""丣"同字，而以为昧；"分北三苗"，"北"古"别"字，又训北，言北犹别也。若此之类，诚可怪也。玉人职曰天子执瑁以朝诸侯，谓之酒杯；天子頮面，谓之浣衣；古篆"丣"字，反以为昧。甚违不知盖阙之义。于此数事，误莫大焉，宜命学官定此三事。②

再如，王肃与郑玄关于"牺尊之辨"。《诗·鲁颂·駉之什》曰："牺尊将将。"郑玄对"牺尊"的注解见于两处：

> (1)《礼记·明堂位》曰："尊用牺象山罍。"
> 郑玄注云："尊，酒器也。牺尊以沙羽为画饰，象骨饰之。"③
> (2) 孔颖达《疏》引《郑志》曰："张逸问曰：《明堂》注牺尊

---

① 皮锡瑞：《经学历史》，第 141 页。
② 《三国志》卷 57《虞翻传》注引《翻别传》，第 1323 页。
③ 孔颖达：《礼记正义·明堂位疏》，第 1489 页。

以沙羽为画饰，前问，曰：牺读如沙，沙，凤皇也。不解凤皇何以为沙？答曰：刻画凤皇之象于尊，其形娑娑然，或有作献字者，齐人之声误耳。"①

王肃注曰："为牺牛及象之形，凿其背以为尊，故谓之牺尊。"②

"尊"即"樽"，是古代的盛酒器具。郑玄认为牺尊是用沙羽作画饰并以象骨饰之的酒杯。魏太和年间（227—232），鲁郡于地中得齐大夫子尾送女器，有牺尊和象尊，以牺牛为尊，象尊为象形。王肃据此证明郑玄注解的错误，指出牺尊是牺牛形状的酒杯，在牺牛背上挖空以盛酒；象尊是大象形状的酒杯，两种酒杯都不存在用沙羽或是象骨来装饰的情况。"牺尊之争"是王肃反郑最无可辩驳的一条，有的学者对其评价甚高，称"王肃首肇以出土器物，证经纠谬之始，仅此一端，可以不朽矣"③。

另外，郑玄经注中，有些明显不合情理之处，亦成为王肃攻击的靶子。例如：

《礼记·檀弓上》曰：孔子少孤，不知其墓。

郑玄注云："孔子之父耶叔梁纥，与颜氏之女徵在野合而生孔子，徵在耻焉，不告。"④

王肃注云："无此事，注记者谬。"⑤

又，王肃《圣证论》云："圣人而不知其父死之与生，生不求养，死不奉祭，斯不然矣。"⑥

王肃认为孔子为一代圣人，不可能不知晓其父死生之事，其父活着时，必予孝养，死后必予礼祭。别的尚且不论，孔子重视礼，重视祭事

---

① 孔颖达：《礼记正义·明堂位疏》，第1489页。
② 同上。
③ 简博贤：《今存三国两晋经学遗籍考》第236页。
④ 孔颖达：《礼记正义·檀弓上疏》，第1275页。
⑤ 王肃：《礼记王氏注》，《玉函山房辑佚书》（第一册），第935页。
⑥ 王肃：《圣证论》，《玉函山房辑佚书》（第二册），第1987页。

是人所公认的。即便如《礼记》所言，孔子年少丧父，亦不可能不知其父之墓，不予礼祭；或者即便如郑玄所言，孔子为私生子，但也不妨碍孔子孝敬其父，死后奉祭。所以，认为孔子不知其父之墓，于情理不通。

　　　　《尚书·尧典》曰：殛鲧于羽山。
　　　　郑玄注云："禹治水既毕，乃流四凶。舜不刑此四人者，以为尧臣，不忍刑之。"①
　　　　王肃注云："郑氏以禹治水事毕乃流四凶。若待禹治水功成，而后以鲧为无功殛之，是为舜用人子之功而放流其父，则禹之勤劳适足使父致殛。为舜失五典克从之义，禹陷三千莫大之罪，进退无据，亦甚迂哉！"②

　　在这条驳难中，王肃抓住了舜殛鲧的时间问题，郑玄认为是大禹治水事毕后，舜流四凶。倘如此，则会陷大禹于不孝不义之境地，所以王肃讥斥道："则禹之勤劳适足使鲧致殛……禹陷三千莫大之罪……"从情理的角度出发，王肃驳郑，可自成其说，绝非毫无道理。

### (二) 经文的矛盾与经义的模糊

　　由于时空的远隔，再加上经文本身的残缺不全，使得经义晦奥难明。兼之纸张发明之前，师生传经主要依靠记忆而口耳授受，记忆的误差、传授时口音有异、各人理解的角度不同，都会造成经解的歧义。孔子所教授的学生，在孔子死后，分为八派。汉代经学亦是经有数家，家有数说，彼此争吵不已。王肃反郑，亦与以上经文和经解的各种复杂因素交织在一起的原因有关。下面我们分成两个方面举例说明。

　　1. 因所据典籍的不同，而发生的郑王之争
　　《晋书·礼志》载尚书郎挚虞的上疏，其中列举了郑王二人在丧服经注上的一系列不同，最后评论道"郑王祖《经》宗《传》，而各有异同，

---

①　袁钧辑：《郑君遗书》，"清代稿本百种汇刊"（经部），第 148 页。
②　王肃：《尚书王氏注》，《玉函山房辑佚书》（第一册），第 422 页。

天下并疑，莫知所定。"① 挚虞所列举的郑王之异，其中就有祥禫是否同月论。

　　《礼记·檀弓上》曰："孟献子禫，县（悬）而不乐，比御而不入。"

　　郑玄注云："可以御妇人矣，尚不复寝。孟献子，鲁大夫仲孙蔑。"②

　　又，郑玄注《仪礼·士虞礼》"中月而禫"云："中，犹间也；禫，祭名也，与大祥间一月，自丧至此，凡二十七月，禫之言澹澹然，平安意也。"③

　　王肃驳曰："二十五月大祥，其月为禫，二十六月作乐，所以然者，以下云'祥而缟，是月禫，徙月乐。'又与上文鲁人朝祥而暮歌，孔子云逾月则其善。是皆祥之后月作乐也。又《间传》云：'三年之丧，二十五月而毕。'又《士虞礼》'中月而禫'，是祥月之中也，与《尚书》文王中身享国，谓身之中间同。又文公二年冬，公子遂如齐纳币。是僖公之丧，至此二十六月。左氏云'纳币礼也'。若以二十七月禫，其岁末遭丧，则出入四年，《丧服小记》何以云再期之丧三年？"④

　　大祥指父母丧祭名，禫指除丧服之祭。郑王之争的焦点在于祥禫是否在同一个月，郑玄认为二十五月大祥，二十七月为禫，即祥禫间月，而王肃则认为二十五月大祥，亦为禫，即祥禫同月。二注之异，源自所据典籍不同，《礼记·杂记》云："期之丧，十一月而练，十三月而祥，十五月而禫。"⑤ 这是父在为母服丧尚且祥禫间月，时间较长，况大祥这样的重丧怎么可能反而是时间较短的祥禫同月呢？！郑玄据此推知祥禫间

---

① 《晋书》卷19《志第九·礼上》，中华书局1974年版，第582页。
② 孔颖达：《礼记正义·檀弓上疏》，第1278页。
③ 贾公彦：《仪礼郑注·士虞礼第十四疏》，第1176页。
④ 王肃：《礼记王氏注》。《玉函山房辑佚书》（第一册），第935页。
⑤ 《十三经注疏》（下册），第1563页。

月,又戴德《丧服变除》云:"礼,二十五月大祥,二十七月而禫"①,亦是郑之所本。而王肃则以《间传》所云为据:三年之丧,二十五月而毕。又根据《左传》文公二年公子纳币礼之事,推知僖公丧毕二十五月即禫,否则不会有二十六月纳币礼之事,且《丧服小记》明文记载"再期之丧三年",若岁末遭丧,二十七月才禫,则出入四年,与记载不符。由这些依据,王肃认为祥禫不应是间月,而应是同月。

由上述争论可以看出,关于祥、禫的规定,典籍并无明文可据,有关的记载又存在含糊性和歧义性,所以,导致了郑王二人经注的差异。

又,两人对《士虞礼》"中月而禫"的"中"字理解有异。郑玄据《学记》所云"中年考校"②,以中为间,谓间隔一年,故以中月而禫为间隔一月。而王肃则认为"中"字应解为"中间"之意,他根据《尚书》文王中身享国,谓身之中间,即"中"为"中间",则"中月而禫"为祥月之中而禫也。

2. 因经文本义不明,各人理解有异而造成的郑王之争

《毛诗·小雅·甫田》云:"曾孙来止,以其妇子,馌彼南亩,田畯至喜,攘其左右,尝其旨否。"

郑玄《笺》云:"攘,读当为饟。馌,饟馈也。田畯,司啬,今之啬夫也。喜,读为饎。饎,酒食也。成王来止,谓出观农事也。亲与后、世子行,使知稼穑之艰难也。为农人之在南亩者,设馈以劝之,司啬至,则又加之以酒食,饟其左右从行者,成王亲为尝其馈之美否,示亲之也。"

王肃驳曰:"妇人无闻外之事。又帝王乃躬自食农人,周则力不供,不遍则为惠不普,玄说非也。"③

从王肃的攻驳可以看出,他首先以"妇人无闻外之事",否定了郑玄所笺"(成王)亲与后、世子行"。然后又分析了"成王亲为尝其馈之美

① 孔颖达:《礼记正义·檀弓上疏》,第 1278 页。
② 《十三经注疏》(下册),第 1521 页。
③ 王肃:《毛诗义驳》,《玉函山房辑佚书》(第一册),第 575 页。

否"的不可能性,"周则力不供,不遍则为惠不普"。

对于《诗经》某个细则的注解,涉及对其上下文的综合理解,对古代礼制的引入,对"诗"采用赋、比、兴手法所要表达内容的体悟,等等。如果我们从上面所引资料中还看不出郑王注《诗》之异与这些多种原因有关的话,那么,我们从双方后学的互相争论中则能看得非常清楚。

> 王基《毛诗驳》曰:"王后必无外,不当蚕于北郊。"①

王基,据《三国志》卷二十七《王基传》载,基字伯舆,东莱曲城人,官至征南将军,都督荆州军事,封关内侯,赠司空。善撰述,"散骑常侍王肃著诸经传解及论定朝仪,改易郑玄旧说,而基据持玄义,常与抗衡"②。《隋书·经籍志》载"《毛诗驳》一卷,魏司空王基撰"③,今逸,马国翰《玉函山房辑佚书》辑录十五节。从马氏辑文观之,王基《毛诗驳》正是针对王肃攻难郑玄所作的《毛诗问难》。

> 孙毓《毛诗异同评》曰:"古者妇人无外事,送兄弟不逾阈。唯王后亲桑以劝蚕事,又不随天子而行。成王出劝农事,何得将妇儿自随,而云使知稼穑之艰难,王后宁复与稼穑事者乎?此与《豳风》'同我妇子,馌彼南亩,田畯至喜'之义皆同。农人遽于其事,妇子俱馌也。田畯见其勤修,喜乐其事。又王者从官自有常饩,非独于南亩乃攘左右而亲为尝之,尝又非人君待下之义,郑说为短。"④

孙毓,《晋书》无传。马国翰辑本序曰:"陆德明《经典释文序录》云'毓字休朗,北海平昌人,晋豫州刺史。'马总《意林》云'孙毓字仲。'《隋书·经籍志》题晋长沙太守或称汝南太守。"⑤《三国志·臧霸传》曰:"孙观亦至青州刺史,假节,从太祖讨孙权,战被创,薨。子毓

---

① 王基:《毛诗驳》,《玉函山房辑佚书》(第一册),第582页。
② 《三国志》卷27《王基传》,第751页。
③ 《隋书》卷32《经籍一》,中华书局1973年版,第916页。
④ 孙毓:《毛诗异同评》,第599页。
⑤ 马国翰:《毛诗异同评序》,《玉函山房辑佚书》(第一册),第587页。

嗣,亦至青州刺史。"① 严可均《全晋文》曰:"毓字仲,泰山人。魏时嗣父观爵吕都亭侯,仕至青州刺史。一云字休明,北海平昌人。入晋为太常博士,历长沙、汝南太守。"②《隋书·经籍志》《新唐书·艺文志》和《旧唐书·经籍志》均著录《毛诗异同评》十卷,晋孙毓撰。今逸,马国翰辑为三卷,此书评毛《传》、郑《笺》、王《注》之异同。

陈统《难孙氏毛诗评》曰:"斯不然矣。此刺今思古之诗,言古人之所难行,以伤今之废业也。首章言轻其税敛,二章为之祈报,此章言恩泽深厚,卒章言收获宏多。历观其次,粲然有序,宁当于此甫说农人之家行馌之事?又《大田》之卒章,上言曾孙,下言禋祀,并是成王之事,不当以农人妇子厕其间也。且言曾孙来止,即言以其妇子,则是曾孙以之也,上无农人之文,何得为农人妇子乎?既言曾孙以其妇子,则后之从行于文自见,复何所言而云无事也。若王后必无外事,不当蚕于北郊,王基以亲蚕决之,非无理矣。衣食,人之所资,田蚕并为急务,蚕则后之所专,故后当独行田,则王之所劝,后从行耳。此乃外内之别,职司之义,而孙毓反言亲桑不随王,非其难矣。王者忧思深远,以世子者,生于深宫之内,长于妇人之手,故与之俱行,使知稼穑之艰难,欲其重国用而爱黎民,保王业而全宗祀也。以子所亲莫过于母,使之俱观辛勤,内相规谏,此圣贤明训,可与日月俱悬。《豳风》同我妇子事连于举趾,此云以其妇子文系于曾孙,辞既不同,义亦当异,又安得皆为农人妇子也。田畯所喜,当喜农人之勤事,文在馌彼之下,是则喜其馕食,非复说其勤劳,何有国史吟咏立文若是哉!王者从官非无常饩,直以同循稼穑共食旨甘,与夫《秦风》所谓与子同袍,亦复何异,而云非待下之义乎?此馈南亩之农人,赐田畯以酒食者,天子所省固无周遍,值其所幸,便即赐之,使天下知我王之爱农也,则莫不尽力,农人之见馕也,则人各用心。赏一劝百可使海内从风,何必每地皆往,农

① 《三国志》卷18《臧霸传》,第539页。
② 《全晋文》卷67《孙毓集序》,第1846页。

人尽赉，而云力不供惠不普也。"①

　　陈统，《晋书》无传。陆德明《经典释文序录》云："徐州从事陈统字元方，难孙申郑。"②《隋书·经籍志》著录"《难孙氏毛诗评》四卷，晋徐州从事陈统撰。梁有《毛诗表隐》二卷，陈统撰，亡"③。

　　从上述郑、王后学者的争论中可以看出，王基是根据王后蚕于北郊之礼制反驳王肃"妇人无阃外之事"，而孙毓则认为王后蚕于北郊完全不同于王后参与稼穑之事，而且并不认为《诗》此节是讲述成王之事，而只是描述普通农人与其妇子在田间的景象。陈统则根据前后文的内容，认为此节必是言成王之事，且王后既有亲蚕之事；则王劝农，后从行亦无不可；为国家长远计，使世子随行知稼穑之艰难也在情理之中；且天子所为是起一种榜样及劝赏的作用，不必要也不可能亲自走遍每一块农田，赏赐每一个农人。

　　从以上所举郑玄《笺》、王肃《问难》、王基《驳》、孙毓《评》、陈统《难》，可以看出，各人都有各人的道理，不能肯定无疑地指斥孰对孰错。另外，如《尚书》"禋于六宗"的六宗，也是众说纷纭，郑、王之前，刘歆、马融、贾逵、孔光、司马彪的说法都不同，汉魏时更出现了十四家六宗之说。正如我们在前面提到的，产生这种歧义的原因是多方面的、复杂的，其中经文本义的模糊性、不确定性是造成后学者理解多向性的重要原因。

　　最后，需要补充一点，郑玄与王肃留存至今的著述亦残缺不全，我们是根据这些残缺不全的辑佚资料进行上述研究的，因此不能排除出现偏差的可能性，而有些问题则因材料残缺无法评判。无论是纠偏，还是补缺，都只有暂时搁置，以俟后人了。

　　综上所述，王肃反郑，有学术史的渊源，有思想史的背景，有知识史的原因。但需要指出的是：王学对郑学并不仅仅是反动，而更是继承。笔者在《魏晋儒学盛衰之辨——以王肃之学为讨论的中心》一文中指出：

---

① 陈统：《难孙氏毛诗评》，《玉函山房辑佚书》(第一册)，第613页。
② 陆德明：《经典释文·序录》，黄焯汇校、黄延祖重辑，中华书局2006年版，第17页。
③ 《隋书》卷32《经籍一》，第916页。

魏晋时期，礼学资源的被激活，是因为纠汉末流弊的需要。郑玄以大学者的深厚学术功底，和对现实社会的密切关注，开出了以礼匡世的药方，成为东汉经学重谶纬向魏晋经学重礼制转变的源头，王肃之重礼学是在郑学所开辟道路上的继续前行。此外，如笔者在《王肃反郑是经今古文的继续》一文中所言，东汉末年，经今古文的融合是经学发展不可逆转的趋势。郑玄在融合经今古文时，掺杂谶纬，解经烦琐。王肃承荆州学派之风，排谶斥纬，文尚简约，却是在郑玄开辟的、融合经今古文的道路上继续前进。王肃对郑玄之学的继承，是在王肃反郑问题上需要特别注意的一个方面。

另一方面，王学作为魏晋经学的代表、郑学作为两汉经学的代表，我们对比两者后可以看出，魏晋经学在学理层面，与两汉经学相比，没有突破和创新，但对谶纬不遗余力的摈除，有其时代的进步性和学术价值。

首先，对谶纬的批判和驳斥，使汉魏以降，相对理性的思想观念与东汉时期相比，大为强化了。统治阶级基本采取了排斥谶纬的态度，尽管在即位之时还要利用谶纬以造舆论声势，但一俟政权稳定，立即禁绝之。曲阜孔林中所存汉碑，《史晨》《乙瑛》《韩敕》，所录当时的奏议文告多采纬书之说。黄初元年（220），孔羡被封为宗圣侯，立碑庙堂，曹植撰文所录文帝诏书，无一语引纬书，可见曹丕上台时大量引谶纬之语以明汉魏禅代乃天意，不过是骗人的把戏。曹魏政权还曾明确地"科禁内学"[1]，要求上缴谶纬诸书，私自藏匿为犯罪。晋武帝司马炎于泰始三年（267）即"禁星气谶纬之学"[2]。前秦苻坚、南朝刘宋、萧梁、北魏拓跋氏、隋文帝都曾明令禁绝谶纬，隋炀帝即位"乃发使四出，搜天下书籍与谶纬相涉者，皆焚之，为吏所纠者至死。自是无复其学，秘府之内，亦多散亡"[3]。可以说，自曹魏开始，历代政权再也没有出现过像东汉王朝那样以谶纬决策国家大事、政治领域充满了神秘妖妄氛围的状况。这不能不说是一种进步。

其次，从学术发展的角度而言，对谶纬的清除大大净化了学术空气。

---

① 《三国志》卷23《常林传》，裴松之注，第660页。

② 《晋书》卷3《武帝纪》，第56页。

③ 《隋书》卷32《经籍一》，第941页。

魏晋以降的经学呈现平实晓畅的风格,怪诞之说少见,理性之论居多。尤其值得一提的是,王肃的摈除谶纬,为王弼玄学的产生开辟了道路。任何一个思想家都只能在前人的思想基础上前进,如果没有王肃排驳谶纬,王弼就必须首先消解这个大包袱,才有可能开创经学玄化的局面。蒙文通对王肃此功大加褒赞,"下至东汉,谶说始入于经,王弼、杜预而后,乃一屏纬说,不更牵引,此又不可谓非子雍之长也"①。

但是魏晋经学毕竟在学理层面无新的建树,使儒学在魏晋以降不能焕发出新的生命力,既无法与西汉中期天人感应理论创立时,儒学呈现的勃勃生机相比,甚至也无法与谶纬在东汉的辉煌带给儒学的显赫地位相比,尽管其在当时有一定的思想解放的意义和价值,但与玄学相比,又显得老调、乏新。所以,儒学在魏晋以降,不能不给人一种衰败的印象,梁启超在《论中国学术思想变迁之大事》一文中评论道:"其时治经学者,虽有王肃、杜预、虞翻、刘焯、刘炫、徐遵明之流,然曾不能于东京学风外有所建树,徒咬文嚼字,破碎逾甚……虽谓其时为儒学最销沈之时代可也。"②

如此,也就可以解释为什么王学不能最终战胜郑学,王学虽然在反谶纬方面显得比郑学理性,但徘徊犹疑于天命论使其出现自相矛盾之处,③而因对经书的不同理解产生的异议就更是没有结果之争。所以,"王肃注经并没有提出一个适合时代发展需要的崭新哲学体系,用以代替郑玄的经学,他所做的,最多是对郑玄经注的修正和补充。这就是王学不能最终战胜郑学并且不能为经学开辟新时期的主要缘由"④。

——原刊于《史学月刊》2012 年第 4 期

作者简介:郝虹(1972— )女,大连大学历史学院教授,主要从事魏晋思想史、中国文化史研究。

---

① 蒙文通:《经史抉原》,《蒙文通文集》(第三卷),巴蜀书社 1995 年版,第 87 页。

② 梁启超:《饮冰室文集类编》(下),(日)帝国印刷株式会社,明治三十七年,第 73 页。

③ 参见拙文《魏晋儒学盛衰之辨——以王肃之学为讨论的中心》,《中国史研究》2011 年第 3 期。

④ 任继愈主编:《中国哲学发展史》(魏晋南北朝卷),人民出版社 1988 年版,第 627 页。

# 晚清学政的劝学活动与近代学术传承

## 王夏刚

清代在各省都选派有学政这一管理地方学务的专职官员。学政不仅以考试取舍权决定童生、生员的命运，还在士风民习的引导和学术风气的养成方面起着重要作用。晚清学政著名者如安徽学政汪廷珍，四川学政张之洞，山西学政王仁堪，江苏学政黄体芳、王先谦，湖南学政江标、徐仁铸，贵州学政严修等，他们或颁发劝学书籍以指导读书之门径，或兴办书院吸纳高材生，或倡导新学开阔士子视野，或重视教养结合创造有利读书条件，在培育地方学术学风方面取得显著成效。

前人对有清一代的学政已有总括性研究。① 关于晚清学政研究，前人虽然在学政劝学书籍、学政活动与戊戌维新运动、学政与晚清学风等方面有较多探讨，但与变动环境中晚清学制学风的复杂面相相比，值得深入和拓展的地方还很多。② 如在劝学书籍方面，前人除了对《书目答问》和《輶轩语》《经籍举要》等劝学名作有精到研究外，对《劝学浅语》和《劝学琐言》等其他劝学书籍还较少论及。学政颁发的大量劝学条诫，目前尚缺乏系统的整理与研究。本文在前人研究的基础上，对晚清学政在"荒经"日甚、西学日渐背景下力守经史根本、应对西学冲击的措施和效果进行专门考察，以此凸显学政劝学在近代学术传承中所扮演的重

---

① 刘德美：《清代的学政与学风、学制的演变》，《台湾师范大学历史学报》1989 年第 17 期；黄春木：《清代学政研究》，《教育研究集刊》2002 年第 3 期。

② 朱维铮：《学人必读书——张之洞和〈书目答问〉两种》，收入《求索真文明——晚清学术史论》，上海古籍出版社 1998 年版；安东强：《晚清学政与维新变法运动》，《社会科学战线》2011 年第 12 期；尤育号：《学政与晚清教育、学风的变迁——以黄体芳为例》，《浙江学刊》2010 年第 5 期。

要角色。

# 一 晚清学政劝学中力守经史根本的努力

晚清时代,学政劝学中面临的最大难题是大多数士子不读全经全史,删本经书流行,试牍闱墨充斥,时文抄袭成风,士子"荒经"现象严重。科举考试的内容,以四书五经为主,本为考察考生"明六经之旨,通当世之务"的能力和水平,其初意为经学的传播和圣贤人格的培植。但经文史书的阅读,在在需时。早在乾隆四十四年(1779)八月,上谕就对士子不读经籍提出批评,"大抵近来习制义者,只图速化,而不循正轨。每以经籍束之高阁。即先正名作,亦不暇究心。惟取庸陋墨卷,剽袭挦撦,效其浮词,而全无精义。师以是教,弟以是学,举子以是为揣摩,试官即以是为去取,且今日之举子,即异日之试官,不知翻然悔悟,岂独文风日敝,即士习亦不可问矣"。上谕要求"嗣后作文者,务宜沉潜经义,体认儒先传说,阐发圣贤精蕴,务去陈言,辞达理举"①。

嘉庆年间,江西学政汪廷珍发现童生只读试牍闱墨,不读四书五经。"童生中多有文理颇顺,问以四书白文,不能记忆;五经、三传,竟未识面。又有十一二岁童子,五经尚未开卷,而试牍闱墨,成诵已多",士子"不通经术,不知古今,惟取坊间删本经书,高头讲章,熟烂时文,诵习抄撮,以致空疏纰缪,弊病百出。"② 由于学风不正,在科举考试中抄袭现象严重。江西学政陈宝琛曾指出,光绪八年江西乡试中,"剽袭雷同之卷,不下千本",他认为之所以出现这种现象,是学额太宽,送考太滥,官学教官、书院山长未能悉心教诲所致。③

晚清时代战乱不断,自然灾害频仍,对地方文化事业造成的破坏,也是学政劝学活动面临的难题之一。同治年间,江苏学政鲍源深在奏折中提到久经战乱后图书散佚的情形。"江苏松常镇扬诸府,向称人文极盛

---

① 《清实录》第22册,中华书局1986年影印版,第613页。
② 李国钧:《清代前期教育论著选》(下),人民教育出版社1990年版,第324页。
③ 陈宝琛:《陈文忠公奏议》,沈云龙主编《近代中国史料丛刊》第397册,文海出版社1968年版,第181页。

之地。学校中旧藏书籍，荡然无存。藩署旧有恭刊钦定经史诸书版片，亦均毁失。民间藏书之家，卷帙悉成灰烬。乱后虽偶有书肆所刻经书，俱系删节之本，简陋不堪。士子有志读书，无从购觅。苏省如此，皖浙江右诸省情形，谅亦相同。以东南文明大省士子，竟无书可读，其何以兴学校而育人才。"①

针对以上弊病和困难，一些学政采取了新的劝学措施予以矫正匡救。

1. 以取录与否为学术风向的诱导，明确取录标准，强调经史是时文的根底，鼓励士子广泛涉猎经史书籍

安徽学政汪廷珍在《安徽试牍立诚编文序》中附录了条约十六则，其中多条就涉及了他的取录标准，如：剽窃旧文意义词调者，概不取录；摘录记诵书中语句，不论何题，随便嵌入，以冀阅者惊为奥博者，概不取录；沿袭故套，抛却本义，自立别说者，不录；深乖体制者，不录；选词不雅者，不录；以放荡为豪情，以轻薄为雅致者，必从沙汰；避讳字要敬谨避写，不得妄行缺笔及改写，违者生员考置劣等，童生不录；制义功令不得过七百字，违者不录；油滑套语者不录。②

贵州学政严修颁布劝学告示，劝导士子诵读经书，并将其作为童生复试的一个重要内容，"本院预约：凡童试招复日，兼课背诵五经，能全诵者必录，不能一经者，文虽佳亦黜"，凡发论题，范围不外《钦定性理精义》《朱子小学》和《近思录》三书，诗赋题，无论生、童，均在《史记》《汉书》《文选》中出。③山西学政王仁堪则指出古学一场，经解必于《皇清经解》内出题，策论、诗赋，必于《通鉴》《文选》内出题。④

不少学政告诫士子，要想作好时文，必须以经史为根底。江苏学政王先谦认为时文浓淡清奇，不拘一格，以气为贵，无气不能使词，无意不能运气，意从识出，识从学生，因此"当多读经史及唐宋名家文以厚其材力，胸有包罗，笔底自然拔俗"⑤。江苏学政黄体芳认为时文的写作，

---

① 陈弢辑：《同治中兴京外奏议约编》卷五，中国书店1985年版。
② 李国钧：《清代前期教育论著选》（下），第322—323页。
③ 严修自订、高凌雯补：《严修年谱》，齐鲁书社1990年版，第50页。
④ 王孝绳编：《王苏州遗书》卷三，沈云龙主编《近代中国史料丛刊》第397册。
⑤ 王先谦：《劝学琐言》卷上，光绪年间刻本。

需有经史做铺垫。他说："夫文之为道，表里相需，语以旨归，目凡有四，词居其一，义处其三。理究天人之微，典通古今之故，事周万物之情，三者备，斯言可立，然则不究心经史子集之学，何以为文？不精研汉宋之说，贯百家之言，又何以为学哉？"①

2. 重视经古考试，扩展经古考试的内容，并建议将经古场列为必考科目

在生员、童生考试中，设有经古一场，在正场前进行，其考试内容在晚清屡有增设，初为经解、史论、诗赋，咸丰时增性理、孝经论，同治十年（1871）添试算学，光绪二十一年（1895）添试时务，生童可选择一门报考。童生录取后复试，亦有不复试者，能录取者大半入学。幼童也可报默经或背经，由学政择取诸经内一段或一节，倘能字体端正、默写无误，或背诵无讹者，亦酌取录。②"此场不列入功令，故应考与否，听其自便。"③

在晚清，经古考试成了容纳各种学问的考试。湖南学政江标就将经古考试分经学、史学、掌故学、舆地学、算学、词章学六门。严修在贵州，有童生考默经、背经的④，有文生册注报考《禹贡》的⑤，有用篆隶体及作《说文释例》者，有报考算学者。⑥徐琪在广东，在经古场还添考画学。⑦总体而言，以经学、古学和新学为主。不少学政在正场四书文无法改变的前提下，扩大经古考试的范围，促使士子开阔视野，接触新学，并有多位学政在科举制度变革中，将目光投向了经古场。光绪二十四年（1898），安徽学政徐致祥奏请将经古场改为头场，为必考，试以史论一道，时务策一道；光绪三十年（1904），顺天学政陆宝忠又建议将经古场改为头场，为必考，专试中国政治史事及各国政治艺学策论。

---

① 黄体芳撰、俞天舒编：《黄体芳集》，上海社会科学院出版社 2004 年版，第 150—151 页。
② 商衍鎏：《清代科举考试述录及有关著作》，百花文艺出版社 2004 年版，第 10 页。
③ 章中如：《清代考试制度》，黎明书局 1931 年版，第 8 页。
④ 严修：《蟫香馆日记》卷三，《续修四库全书》，第 582 册，上海古籍出版社 2002 年版。
⑤ 同上书，卷五。
⑥ 同上书，卷七。
⑦ 徐琪：《粤轺集》，沈云龙主编《近代中国史料丛刊》第 685 册，第 63 页。

### 3. 鼓励士子注疏经史著作

江苏学政王先谦在《劝学琐言》中，为诸生筹划了一个切实获益的方法，即分治经史书籍。他说"长编巨帙，若人治一书，非积数十年功力不能就绪"，如果按照州县，分授卷帙，"萃一省之人才以共学，即合众人之精力以成书，集思既宏，成功亦速"。他分别列举了《尔雅》《说文集释》《文选补注》《水经注疏》以及史书补注的治理条例。

他首先指出《尔雅》为群经枢辖，既应先通，尤便分治。"宜荟萃众说，合为一书"，具体方法是：每正文一节后，首注疏，次古注，次诸家说，全抄弗遗，另外如有《尔雅》笺注的罕见传本，以及虽非《尔雅》专家而能予《尔雅》条目以启发的，均可胪列，并可加上按语，订正舛伪，推阐遗义。按语要冠以本人姓名，引书必须注明某书某卷。分卷情况为：释诂、释训，江宁；释言，太仓；释亲释宫，松江；释器、释乐，常州；释天释地，镇江；释丘释山，淮安；释水，海州；释草释木，苏州；释虫，徐州；释鱼释鸟，扬州；释兽释畜，海门。他认为，如果不分别治经，人人都须从卷首用功，必无观成之日。为方便治经，大致作如此区分，如果愿意研讨他卷，亦不必拘泥。之所以先列《尔雅》《说文》，是因为"通《尔雅》《说文》，则诸经可得而治矣"。

对于其他经史书籍，他也确定了具体的治学方式，他认为这些书如果分治，或数月、期年可以完成，同撰、合撰的，数年也可完成。他希望分治经籍的文件到各地后，学官迅速分给各学生童，令其辗转传抄，愿意研读某书者，呈明学官，注名汇册，送学政衙门备案，近者限五十日，远者三个月。至于所治之书，不厌精详，非以速成为尚。分治之书，可以数人同治，不限于一州县及一人。或闭户自精，或以文会友，分条共治，方式不拘，如果实有心得，除了加以奖励外，还要予以刊行，各列姓名。他要求同撰、独撰者，每成二三卷，呈学官送学政衙署，经批阅后发还，"如有不合，指示另撰，免致误用心力"[1]。书院肆业生，随时指点讲授，远在他县的生员，则评定后发还，如果著有成书，必为之集资刊行。

### 4. 指导读书方法

如何读书，是学政训导士子的重要内容。张之洞在《輏轩语》中教

---

① 王先谦：《劝学琐言》卷上。

导士子：读书要博，既要读经史书，也要读时务书，阅读经史子集等。两度出任浙江学政的吴钟骏曾经颁布告示六条劝勉士子：经学不可不明；小学不可不讲；史学不可不广；文学不可不富；诗学不可不细；字学不可不习。读经方面，他指出读书顺序：十三经颁在学官，无一不当诵习。外如《左氏》《国语》《大戴礼记》《尚书大传》《逸周书》等，虽不列于十三经中，实足以补十三经之阙，凡此皆当熟读者也。经书既备，然后研及注疏，《毛诗》、三礼最为淹博，当先观之，次则三传，亦可采择。《论语》虽以朱子集注为宗，而何晏《集解》亦当参存，《诗》则毛、郑之外，兼考齐、鲁、韩三家，若《易》则李鼎祚《集解》，参以惠氏《周易述》。《书》则王氏后案，孙氏《今古文注疏》，《尔雅》则邵氏正义，皆汉学也。他如太原阎氏、婺源江氏戴氏、四明全氏万氏，长洲惠氏、嘉定钱氏、高邮王氏诸家说经之书，根柢湛深，精而且博，好古之士，尤宜考覈。① 湖北学政龙启瑞在《经籍举要》中则提出了不同的读经方法。他认为十三经乃学问文章之根柢，必须精熟贯通，异日立身行事，读书作文，处处方有把握。但是学者才质不同，兼习并非易事。他建议随性之所近，量力专习一经，一经既毕，乃习他经，"果能融会贯通，则一经亦自可发名成业"。读经之法，先将正文熟读精思，然后及于传注，然后及于诸家之说。更为重要的是，读经要使身心受到触动，"使我之身心，受其约束，我之立身行事，胥有范围"，以变化气质。②

至于如何读史，龙启瑞建议诸生，读史必须手边置一札记，随其所得，分类记之。"记古人之嘉言懿行，则足以检束其身心。记古人之善政良谋，则足以增长学识，以至名物象数，片语单辞，无非有益于学问文章之事。当时记录一过，较之随手翻阅，自当久而不忘"③。他还援引了《豫章书院学约》中的读史方法，即：凡读通鉴及紫阳纲目，读某章毕，即须从头检点，记其大因革、大得失，宰相何人，几人贤而忠，几人奸而佞，统计一朝盛衰得失之故，如在目前，然后看第二代。阅二十二史，

---

① 吴钟骏：《吴晴舫学使告示六条》，龙启瑞撰、袁昶增订《经籍举要》，光绪十九年(1893)，中江讲院刻本。

② 龙启瑞撰、袁昶增订：《经籍举要》，第2页。

③ 同上书，第4页。

如看本传，又须看其何时出仕，居何等官，有何功业，殁于何年，统计一人之终始，如在目前，然后再看他传。①

贵州学政严修劝导诸生实行日记法，将每天的读书思考的内容记载下来，他指出，先正读书，无不札记，日久积多，遂成著作，此最便之法。……若逐日登记，或以月次，或以年份，事后遗忘，便于检阅；朋友讨论，便于传观。所费不过一举笔之劳，何惮而不为也？②

山西学政王仁堪为士子提出了具体的学习方法，一为札记，二为立课，他指出"不能札记不能识也，不能立课不能奋也"，士子可以预定每日读书的页数，读书时，置短册于案头，随时札记，"有疑则记，有悟则记，校勘考订有讹误则记"，毋间断，毋贪多，毋泛览，毋喜创解，毋轻议古人。为使这种读书活动能够延续下去，他建议士子宜立课，设立社长，或推学问优长者，或同社轮直，每人立一册，确定每天读书的页数，或一旬，或半月，到期同社士人彼此叩问，"经以义难，史以事难，子集以辞"，以能否记忆来确定等第，并予以赏罚，如果十问中，一问也答不上来，则摒诸课外。③

5. 创办书院，刊行书籍，为士子创造读书条件

晚清学政创办了不少书院，比较著名者，如四川学政张之洞创办了尊经书院，江苏学政黄体芳创办了南菁书院，陕甘学政许振祎设立了味经书院，湖南学政朱逌然建校经堂等。他们还选拔优秀生员到省城书院肄业，既扩展了士子的视野，也培养了一批人才。

在一些书院的考课中，考试经史学问，不考时文。四川学政张之洞对此加以解释，他认为"根柢深而不工词章者鲜矣，工一切诗古文辞，而不能为举业者，抑又希矣"，而且四书文在各种场合的考试中，都会运用，如果再在书院加以考核，显得多余。每月增加四书文一课，诸生的时间和精力也不能胜任。针对诸生对不课时文会妨碍科名的顾虑，他解释说书院中所考察的策论、诗赋便于考试经古场，课卷用白折，有利于

---

① 龙启瑞撰、袁昶增订：《经籍举要》，第5页。
② 严修自订、高凌雯补：《严修年谱》，第50页。
③ 王孝绳编：《王苏州遗书》，沈云龙主编《近代中国史料丛刊》第397册，第419页。

练习书法，由选拔到廷试，"未有不视古学楷法为进退者"①。

一些学政还设立书局，刊刻经史书籍。王先谦任江苏学政后，抵任后檄各地学官覃心搜采，加上他旧有的藏书，掇其精要，得书二百零九部，一千四百三十卷，设局刊刻，光绪十四年，刊刻《皇清经解续编》告竣，版存江阴南菁书院；瞿鸿禨任浙江学政时，搜集"归安陆心源家藏宋元精椠板本为近时所无者一百五十种合二千四百三十三卷，又丛书三百余卷，送国子监，传播艺林"②。江标任湖南学政期间，刊刻《灵鹣阁丛书》，该丛书共六集五十七种九十九卷，多金石、书目及清人经学、小说著述，叶昌炽《藏书纪事诗》六卷初刻本即在其中。严修任贵州学政时设立官书局，除了刻书外，还购买了西学书籍。

## 二　晚清学政劝学过程中对西学的认知及传播

晚清与清前期不同，鸦片战争以来，中国开始面临千年未有的大变局，甲午战争的炮火，使更多的中国人不得不开眼看世界。作为负责地方教育管理的官员，如何在劝学过程中有效应对西学及西教，是各省学政不能不面对的新问题。

作为在经史文献中浸润多年的学者，学政对传统学术在新形势下的式微忧心忡忡，他们力图从传统文化中发掘应对时局变迁的资源。江苏学政黄体芳认为中国之所以不振，是缺少真正的儒者，他创办南菁书院，就是希望士子能够反经以求其实，通过阅读经典来达到经世致用。③ 对于西教，他建议对在教的举贡生童，以身家不清论，一概不准考试。

福建学政沈源深则认为在当时情势下，洋务不能不学，但要分清主次，首先解决中国的弊病。他指出洋务为当时最要之学，学者宜究心。但必须识别各国疆域、政教、风俗、兵法等大的方面，才有作用，至于电学、化学、矿学等，虽然有用，但属于工匠之事，非经世之学。若只是留心此类学问，则并非真通洋务。他认为中国之病，在于上下之蒙蔽、

---

① 苑书义编：《张之洞全集》，河北人民出版社1998年版，第10073页。
② 王先谦：《葵园四种》，岳麓书社1986年版，第28—29页。
③ 黄体芳撰、俞天舒编：《黄体芳集》，第145页。

诸事之敷衍、人心之浮薄，至于铁路未开，制造不精，则在其后。①

湖南学政江标从"西学中源论"出发，认为"西学宜从，而中学亦未可弃也"②。他指出，"格致之学，溯其本实，事事胚胎于中土，或变其名目，或加以变通。中国为其创，而西人为其因，中国肇其端，而西人竞其绪，中国信以传信，数世不可考耳，西人精益求精，专门竞成绝诣，此固中西学问消长之机，亦即国势盛衰强弱之所由判"，如果中国能够弃虚文，尚实学，讲求格致，思创新法，不出百年，中国将兵精国富，必能驾地球各国而上。③《变学论》《格致源流说》，均署名"江建霞"，建霞为江标之字，二文当为江标所作。在湖南期间，江标奏请以经学、史学、掌故学、舆地学、算学、词章学试士，拓展了湖南士子的学术视野，广泛地灌输了新学新知，改变了学术风气。在所刻士子论文《沅湘通艺录》中，除了词章两卷，经学一卷，以及附录四书文两卷外，其余五卷，多与新知识有关，如《尊新》《骛新知新辨》《拟西学通考凡例》《拟游历例言》《各国皆辟新地中国何以不能说》《各国君主民主君民共主表》等，也有一些题目强调新旧之间的关联，如《治新学先读古子书说》。

在倡导维新事业的同时，江标还编印了《灵鹣阁丛书》，该丛书的主体为经史著作，难能可贵的是，还收入十种左右的西学书籍，如李凤苞《使德日记》，徐建寅译《德国议院章程》，李钟玉《新加坡风土记》，吴宗濂、赵元益译《澳大利亚洲新志》等。他还特意刻印《德国议院章程》，告诉国人，议院在中国的实施尚非其时。"近之谈泰西之学者，辄曰开议院之善，殊不知议院之设，其事之繁，例之严，法之密，语之公，非朝夕可见效者。一语必回顾，一事必详审。人方苦中国凡事不能速效，抑知泰西开议院窒碍之时，更有甚于中国者。此《德国议院章程》为徐仲虎观察译本，余亟刊之，以示天下之喜谈开议院者。"④ 在《沅湘通艺录叙》中，他提出学政试士，就是要使士子能够各尽所长，而不是一己一人之所长，强令一省之士尊而宗之。他试士的方法，只不过是遵循了

① 沈源深：《劝学浅语》，光绪年间刻本。
② 江标：《变学论》，求是斋《皇朝经世文编五集》，光绪年间刻本。
③ 江标：《格致源流说》，求是斋《皇朝经世文编五集》，光绪年间刻本。
④ 徐建寅译：《德国议院章程》叙，光绪二十一年（1895）。

司马光、朱熹、胡瑗等人提倡的取士方法而已，如果认为他是矫异于众，以一己之所学，而强风会之所趋，那是错误的。①

湖南学政徐仁铸则将"中西兼通，中学为主"作为他的目标，"以正学端其趋向，而无取虚衍之谈。以时务验其旁通，而勿尚嚣张之气。总期于经史大义，中外全形，实力研求，循序迭进，庶几学有体用，蔚为成人"②。

总之，尽管各省学政对待西学、西教的态度，互有差异，但其基本出发点，均是站在中国文化本位的立场上来观照西学的。总体而言，大部分学政的文化立场是保守的，他们的劝学活动，对西学传播的促进作用总体来说是很有限的。

# 三　晚清学政劝学效果评析

晚清学政的劝学活动，对地方文化事业的建设，对经学的传播及学术传承，以及西学的传播，均有积极影响。

首先，学政通过颁发书籍或条诫告示，指导士子如何读书，在近代学术传承上起到了重要作用。前揭浙江学政吴钟骏颁发的六条告示，指示士子为学之方，其中经学、小学两条对晚清名士李慈铭就影响很大，李称"其经学小学二条，尤详慎，得读书之法，予之稍知向学，实源于此"③。湖南学政朱逌然提倡汉学，颇著其效，时人称"湘人治经，道、咸以前，宗衡阳王氏，无汉宋之分。前使者余姚朱宫詹稍以汉学倡导后进，十年之中，斯风大盛"④。学政任职期间所颁发的书籍或条诫，对当地的学风起到了引导作用，这些书籍或条诫，被多次翻印刊布，其影响远远超过一时一地。更为重要的是，这些书籍或条诫，设定的读者群，主要是想入学的童生和已经入学的生员，文字浅显易懂、亲切有味，指导的读书方法切实可行，所举书目具有代表性，对治学方法的揭示亦具

---

① 江标编校：《沅湘通艺录》，《丛书集成初编》，中华书局1985年版，叙。
② 湘报报馆编：《湘报》，中华书局2006年版，第30页。
③ 由云龙辑：《越缦堂读书记》，中华书局2006年版，第443页。
④ 周家禄：《为陆学院沅湘揽秀集后序》，船山全书编辑委员会编校《船山全书》第16册，岳麓书社1996年版，第690页。

有针对性，在近代学术传承上，自有其不可忽视的作用。叶昌炽在《缘督庐日记》中称张之洞所撰《輶轩语》"教人为学，浅近易入，治经一条，尤为详明剀切"，并认为各省学政如果都能如此，"何患人才不振哉！"①

其次，创办书院或改革书院，通过提供较好的师资和读书条件，培养人才，也有利于近代的学术传承。学政通过创办或改革书院，从各地调取优秀士子入院学习，优给膏火，并延聘经史名家担任山长，书院的课程安排以经史为主，大部分书院不课时文，甲午战争后，部分书院增加了算学、方言等科目。《清史稿·儒林传》评南菁书院道："南菁书院创于黄体芳，先谦广筹经费，每邑拔取才士，入院而督教之，诱掖奖劝，成就人才甚多。"② 南菁书院的高材生撰写的经史著作，被刊入《南菁书院丛书》，其中一些人成了经史研究大家。

再次，通过考试内容的侧重与倾斜，引导了学术风气，并为西学的传播提供了空间。叶昌炽就认为江苏王先谦的遴选标准，对江苏的学风具有指向作用，他在日记中说："王益吾学使岁考，建霞得首列，可谓破格拔人，吾乡后起，庶几知向学乎。"③

湖南学政江标通过命题的侧重，提倡了新学。谭嗣同指出江标"命题喜牵涉洋务，所取之文，又专尚世俗所谓怪诞者拔为前茅"，士论哗然，但他坚持一个原则，即"非周知四国之士，屏弃弗录，苟周知四国，或能算学、方言一技矣，文即至不通，亦褱然首举之"。由于利益所关，"士知终莫能恫喝，而己之得失切也，乃相率尽弃其俗学……冀投学政之所好，不知不觉，轩然簇然，变为一新"④。皮锡瑞也发现，报考时务学堂的学生，言洋务尚初通，于试题中孟子的话反而不理解，慨叹中学将亡⑤，这种情况，应与江标在湖南倡导新学有一定关联。

但晚清学政的劝学活动，也受到一定制约，如劝学活动的效果，与

① 叶昌炽：《缘督庐日记钞》，《续修四库全书》第576册，上海古籍出版社2002年版，卷一，第74页。

② 赵尔巽等：《清史稿》全四册，中华书局1998年版，第3406页。

③ 叶昌炽：《缘督庐日记钞》，《续修四库全书》第576册，卷四，第6页。

④ 蔡尚思、方行：《谭嗣同全集》，中华书局1998年版，第270页。

⑤ 皮锡瑞：《师伏堂日记》第3册，国家图书馆出版社2009年版，第150页。

能否得到士子的响应密切相关。如江苏学政王先谦倡导士子注疏经史著作，缪荃孙就预测难以如愿，他认为"士子谋衣谋食之念，切于读书之念，百人中难得一真能著书者也"①。创办书院，刊印书籍等活动，均需要经费支持，而学政并不管理钱粮，如果没有地方官的支持，这些劝学活动的展开、效果，以及持续性，均会受到影响。另外，学政任期三年，人去政息，一些劝学措施无法制度化，政策没有延续性，也限制了学政的劝学效果。

另外，令一些学政头疼的是，劝学本是为了防止士人见闻浅陋、言行不一，使他们体悟经典的微言大义，但一些士子为利益所诱惑，抄袭成风，与劝学的出发点相悖。贵州学政严修在贵州倡导新学时，发现一些士人在应试时抄袭时务书刊，令人生厌。在《示应乡试士子》中，他特意劝诫士子平时要留心学习新学，不可临场抄袭，直录《盛世危言》《普天忠愤集》和《时务报》，拾人唾余，雷同可厌。

晚清学政的劝学活动，已如上述，不容否认，他们倡导的阅读全经全史，以及如何研治传统学术的方式，与近代学习西方的主潮有一定距离。他们在考试制度上的变革要求，开列书目的活动，指示读书门径的作为，为在科举制度和西学双重压力挤压下的中国传统学术，提供了一线生机。他们从中国文化本位论出发，倡导士子开阔视野学习西学，也为西学的传播提供了空间。其劝学活动，作为近代学术传承中不可忽略的一环，具有重要的价值和意义，其关于治学读书的基本方法，今天仍不失其借鉴意义。

——原刊于《中南民族大学学报》（人文社会科学版）2014 年第 4 期

作者简介：王夏刚（1969— ）男，大连大学历史学院教授，主要从事晚清学术史研究。

---

① 缪荃孙:《艺风堂友朋书札》,上海古籍出版社 1981 年版, 第 288 页。

# 论辽宁古代建筑的文化内涵

舒红霞

辽宁是华夏文明的发源地之一。远古到如今，辽宁地域的各个民族为华夏文明做出了特有的贡献。由于独特的生存环境和多民族共存共荣的历史原因，辽宁的历史建筑文化不仅与华夏文明一脉相承，而且具有鲜明的多民族文化特色，多姿多彩，具有丰富的文化内涵。如果将其历史画卷的长轴打开，可以看到一幅幅异样精美的图画，远古洞穴、石棚、地穴；古代宫殿、长城、庙宇、陵墓。虽然岁月流逝，人世沧桑，保留至今的历史建筑已不多见，可是从现存的遗迹里，仍然可以窥视远古文明的遥远的世界，人类的愿望、生活的海洋、历史的步履和审美的意志，能够重新鼓起来者奋进的勇气，走向更加美好的未来。

## 一　来自远古的建筑文化信息

远古一般是指史前人类的历史，远古没有城市，但是辽宁却保留了许多重要的建筑文化信息。境内发现的重要人类生存遗址，有距今已有30万—23万年的营口金牛山人文化遗址[①]（1984年10月在第六文化层，发现一个个体的猿人化石共55块，包括完整的头骨、脊椎骨、肋骨、手脚趾骨、尺骨、髋骨等，其完整程度为世界人类学发现史上所罕见）；距今24万—14万年的本溪庙后山人文化遗址[②]；距今有7万—5万年的喀

---

①　傅仁义：《金牛山古人类遗址的发掘和研究简史》，《考古学研究》（七），科学出版社2008年版，第27页。

②　林瑾等：《新发现的一颗庙后山人的白齿》，《人类学学报》1987年第1期。

左鸽子洞遗址。① 在这几处遗址没有建筑文化的痕迹，天然洞穴居住时间很久，即是最薄的文化堆积层也具有数万年之久。远古人类一代接一代、一个部落取代一个部落地在同一洞穴居住，他们没有改造其住居，但是他们正在形成建筑理念：近水、地势较高、面南、封闭，能够保证阳光、温度、用水、用火、制造、安全等生活需要。

辽宁发现重要的新石器时代遗址，有距今 8000 年前的阜新市查海遗址；距今 7000 年前的沈阳新乐遗址；距今 5000—5500 年的朝阳牛河梁红山文化遗址；距今 6000—7000 年的东港市马家店镇村落遗址、九连城龙头村遗址；新民高台山遗址和本溪水洞遗址等。就世界范围内考古发掘来看，新石器时代没有城市，但在红山文化遗址上，可以看到人类城市的源头，这里不是一个村落，而是一个大族群的政治、宗教、文化中心，庞大的积石冢群、具备一定规模的女神庙、祭祀专用场地、神器、彩陶器等，足以证明这是远古的一个文明起源地。其中女神庙、积石冢、大型祭坛构成的标志性建筑，从南到北轴线分明，虽没有古代城池，但其建筑规模、集中度、空间分割，都传达出远古建筑的重要信息，为探讨世界城市起源、布局、建筑提供了宝贵历史依据。

新石器时代是远古社会腾飞的阶段，世界不同地域人类创造力空前呈现，在建筑技术方面因地制宜，各取所需，各用所长，使建筑文化具有多元色彩。西安半坡文化遗址是仰韶文化的典型形态，村落居民的房屋为半地穴式建筑。辽宁 8000 年前的查海遗址和 7200 年前的新乐遗址也是这样的茅屋建筑。特别是被称为"中华第一村"的查海遗址，截至 1994 年发掘出半地穴式房址 55 座，最大一座 120 平方米，房屋前面还有一幅与房屋边长相当的石塑龙图案，图案没有半坡人面鱼那样规范，也没有新乐遗址煤精制品和鸟木雕的精致，却清楚地告诉人们这所大房子的与众不同，宣布了华夏文明最早的龙图腾存在，文化意义非同一般。不过，由于生存环境和文明程度的差异，这一时段生活在太子河上游本溪近边寺洞穴附近的人类，还住在山洞里。

史前时期很重要的一项建筑是修建陵墓，辽宁地域也是如此，有洞穴墓室、地穴墓室、积石冢、盖石冢等。沈阳新民高台子遗址，发掘土

---

① 傅仁义：《鸽子洞遗址时代的再研究》，《北方文物》1992 年第 4 期。

坑地穴墓葬 115 座，本溪马城子村遗址发现 145 座洞穴墓，高台子地处辽河平原，马城子位于太子河上游山丘区的地带，可见墓穴建筑有因地制宜的因素。积石冢、盖石冢大多分布在沿海石山较多的地方，与红山文化存在亲缘关系。特别是辽宁地域分布的石棚文化，时间主要在新石器晚期和青铜时代初期，距今 4500 年前后。石棚大多在辽宁东部地区，仅大连地区现存大、中、小"石棚"45 个。《汉书》记载："孝昭元凤三年正月，泰山莱芜山南匈匈有数千人声，民视之，有大石自立，高丈五尺，大四十八围，入地深八尺，三石为足，石立处，有白鸟数千集其旁。"[①]《三国志》记载："时襄平（今辽阳）延里社生大石，长丈余，下有三小石为之足。"[②] 所谓"有大石自立""延里社生大石"便是指现存的石棚。大连庄河有一处石棚盖石长 7.5 米，宽 5 米；营口盖州二台乡一处石棚高 2.6 米，盖石长 8.6 米，宽 5.7 米，厚 4.75 米，属国家级文物。世界各地都有石棚，欧洲称"多尔门"；朝鲜称"支门""撑石"；辽东称"石棚""姑嫂石""石庙子"，文化功能有墓葬说和祭祀说，但很难自圆其说，需要进一步考据。不过，石棚具有重要文化价值，其运输方法、建筑技术、社会价值、美学意义，都需要做更深入的考查和研究。

## 二 现存古代建筑的文化意义

### 1. 宗教建筑文化

宗教建筑是建筑文化中亘古之瑰宝。辽宁境内寺庙道观遍布城乡各地，大多得到保护和修复，是信众念经诵佛、进香献贡、求神问卜的圣地，也是游人瞻仰佛祖道宗，观光、休闲的去处。现代人的旅游热情，对宗教半信半疑的态度，闲散休憩的愿望，在这些古老建筑的审美文化里得到淋漓尽致的发挥。不过除却宗教自身的文化特点之外，这些宗教建筑还具有如下文化内涵。

首先，与多民族共同创造的历史文明密切相关。沈阳的长安寺，传说为唐朝贞观年间尉迟敬德初建，文献记载明清时期又多次修缮和重建，

---

① 班固：《汉书·卷二十七·五行志》，中华书局 1962 年版，第 1400 页。
② 陈寿：《三国志·卷八·公孙度传》，中华书局 1959 年版，第 252 页。

它的修建史便是东北多民族文化的融合史。朝阳的北塔，始建于公元485年前后的北魏孝文帝太和年间，唐天宝年间重新修缮，辽初、辽重熙十三年两次修缮，之后又多次修缮，塔的内核为隋唐砖塔，外表为辽塔，其文化多元可见一斑。铁岭白塔又称圆通寺塔，据碑刻《重修圆通寺塔记》记载，此塔建于唐太和二年，但初建用砖为辽人之砖，明万历十九年民间出资修缮。特别是义县的玄真观（又称上帝庙、玄帝庙、禅岩寺），建于明洪武十五年，后金天聪时期、清雍正、乾隆、同治年间、民国时期多次修缮，建筑用材、结构、造型、技术又保留着金、元建筑的风貌，堪称古代数千年土木建筑文化集成之经典。还有，沈阳的藏传佛教风格的四塔寺、西关清真寺、锡伯族家庙、辽代的皇家寺院义县奉国寺、丹东清真东寺、彰武仿布达拉宫建筑模式的蒙古族喇嘛庙——圣经寺、始建于唐代的抚顺中华寺等，整个辽宁的宗教建筑体现出多民族共同创建华夏文明的文化内涵。

其次，辽宁宗教建筑体现了中华民族心胸博大、思想开放、文化和谐的精神传承。在建筑布局上，寺庙道观或共存，或相邻，或合一，不同民族、不同信仰的宗教文化之间少有异教之纷争。如义县玄帝庙又称玄真观、禅岩寺；抚顺中华寺集佛道于一体，祭祀先祖，供奉佛祖、崇尚阴阳、融汇儒学，是一个佛道合一的文化活动中心，历代高僧道长、江湖术士汇聚一堂，谈佛论道，诗书往来，其乐融融。沈阳般若寺、太清宫，均建于清康熙年间，二者成和睦毗邻。丹东的凤凰山、东港的大孤山也是寺观并立，三官庙、紫阳观、观音阁、药王庙共同点缀着峻拔清幽、风光怡人的一座座山峦。本溪的温泉寺又称三官庙，寺内有天王庙、龙王庙、娘娘庙、山神庙、钟楼、鼓楼和牌坊，不分佛道，不讲雅俗，俨然一个大同世界的桃花源。葫芦岛莲花山圣水寺，庙宇中神像佛道并列，庙宇建筑既有道家的天元宫，也有佛家的诵经殿堂。辽阳城里的文庙，庙堂上供奉着先师名儒孔子、颜子、子思、曾子、孟子等116人，充分呈现了华夏文明思想多元、开放、和谐一体的文化传统。

辽宁宗教建筑在规划设计方面还显示出与自然环境亲近和谐、天人合一的民族审美理念。世界东方民族的宗教活动主要是远离凡俗生活的精神修行，以个人修炼、感悟为主。根源中国文化的道教，更加注重清静无为，道法自然，所以大多宗教建筑远离城市喧嚣，坐落在广阔静雅的山水之间。辽宁古代的宗教建筑也是如此，许多宗教建筑群都坐落在丽山美水的怀抱之中。沈阳与抚顺之间的中华寺苍山溢绿，清流如许，恢宏壮观。鞍山的千朵莲花山（千山）、锦州的医巫闾山、朝阳的凤凰山、喀左的龙凤山、丹东的凤凰山、东港的大孤山、大连的大赫山（大黑山）、彰武的千佛山、岫岩的药山、本溪的九顶铁刹山、阜新的海棠山等，可谓山山皆有天下闻名、历史悠久的寺庙道观。隋唐时期，鞍山的千山开始建筑寺庙，之后道教传入千山，现今拥有"五宫""八观""五大禅林""十二茅庵"等38处庙宇及碑、塔、亭、阁。朝阳的凤凰山，1660年前燕王慕容皝在此修建龙翔佛寺，之后历代又建成了三塔四寺，此外还有北魏摩崖佛龛、清代观音洞等。这众多建筑散落在山水间，仅为点缀环境而毫无侵犯之意，无不呈现出古代宗教文化与自然和谐相处的文化意义。所以，每逢节假庆典的日子，省内各处的宗教圣地都是熙熙攘攘的游人，钟鼓经声缭绕，香客商贾观光客云集之地，社会和谐，文明弘扬，环境美好尽于斯也！

2. 政治建筑文化

辽宁地处东北大平原、内蒙古大草原与中原文化交流、往来、融合的战略要地，历史上是汉、蒙古、满、高句丽等多民族栖居地，政治地位十分重要，古代王侯在此建都的城池较多，其中沈阳、朝阳、辽阳皆是历史名都。辽阳是金王朝都城之一，又是后金兴起的都城；朝阳是三燕古都，又是隋唐重镇、大辽的中京；沈阳是清都盛京，也是大清建都北京后的陪都。然而历史久远，都城的许多政治建筑很少完整保留下来，大多城池、宫殿、街市只能残留一些片段，比较完整的建筑遗产便是陵墓和王朝历史尚未去远的宫殿，与宗教建筑相比，去之十有八九。这显示出政治建筑文化的时段性、民族性、阶级性等偏狭的特点，同时也与中国古代建筑的土木结构有重要关系。

朝阳是辽东最早的名城，东汉末年，号称"三郡乌桓""三燕古都"，隋唐为兵家重镇，大辽为契丹中京，现存的墓葬、碑石、寺院、北塔足以说明其久远的盛景；辽阳是辽东最早的名城，秦汉为辽东郡首府，汉魏的墓葬壁画显示出它久远的繁华与辉煌，隋唐时高句丽在此建燕州城，辽金时是金世宗登基之都，后金初期又是努尔哈赤第二个建都之地，城区的白塔、广佑寺、文庙、古城遗址、东京陵都说明了它重要的历史文化地位。然而，古代的宫殿建筑在这两个城市保留下来的则很少，所以辽宁境内现存宫殿建筑主要是后金以及大清建都北京之前的赫图阿拉山城和沈阳故宫。

赫图阿拉山城在20世纪初期的日俄战争中被摧毁和洗劫，古城建筑，王城宫殿遗存甚少，现在根据原貌修复，建筑的政治文化价值依然很高，公元1616年努尔哈赤在此称汗，建立后金，赫图阿拉城成为后金第一都。努尔哈赤带领的后金就是从这里进军辽阳、沈阳、越过山海关，横扫中原，建立了大清王朝。现在，从原始遗迹上修复的主要建筑来看，努尔哈赤依此向大明王朝叫板，可见其气魄宏大，志存高远。后金与大明，一个是朝气蓬勃、追求进步的新生政权；一个是腐朽堕落、抱残守缺的大封建帝国，二者经济、军事、文化力量显然没有可比性。然而，努尔哈赤在此建都之后，仅用9年时间便奠定大清王朝的政治基础，充分显示出锐意进取对于政权建设的重要性。同时，赫图阿拉小小的都城里，不仅建造萨满神堂、汗宫大衙门、正白旗衙门，而且建造关帝庙、文庙，充分说明满汉之间具有悠久亲近的文化渊源和文化融合的历史渴求。

沈阳故宫是数千年间中国大地上无数朝代更迭的历史长河中保存完整的两座皇族宫殿之一，文化意义更加重大。首先是努尔哈赤及时迁都沈阳，把后金的政治文化中心放在辽河大平原上，一个既八面受敌又能八面出击的战略要地。正可谓横道而处，八面威风，犹日出东方、龙腾九重。其次是沈阳故宫布局体现了氏族联盟军事议会的特点。大政殿是神圣庄严的权力象征，然而大政殿面前就是成雁行排列的十王亭，把皇帝与诸侯的间隔缩短到最近距离，使得君臣合署，可随时共议国家大事，在一定程度上削弱了独裁、专制、封建帝王唯我独尊的政治弊端，又弥补了后金政治联盟比较松散的缺陷。再次是沈阳故宫与北京故宫相映生辉，是活的历史"文本"，为建筑的政治文化提供了永恒的话题。满清政权从沈阳故宫进入北京故宫实现了政权升级，成为中国几千年无数王朝相互取代的历史缩影。从小到大，从弱到强，从盛到衰，沧桑巨变，哲学家需要沉思，政治家需要反省，文学家感喟不已，历史学家则反复探究……历史、社会、人生，如此的想象则永无止境。最后是沈阳故宫与北京故宫具有建筑文化本身的比较意义和审美价值，在空间分割、平面设计、立体造型、艺术审美内涵诸方面，沈阳故宫具有更多的北方民族、游牧民族、多民族文化特征；北京故宫更多地融会了几千年来的中原建筑文化，属于华夏古代建筑文化的集成，缺少了沈阳故宫的独特性。所以二者共存，具备世界建筑文化意义的价值。

陵墓建筑文化遗存主要属于古代权贵阶层，中下层人士的陵墓很少得以保存。辽宁地处东北一隅，是中原与东北地域的文化融会之门，也是古代东北各民族政治、经济、军事文化的中心地带，产生过辽、金、元、清四大统治地方乃至全国的政权，其统治者陵墓借此得到一定的保护和修复，是辽宁古代陵墓建筑的宝贵文化遗产。

辽阳汉魏壁画墓群，分布在辽阳北郊与南郊，距今 1700 多年，分属东汉晚期、汉魏、西晋、东晋时期，因年代久远，外部建筑已经难以考证，仅知墓地之上曾有高大的方锥形堆土，墓室为平顶多室，用青色岩石构筑，白灰勾缝，墓门在前壁正中，用石板封堵，为大、中型石椁墓，壁画墓均有高大的封土，壁画的文化价值十分巨大，是研究古代政治、经济、文化的珍贵资料，也是古代馈赠给现代人的艺术瑰宝。目前发现的墓葬得到了保护，但是其外部建筑的考证似乎没有启动，所以作为辽宁的宝贵文化遗产，考古学界和文物部门应该进行外部建筑、环境及其历史文献方面的考据工程，让其发挥更大的历史文化价值。

满族大清统治者的陵园在辽宁有三处，即永陵（抚顺）、福陵（沈阳）、昭陵（沈阳）。永陵位于新宾满族自治县，是后金统治家族久居与兴盛之地，努尔哈赤的远祖至父母治丧于此，分别是"肇祖原皇帝""兴祖直皇帝""景祖翼皇帝""显祖宣皇帝"的陵园，距今 400 余年。福陵是努尔哈赤及孝慈高皇后的陵墓，1651 年建成，之后又经顺治、康熙、乾隆多次修建。昭陵建于 1643 年，是太宗皇帝皇太极与孝端文皇后的陵园，陵园规模宏大、建筑雄伟。其中，永陵现存规模较大，体系完整，具有满族艺术风格。康熙十六年，永陵改建，青砖青瓦变成了红墙黄瓦，陵园增加了汉族文化色彩。福陵与昭陵布局严谨，雕刻细致，有东西配殿，方城宝顶，大明楼，可以见到满汉文化融合的痕迹。这三座清陵既见证了满清民族发展成长的历史，又呈现了满汉等民族文化融合的过程。

辽代皇室贵族陵墓群主要有两处，一是锦州医巫闾山的龙岗子陵墓群，另一是医巫闾山北端阜新市的平顶山、乌兰木图山、清河门西山和关山的墓葬群。龙岗子陵墓群主陵是显陵和乾陵，另有 13 座皇族的陵墓，主葬有皇太子耶律倍、辽世宗、辽景宗、萧燕燕等。阜新的"辽代四大墓葬群"中平顶山墓葬群属皇族耶律姓氏，其余三大墓群皆属辽皇后萧氏家族的墓葬，萧氏家族的贵族皆葬于此。这些墓葬及其出土文物，数量多，规模大，成为辽人文化的博物集成，其历史资料、贵族生活、契丹文学、雕刻艺术、绘画艺术、建筑艺术等，应有尽有，为人们研究辽代北方多民族融合史、辽汉文明融合史，提供了丰富的实物、文献资料，为华夏文化大家族增添了光彩。

朝阳市建平县的喀喇沁右旗有历代扎萨克及其亲族之陵园，是分为东西两座的蒙古民族的贵族陵园，西陵园不存，东陵园得到很好的保护，陵园属古代传统建筑，融合蒙汉风格，正门为明堂，左右建侧门，一座三进式石拱牌坊，正中是康熙御笔，道旁立四柱石，之后有 5 间佛殿，再后面为 3 间享殿。主陵墓在后面高处，形制为砖砌宝顶，下为家族各代人陵墓。其布局严整，南北中轴两分，地理位置阴阳合体，山环水抱，风水甲天下。

## 三　军事建筑文化

辽宁地处国家主权的边界地域，是关内外的战略要地，东北多民族的居住地，所以古代军事建筑遗留较多，虽大多已经毁坏，仍有不少保留下来。其中有中原与东北古代战争的建筑，有东北不同民族之间战争的建筑，也有东北民族与域外民族的战争建筑。

本溪有一条断续的城墙穿越山区，由西向东向前延伸，部分石砌，部分为土垛。该城墙是明代修筑的辽东边墙，属于明长城的延伸，东端延伸至鸭绿江畔丹东市内的九连城，全长千余公里，现今修复保存最好的部分便是丹东的虎山长城（丹东宽甸镇的杨木川镇险山堡也是这样的军事建筑）。辽东边墙军事意义已经消失，留下来的只有它的文化价值。虎山长城，是中朝古代边界的军事要塞，虎山附近还有汉代边城西安平县遗址和近代甲午战争、日俄战争遗址，虎山长城具有维护领土主权的文化教育意义。辽东边墙是几千年修筑长城的文化的传承，它既表现明代封建统治者保守、封闭、不思进取的特征，也显示了中华民族划界为邻、邻邦友好、爱好和平的文化品质。再次，从审美层面来看，辽东边墙与万里长城一样，蜿蜒状若游龙，隐没山水之间，既有龙腾云飞之势，又顺应山川地理，显示出中华民族亲近自然、天人合一的审美精神。

古代的城墙是冷兵器时代的军事建筑，辽宁境内古城很多，每一座古城都有城墙，或土垛，或砖砌，或土木石杂用，只有城门是用砖砌、石砌。古代城市不适宜近、现代城市需要，这些城池大部分不存，可是有一座不大的古城十分完好，古城的街市依然存留。这就是著名的宁远古城（现兴城古城）。宁远古城于明宣德五年建成，分内城和外城，1568年毁于地震。明万历四十五年，努尔哈赤起兵反明，两年内占领辽阳、沈阳等战略要地，迫使明王朝再次修建宁远古城，并派明末名将袁崇焕来此守卫。重建的宁远古城十分坚固，常驻守军 6814 名与锦州守军12356 名①成掎角之势，阻挡住了清军入关的大道，直到李自成进军北京，吴三桂放弃宁远，清军才占据此城。宁远古城是全国明代城池得以完整保留的四座之一，同时具有重要的军事、政治、文化研究价值。

宁远古城重建后，军民在袁崇焕率领下获得宁远大捷，以及之后的多次胜利，努尔哈赤在此重伤后死去，又多次迫使绕行入关的皇太极退回沈阳。这一段战争史，除城池建筑规划布局非常符合军事需要外，袁崇焕的军事指挥才能，身先士卒的精神，执政治军的策略，军民团结抗敌的意志，都是这座古城保留的重要的文化遗产。但是，最终城池犹在，名将蒙冤，清军入关，又体现了腐朽的明王朝必然被推翻的命运。

另外，辽宁境内山区丘陵残存大量高句丽山城，诸如：丹东凤凰山城、大连大黑山城、桓仁县五女山城、辽阳燕州城、铁岭城子山山城等。这些山城距今 2000 多年，一般构筑于险峻高山之上，山顶有平台、瞭望台，城内有水源、蓄水池、马道、大型建筑基址、居住建筑群址，城墙用楔形石叠压砌墙，依山势蜿蜒环绕，山口设城门，亦利用悬崖峭壁为天然"城墙"。高句丽政权产生于公元 37 年，延续 700 多年，唐初李世民率军收复辽东，这些山城便成为历史遗迹。近年考古人员在五女山城发掘出高句丽早期的竖耳陶罐，20 多座为半地穴建筑的房址，一副铁质脚镣等。从考古的考察来看，2000 多年前山城贵族还在使用陶器，可见

---

① 金毓黻：《辽海丛书·金史志》，1993—1996 年沈阳刊影印版，第 554—555 页。

其生产力低下，军事力量有限，加之东北地广人稀，山城应该不是单纯的军事建筑，应该与高句丽人的生活方式有密切联系。至于700年后高句丽人利用山城与隋唐作战，"石城有善射者杀官军十余人，仁贵怒单骑突击，贼弓矢俱废，遂生擒之"①，则是经历了五六个世纪之后的事情，所以现在如果能对其进行全方位的发掘，这些山城可能会呈现出更大的文化价值，焕发新的光彩和生命气息。

辽宁建筑文化源远流长，庞博丰富，来龙去脉复杂多变。以上所谈仅及凤毛麟角，实沧海之一粟，遗漏甚多。如古代民居建筑这一大问题，虽略知一二，但因缺乏实证性考察，不敢妄言；又宗教建筑文化博大精深，考察了解未能遍及，关于萨满教等少数民族宗教文化，亦未涉猎；所述方面也有挂一漏万之嫌，所以今后还须逐步扩展加深，以求对辽宁古代建筑文化的全面探讨。

——原刊于《大连大学学报》2015年第4期

作者简介：舒红霞（1963—　）女，大连大学文学院教授，主要从事中国古代文化研究。

---

① 金毓黻：《辽海丛书·金史志》，1993—1996年沈阳刊影印版，第1294—1297页。

# 论历史叙事中的想象

## 贾鹏涛

英国史家卡莱尔说："历史是过去的生活——'不是抽象的概念，不是图表和公理，而是身着黄色外套和马裤，两颊红润，内心充满激情，有自己的语言习惯和个性特征充满活力的人的历史。'"① 既然历史是一个"身着黄色外套和马裤，两颊红润，内心充满激情，有自己的语言习惯和个性特征充满活力的人"，那史家应如何将"这个人"的这些特点在历史叙事中活灵活现、栩栩如生地表现出来？这里，历史想象就发挥了巨大的作用。叙事的生动有趣，基本上得益于史家通过推理展开的丰富想象。这里就引出一些问题来，此类想象性叙事的表现形式是什么？它具有什么样的特点？何种想象性叙事既符合史家"言之有据"的家法，又能使叙述生动有趣、引人入胜？此类想象性叙事引起的理论问题有哪些？这都属于本文的讨论范围。

一

一段文字要生动有趣、引人入胜，很大程度上得益于史家的想象。司马迁的《史记》和希罗多德的《历史》就是这方面最好的范例。那么具体到历史学中的具体事件上，想象性的叙述是如何表现出来的呢？笔者将以"淝水之战"为例来分析一下历史著作中此类想象的表现形式。在阅读有关魏晋南北朝史的教科书、断代史、细说体和

---

① ［英］卡莱尔：《论历史》，刘鑫译，何兆武编《历史理论与史学理论》，商务印书馆1999年版，第230页。

演义体中关于"淝水之战"的叙述时，笔者发现历史教科书①和其他严肃的学术性史著②中关于"淝水之战"的叙述，不管诸位史家是用文言还是白话，基本完全忠于史料，没有溢出史料之外的话语。"有一分材料说一分话，没有材料不说话"，真正做到了"言之有据"。而在通俗史书中，史家的叙述虽然也有史料作支撑，但出于趣味性和通俗性目的的考虑，史家就会添加进一些额外的叙述，而这额外的叙述中可能就有史家的想象了。因此，相比较而言，想象性的叙述在通俗性的史著中较多。为了明显清楚地达到本节的目的，所选的叙述皆来自通俗性的史著。

在有关"淝水之战"的叙述中，各位学者所依据的史料大致都来自《晋书·苻坚载记》和《资治通鉴》，因此，笔者先将学者依据的史料抄录如下，再将原始史料与通俗史著之间的历史叙述做一个比较。俗话说一滴水可以反射太阳的光芒，读者也就大致可借"淝水之战"看出此类想象在史著中的表现形式及其特点。

> 《晋书·苻坚》载记：融于是麾军却阵，欲因其济水，覆而取之。军遂奔退，制之不可止。融驰骑略阵，马倒被杀，军遂大败。王师乘胜追击，至于青冈，死者相枕。③
>
> 《资治通鉴》：融驰骑略陈，欲以帅退者，马倒，为晋兵所杀，秦兵遂溃。玄等乘胜追击，至于青冈。秦兵大败，自相蹈藉而死者，蔽野塞川。其走者闻风声鹤唳，皆以为晋兵且至，昼夜不敢息，草

---

① 王仲荦：《魏晋南北朝史》上，上海人民出版社1979年版，第282—283页；林瑞翰：《魏晋南北朝史》，台湾五南图书出版公司1980年版，第349—350页。

② 劳幹：《魏晋南北朝史》，台湾中国文化大学出版社1980年版，第46页；韩国磐：《魏晋南北朝史纲》，人民出版社1983年版，第268页；刘精诚：《两晋南北朝史话》，中国青年出版社1993年版，第63—66页；白寿彝主编：《中国通史》第五卷，上海人民出版社1995年版，第232—234页；范文澜：《中国通史》（二），人民出版社2004年版，第426页；吕思勉：《两晋南北朝史》（上），上海古籍出版社2005年版，第206页；严耀中：《两晋南北朝史》，人民出版社2009年版，第168页；傅乐成主编，邹纪万著：《中国通史：魏晋南北朝史》，九州出版社2009年版，第83页；张鹤泉：《魏晋南北朝史：一个分裂与融合的时代》，台湾三民书局2010年版，第123—124页；李定一：《中华史纲》，中国长安出版社2012年版，第187—188页。

③ 《晋书》卷一百十四，中华书局1974年版，第2918页。

行露宿，重以饥冻，死者什七八。初，秦兵小却，朱序在阵后呼曰："秦兵败矣！"①

在抄录完《晋书》和《资治通鉴》的相关史料后，下文笔者会选择两段关于"淝水之战"的不同历史叙述，并逐一分析其中的想象性叙述。

    材料一：二十几万人的队伍，后面根本不知道前面的为何要后退，却听到朱序等人在阵后大叫："秦军败了！"便大起恐慌，争先恐后乱逃起来。中间的见前后都在退却，也跟着乱奔。前面后退的见后面已乱，以为后边遭到袭击，也一下乱作一团。这一场面，虽然史籍上没有这样细写，但大致情形是可想而知的。……晋军上岸进攻时，阳平公苻融仍在阵前东奔西跑，喝令士卒收住脚步，但自己却因马匹跌倒（可能是被自己的士卒撞倒的），被晋兵杀死。晋军乘胜追击，冲过寿阳，直到三十里外的青冈，方才收兵。秦军乱逃，自相践踏而死的不计其数，路上、田里、河里，到处都是尸体。②

"细说体"是黎东方开创的一种新的叙述题材，它的底本是黎东方早年的重庆讲史。黎东方在重庆以史学家的睿智和妙趣横生的语言讲历史，从各种史书中引用材料，以生动活泼、丰富有趣的语言吸引了无数的听众，以至于出现了听众竞相买票来"听史"的不可思议的事情。学者马先醒概括得更加明白，他说："'细说体'的本义，是用口讲说在先，笔之成篇在后。因此，其文其质，均别具特色：其文在说，在细说，生动精彩，引人入胜；其质在以真人实事，深入浅出，古籍记述与环境景物，结合对映，使听者、读者宛如身历其境，亲闻目睹，以读《三国演义》的轻松心情，获得的却是胜于《三国志》的历史知识。"③ 黎东方生前完

---

① 《资治通鉴》卷一百五，中华书局2011年版，第3361—3362页。
② 沈起炜：《细说两晋南北朝》，上海人民出版社2007年版，第158—159页。
③ 马先醒：《国史"细说体"的创立及其特色》，黎东方《细说秦汉》，上海人民出版社2002年版，第394页。

成了《细说元朝》《细说明朝》《细说清朝》《细说民国创立》和《细说三国》。为了完成"细说中国历史丛书",出版社又邀请其他学者来写《细说秦汉》《细说两晋南北朝》《细说隋唐》和《细说宋朝》,沈著就是其中之一。虽说诸位学者与黎东方的叙述风格可能会有差异,但多少也能从中看出细说体的一些特点来。就拿语言的通俗易懂来说,相对《晋书》和《资治通鉴》上的叙述,沈著的文字更为清晰明白,做到了黎东方细说体"文字干净利落、明白晓畅,使得具有初中以上的文化水平的人都能读懂,而且都能读得饶有兴趣"①的要求。

较为明显的是,相比较《晋书》和《资治通鉴》,沈著则多了一些发挥。如《晋书》上是"军遂奔退,制之不可止",《资治通鉴》上是"朱序在阵后呼曰:'秦兵败矣!'"沈著就成了"二十几万人的队伍,后面根本不知道前面的为何要后退,却听到朱序等人在阵后大叫:'秦军败了!'便大起恐慌,争先恐后乱逃起来。中间的见前后都在退却,也跟着乱奔。前面后退的见后面已乱,以为后边遭到袭击,也一下乱作一团。这一场面,虽然史籍上没有这样细写,但大致情形是可想而知的";《晋书》上是"死者相枕",沈著叙述成"路上、田里、河里,到处都是尸体"。从这些比较中可以发现,文中的一些叙述将文言文意译成了现代文,这是对史家对史料的通俗化处理。此外,还有一些是作者在设身处地理解史料后的想象性叙述,如对前秦军如何后退的描写。

　　材料二:那晋军已控骑飞渡,齐集岸上,一面用着强弓硬箭,争向秦兵射来。秦兵越觉着忙,竟思奔避,忽又有一人大呼道:"秦兵败了。"于是秦兵益骇,顿时大溃。符融拍马略阵,还想禁遏部军,偏部众不肯回头,晋军却已杀到,急得融无法可施,拟加鞭西奔,哪知马足才展,忽然倒地,自己不知不觉,随马坠下。说时迟,那时快,晋军并力杀上,刀枪并举,乱斫乱戮,

----

① 邓广铭:《〈细说中国历史丛书〉序》,《邓广铭全集》第十卷,河北教育出版社2005年版,第219页。

将融萡成肉泥。①

蔡东藩是清末民初的一位通俗史家，他以"演义"体来写历史，一生完成了 13 种历史通俗演义，《两晋演义》为其中之一。蔡东藩的 13 种历史通俗演义与许廑父续写的《民国通俗演义》40 回以《历朝通俗演义》出版。此书 1935 年初版就销售了 10 万册，到 1936 年已经出到了第四版。② 可见，此书在民国年间影响颇大。因为是通俗演义，所以蔡著的语言文字浅显易懂、生动活泼、趣味性强、引人入胜。蔡东藩并没有因为是以"演义体"来写历史，就如稗史随意随性乱说，他是"以正史为经，务求确凿，以轶闻为维，不尚虚诬"③，对比《晋书》和《资治通鉴》就能看出。也正因为是以"演义体"写历史，其中哪些是想象性描述更值得我们关注。

同样，蔡著除了意译史料外，还有一些推测想象。如《晋书》写苻融被杀，仅有"融驰骑略阵，马倒被杀"，蔡著则有"苻融拍马略阵，还想禁遏部军，偏部众不肯回头，晋军却已杀到，急得融无法可施，拟加鞭西奔，哪知马足才展，忽然倒地，自己不知不觉，随马坠下。说时迟，那时快，晋军并力杀上，刀枪并举，乱斫乱戳，将融萡成肉泥"。就"苻融被杀"这个情节来说，史书仅 9 字，蔡著达到了 99 字，其细化历史的程度可见一斑。而文中"苻融如何被杀"就是蔡东藩的想象性描述。

行文至此，笔者就此类想象性叙述的表现方式作一简单小结。

第一，在通俗的史著中，虽然二位史家都用了想象性的叙述，但想象性叙述的地方是不一样的。沈著是在前秦军败退时的场面上大下

---

① 蔡东藩：《两晋演义》，文化艺术出版社 2004 年版，第 430 页。

② 蔡福源：《奇举有方　丹心无限——蔡东藩和他的〈中国历史通俗演义〉》，《江淮文史》2000 年第 2 期。

③ 蔡东藩：《唐史演义》，文化艺术出版社 2003 年版，自序第 2 页。这类著作，读者也可以参考李唐的《魏晋南北朝史》，李唐的著作是历史小丛书中的一本。这套小丛书是一套通俗小书，师法蔡东藩。李唐认为蔡著虽然已经简略，但仍然"许多材料舍不得割弃，仍感繁多，不是太短的时间，所能通篇涉猎的"（见该书序言）。这套丛书有《上古世》《秦汉史》《魏晋南北朝史》《隋唐五代史》《宋史》和《辽金元史》。李唐《魏晋南北朝史》，香港宏业书局 1981 年版，第 67—69 页。

功夫，蔡著是在苻融被杀处颇多着墨。由此也可看出，由于原始材料记载的内容有限，因此，其中就包含了多种可能性。史料包含多种描述方式，但当史家一旦落实到具体的描述中，就变成了仅有的一种可能性的描述了。即关于同一段史料，史家的想象性描述就会出现不同的侧重点。

第二，沈著对于前秦败退时场面所进行的想象性描述是有交代的，他说："这一场面，虽然史籍上没有这样细写，但大致情形是可想而知的。"读者看到后也自会明白这部分是史家想象而来，这一类史著我们大致可以认为是较为严肃的通俗类著作。而蔡著则没有讲明，如果读者不去查找蔡著叙述依据的原始资料，读者就可能把他的所有叙述当成历史事实，至于哪里用了想象性的叙述读者更不可能知道；沈著对于前秦战败想象性描述较浅，而蔡著的描述则较为强烈。

第三，此类想象性是尽可能使叙事生动有趣，引人入胜，且让人有读其文就能想象到要描述人物的神态、性格以及当时的场景。以色列学者里蒙·凯特在《叙事虚构作品》中区别了两种叙事方式，一种是简单的叙述方式，另一种是丰满想象的叙述方式。他说："比较一下'约翰对妻子生气'与'约翰盯着妻子，皱着眉头，咬着嘴唇，捏紧拳头，然后他站起来，砰的一声推开门，走出屋子'。第二个描述比第一个描述更戏剧化，更生动，因为他提供了更详细的描述，把叙述作用降到一架'摄影机'的作用，把人物生气这个事实留给读者自己推断。这样，通过提出了最大信息和最小限度的信息提供者，就获得了模仿事实的幻觉。"[1]想象性的叙述也扮演着类似的角色。简单的叙事给出的信息量少，而作者通过丰富的想象力对细节的描写，则让整个叙述充满血肉，生动形象，给读者"模仿"的幻觉，使读者能够身临其境，易于理解作者所要表现的形象。这种想象也就是麦考莱所说的使史家的"叙述既生动又感人"[2]，柯林伍德称这种想象是"装饰性"的想象。[3]

---

① ［以色列］里蒙·凯南：《叙事虚构作品》，姚锦清等译，生活·读书·新知三联书店1989年版，第195页。

② ［英］麦考莱：《论历史》，《历史理论与史学理论》，商务印书馆1999年版，第260页。

③ ［英］柯林伍德：《历史的观念》，何兆武、张文杰译，商务印书馆2007年版，第336页。

# 二

历史学是一门讲究有事实根据的学科,"言之有据"是史学研究的基本原则,不管是专业的史家还是通俗类的史家,都得遵守这个原则。上述想象性叙述是增加了一些材料中没有的东西,那么自然而然我们就会问到这种叙述方式是否违背了史学研究的基本规范,如果没有违背,那么这种叙述方式的合理性在哪里?即在历史叙述中,何种类型的想象性叙述是史家认可的,何种是史家不认可的?

就笔者看来,上节所引的两段想象性叙述虽然程度不同地做了一些史书上没有的描述,但基本上还是受史料的约束,只不过是史料以外意思的延伸。可以说,此叙述是史家在整体理解史实后对于史事的一种可能性的想象推测,如苻融被杀,苻融既可能被晋军砍杀,也可能是被晋军的弓箭射倒,自家的士兵、马在混乱中将其踩死,或者有其他可能性,而蔡著选择了第一种。可见,只要有材料依据,想象性的叙述虽然有时会溢出材料,但只要其叙述合情合理,史家就是可以接受的。

史家不能接受的是,虽叙述有一些史料作为依据,但由于文学色彩太过浓厚,已经超出了合理想象的范围而达到了文学虚构。历史小说就是如此。说起历史小说,这自然让我们首先想到了罗贯中的《三国志通俗演义》。《三国志通俗演义》虽是小说,但由于它是依据史书《三国志》所写,因此就有学者说它的叙述是"七分实事,三分虚事"。这里以《三国志通俗演义》中的曹操杀吕伯奢全家举例分析。在第四回,曹操杀董卓没有成功,逃到中牟县,县令陈宫问明情形后,就和曹操一起逃奔。到了成皋,夜色已晚,曹操就准备和陈宫一起去投奔故人吕伯奢家过夜。于是就有了下面的事情:

> 二人到庄门下马,入见伯奢,下拜。奢曰:"我闻朝廷遍行文书,捉你太紧,你父避陈留去了。贤侄如何到此?"操告以前事:"今番不是陈县令,已粉骨碎身矣。"伯奢拜陈宫曰:"小侄若非使君,曹氏灭门矣。"言罢,与操曰:"贤侄相陪使君,宽怀安坐。老夫家无

好酒，容往西村沽一樽以待使君。"言讫，上驴去了。操坐久，闻庄后磨刀之声。操与宫曰："吕伯奢非吾至亲，此去可疑，当窃听之。"二人潜步入草堂后，但闻人语曰："缚而杀之。"操曰："不先下手，吾死矣！"与宫拔剑直入，不问男女，皆杀之，杀死八口。搜至厨下，见缚一猪欲杀。陈宫曰："孟德多心，误杀好人！"操曰："可急上马！"二人行不到二里，见吕伯奢驴鞍前鞒悬酒二瓶，手抱果木而来。伯奢叫曰："贤侄何故便去？"操曰："被获之人，不敢久住。"伯奢曰："吾已分付宰一猪相款使君，何憎一宿？"操不顾，策马便行。又不到数步，操拔剑复回，叫伯奢曰："此来者何人？"伯奢回头看时，操将伯奢砍于驴下。宫曰："恰才误耳，今何故也？"操曰："伯奢到家，见杀死亲子，安肯罢休？吾等必遭祸矣。"宫曰："非也。知而故杀，大不义也！"操曰："宁使我负天下人，休教天下人负我！"陈宫默然。①

　　如此生动的语言描写，刻画出了人物，尤其是曹操残忍的性格特征。而这段叙述是有材料依据的，到故人吕伯奢家，把他家里的人杀掉，是来自《三国志》裴松之注《魏书》《世语》以及孙盛的《杂记》。《魏书》说曹操带数人到吕伯奢家，吕伯奢不在，他的儿子和宾客要打劫曹操，"太祖手刃击杀数人"。《世语》说吕伯奢不在，他的五个儿子热情招待，而曹操"疑其图己，手剑夜杀八人而去"。孙盛《杂记》则说曹操听见吕伯奢家准备餐具的声音，"以为图己，遂夜杀之。既而凄怆曰：'宁我负人，毋人负我！'遂行"②。显然，罗贯中小说中的此处描写，是在裴松之注的基础之上做了形象化的描写，也就是装饰性的想象，但显然在有些地方已经成了虚构。比如，裴松之注中并没有记载杀吕伯奢，而罗贯中则虚构出曹操半路碰见吕伯奢，就将吕伯奢也杀掉；还有史料中只是说放曹操的是中牟县的一名功曹，不是县令，这位功曹是否叫陈宫，史料不曾记载。按照情理推论，曹操是不可能与陈宫一起出现在吕伯奢

①　罗贯中：《三国志通俗演义》，上海古籍出版社1980年版，第39页。

②　陈寿：《三国志》(上册)，裴松之注，上海古籍出版社2011年版，第3页。

家的。① 可以看出，罗贯中为了描写的形象感人，为了烘托出曹操的"宁使我负天下人，休教天下人负我"自私残忍的本性，则进行了虚构。

由上可得，通过比较原始史料，我们就可发现史家的叙述哪些是想象出来的，哪些是史料。在此基础上，我们就可以进一步判断哪些想象性叙述是合理的，哪些想象性叙述已经超出了史家认可的范围。不过有些叙述读者很难找到原始材料在哪里，但凭借常情来推测，似乎这样的叙述也不被史家认可。如在写蔡东藩的一篇小传里，为了说明蔡东藩以真实为其史著的目标而辛勤地搜集材料时，学者写道："每当街头贴有政府通令报告，蔡东藩必摇摇晃晃出现在那里：他左臂挽着一只竹篮，篮里放一方砚台，一只'滴水'，一段墨。右手执一支狼毫，几将眼镜贴到墙面上，一字一句工工整整地抄写着墙上的文字。一袭打着补丁的蓝布长衫，一双洗得发白的圆口布鞋，一缕灰白的头发随风飘扬，甩在他窄窄瘦瘦的额头之上，一滴清水鼻涕，摇摇欲坠地挂在他的鼻尖下面。"② 此段想象性叙述把蔡东藩搜集材料时的一举一动刻画得细致入微、生动形象，有如作者亲见。这段叙述可能是有文字材料作为依据的，但根据常情想来，描写得过于深入细致，则其中少不了虚构的成分。美国学者彼得·盖伊说："在虚构的故事中也许有历史存在，但在历史中却不允许有虚构这类东西存在。"③ 因此，这种叙述生动形象，但过于深刻描写的叙述似乎史家也不能接受，因为在某种程度上它已经成为文学虚构了。在文学中，虚构性的想象是可以被文学家接受的，但在历史学中，则绝对不被史家所允许。

与此同时，这里就出现了一个问题，历史叙述既要生动形象，无疑就需要史家的想象力，那么史家应该如何把握想象力的尺度呢？即如何使历史叙事是合理的想象而不是虚构呢？英国史学家麦考莱已经对此做出了回答，他说："一个完美的历史学家必须具有足够的想象力，才能使

---

① 黎东方：《细说三国》，上海人民出版社2007年版，第30—31页。
② 汤雄：《蔡东藩小传》，陈志根主编《蔡东藩研究》，中国文史出版社2005年版，第22页。
③ ［美］彼得·盖伊：《历史学家的三堂小说课》，刘森尧译，北京大学出版社2006年版，第148页。

他的叙述既生动又感人。但他必须绝对掌握自己的想象,将它限制在他所发现的材料上,避免添枝加叶,损害其真实性。他必须既能进行深入而巧妙的推论,又具有充分的自制力,以免将事实纳入假说的框架。"①可见,史学家必须在想象和材料之间找到一个表现完美的"黄金分割点",否则极有可能沦为文学虚构。

由上面的例子可以看出,叙事既要生动感人,又避免添枝加叶损害历史的真实性,要达到这样的要求,对于史家实践来说是一个巨大的难题。不过话又说回来,对于史家来说,虽然要使历史叙述达到如此完美的效果很困难,但在史学实践中,"一个历史学家可以创造出这些效果(叙述的艺术、赋予情感以趣味,赋予想象以图画的艺术)而不损害真理,这一点可以通过许多优秀的传记得到充分证实。这类著作获得巨大声誉,值得历史学家深思。伏尔泰的《查理十二》、马蒙特尔的《回忆录》、博斯威尔的《约翰逊传》、骚塞对纳尔逊的叙述,这些著作即使是最轻浮、最懒惰的人读起来也津津有味。无论什么时候,只要有一本这样的像样著作出现,流动图书站前便会人头攒动;书店就会拥挤不堪;新的书籍还没来得及切边,报纸杂志的栏目里就充斥着它们的摘要"②。经过时间的洗礼,叙事高手的这份榜单里还可以加上左丘明的《春秋左氏传》、③ 司马迁的《史记》、司马光的《资治通鉴》④ 以及西方希罗多德

---

① [英]麦考莱:《论历史》,第260页。屈威廉也对史家的想象力进行了严格的限制,他说:"对我们所有人来说,历史的魅力就在这种结论的诗意分析中。但是,历史的诗意不是由任意漫游的想象力组成的,而是由追求事实、关注事实的想象力组成的。"转引自格特鲁德·希梅尔法布《如其所说地述说历史:不顾事实的后现代主义历史学》,张志平译,新史学第五辑《后现代:历史、政治和伦理》,陈恒、耿相新主编,大象出版社2006年版,第17页。

② [英]麦考莱:《论历史》,第273页。

③ 吕思勉认为《左传》中的《邲之战》叙事最佳,吕思勉说:"凡叙事也,能叙出其所以然,乃觉得有精神。叙战事,必使读者知其所以胜败,此篇于两军胜败之故,可谓了如指掌,而其叙晋军内部情形,则出于伍参口中,叙楚军内部情形,多出于晋人口中,则不唯见两军胜败之故,兼可见两军中智谋之士,皆能都敌,其审矣。"吕思勉:《吕思勉遗文集》(上),华东师范大学出版社1997年版,第828页。

④ 梁启超认为司马光的《资治通鉴》叙事颇出彩,能感动人。他说:"司马光作《资治通鉴》,毕沅作《续资治通鉴》,同是一般体裁。前者看去百读不厌,后者读一两次就不愿意读了。光书笔最飞动,如赤壁之战、淝水之战、刘裕在京口起事、平姚秦、北齐北周沙苑之战、魏孝文帝迁都洛阳,事不过尔尔,而看上去令人感动。"梁启超:《中国历史研究法》,上海古籍出版社2006年版,第153页。

的《历史》、修昔底德的《伯罗奔尼撒战争史》①、恺撒的《高卢战记》、吉本的《罗马帝国衰亡史》②、麦考莱的《英国史》③和卡莱尔的《法国革命史》。④ 史家似乎应该"虽不能至，吾向往之。"

<h2 align="center">三</h2>

在人类历史的早期，由于人的历史意识不强，且古代文字用得较少，所以很多历史知识都是凭借口语在那里传播。口耳相传的事情，在传递的过程中很容易被传递者删削，无趣无味的内容被传递者不断删减，同时传递者又会在原来的事件中添加一些自以为有趣的或者是想象的内容。因此，吕思勉说："凡近于口语的文字，其叙述一定很详尽，而且能描画入微。"⑤ 历史经过口语的多次传播到形成最终的文本时，所成的叙事自然生动、形象，能吸引读者。所讲出的故事也会情节曲折，感情丰富，内容饱满。而中西方的早期史书，无论是修昔底德的《历史》，还是《左传》《史记》，它们的语言风格的口语化程度都比较强烈，史事都讲得绘声绘色。英国史家麦考莱在评价希罗多德的《历史》时

① 《伯罗奔尼撒战争史》的译者认为："修昔底德著作的艺术性又表现在他叙述的生动性和表实性上。他本人是一个参加实际活动的政治家和军事家。他又在许多地方作过实际调查。无论他叙述一个政治斗争的场面，或者一个战役，他都能使读者如身历其境。"修昔底德：《伯罗奔尼撒战争史》，谢德风译，商务印书馆2004年版，译者前言第27—28页。

② 罗素曾说："我模糊地记起吉本的书中有一段极为生动的描写。我查到了这一段。这位专横的夫人立刻变得活灵活现。吉本对她已经有了好恶之感，而且想象出了生活在她的宫廷里会是什么样子。他是用丰富的想象力在写的，而不只怀着记述已知事实的冷静愿望在写的。"［英］罗素：《论历史》，何兆武、肖巍、张文杰译，广西师范大学出版社2001年版，第62—63页。奥克肖特也指出吉本的想象力在《罗马帝国衰亡史》中起了非常大的作用，吉本不仅要知道一个事件如何发生，还要想象它发生的情境，叙述人物时也一样。并且举了皇帝朱利安从莱茵河向君士坦丁堡进军和将军贝利萨留两个例子说明。［英］奥克肖特：《历史是什么》，王加丰、周旭东译，上海财经大学出版社2009年版，第120—121页。

③ 虽然古奇认为麦考莱对欧洲大陆所知有限且文风是粗暴的，只不过是一个通情理和有文化的庸人，但是他仍然承认的《英国史》实现了麦考莱自己的期许，即几天之内取代年轻淑女们桌面上最新的时髦小说。［英］古奇：《十九世纪的历史学与历史学家》（下），耿淡如译，商务印书馆1989年版，第493页。

④ 古奇认为麦考莱这本著作"通过一种高度的创造性的想象力量，他竟使读者对他书中景象的感受和他本人同样真实。"［英］古奇：《十九世纪的历史学与历史学家》（下），第526—527页。

⑤ 吕思勉：《吕思勉遗文集》（上），第676页。

说："有的历史段落很长，几乎相当于莎剧中的一幕；他的叙述是戏剧性的，其目的是为了造成舞台效果。无疑，某些真实对话内容可以为历史学家获知。但是，那些发生在遥远年代和国度的事件，如果真发生过的话，它们的细节也绝不可能为他们所知，但他们也讲得绘声绘色。"① 麦考莱的评论可谓至当，此评价《历史》的话语放到《左传》《史记》上依然有效。

由于早期的历史记载是真实与想象的混合物，且它的原始记载早已不知所踪，因此要分辨出这些记载中哪些是真实的内容，哪些是传递者添加进去想象的内容就特别困难了。既然如此，就极有可能出现学者对于同一谏历史事件的真实性会有不同的看法。这里以《左传》中鉏麑杀赵盾为例。晋灵公不行君道，赵盾多次劝诫，晋灵公还是不改，晋灵公对赵盾的劝诫感到厌烦，就派鉏麑刺杀赵盾。鉏麑清晨赶到赵盾家，却看到赵盾早早起来，因为上朝时间还早，坐在那里打盹。鉏麑不忍心杀赵盾，叹曰："'不忘恭敬，民之主也。贼民之主，不忠。弃君之命，不信。有一于此，不如死也。'触槐而死。"② 学者钱锺书认为鉏麑死前说的这句话不可能有别人听到，因此这句话是左丘明设身处地、依照人物的性格虚构想象出来的，类似后代小说、剧本中的旁白。他说："上古既无录音之工具，又乏速记之方，驷不及舌，而何其口角亲切，如聆謦欬欤？或为密勿之谈，或乃心口相语，属垣烛隐，何所据依？如僖公二十四年介之推与母偕逃前之问答，宣公二年鉏麑自杀前之慨叹，皆生无旁证、死无对证者。注家虽曲意弥缝，而读者终不餍心息喙。纪昀《阅微草堂笔记》卷一一曰：'鉏麑槐下之词，浑良夫梦中之噪，谁闻之欤？'李元度《天岳山房文钞》卷一《鉏麑论》曰：'又谁闻而谁述之耶？'李伯元《文明小史》第二五回王济川亦以此问塾师，且曰：'把他写上，这分明是个漏洞！'盖非记言也，乃代言也，如后世小说、剧本中之对话独白也。左氏设身处地，依傍性格身分，假之喉舌，想当然耳。"③ 可见，钱锺书的质疑是有道理的。

---

① ［英］麦考莱：《论历史》，第262页。

② 杨伯峻编注：《春秋左传注》二，中华书局2009年版，第658页。

③ 钱钟书：《管锥篇》一，生活·读书·新知三联书店2007年版，第271页。

　　有意思的是，史家吕思勉的一段文字似乎在反驳钱锺书的观点。但需要马上指出的是，当然这段文字不是针对钱锺书的，因为吕思勉的分析在前，钱锺书的分析在后。吕思勉认为当时叙事的详略有一定的法度，如果和叙事主体无关，史家是不会添加其他内容进来，这是当时做文章的一种体例。因此，吕思勉认为鉏麑自杀前的这句话应属史家实录。他说："曩尝见某笔记谓《左传》载鉏麑数语，何人闻之，实为千古疑案云云。夫《左传》之记此事，但欲以见赵宣子不忘恭敬，鉏麑之勇于就义耳。夫《左传》之此数语，已足见两者而有余，其他无关本旨，设更记之，即成赘词，故皆可以删削。《左传》之记赵宣子假寐，乃以见其不忘恭敬，非以见鉏麑之乘其假寐而往贼之也。宣子为国正卿，岂得一人假寐，左右无伺候之人，且传又未言宣子始终假寐，至鉏麑欲往贼之，而尚未寐也。鉏麑之语，安得无人闻之，此等评论，真乃不直一笑。"① 由此得出，关于同一件史事的叙述的真实性，吕思勉、钱锺书两位学者持不同的看法。这种现象在早期的史著中特别多，"鸿门宴"和"指鹿为马"都被吕思勉等史家指认为是一种传说，是虚构想象出来的。② 如果持此种观点的话，那么这些材料史家似乎不应该用在历史研究中，但情况恰恰相反，很多史家在研究楚汉之争、刘邦或者项羽时仍然会用这些材料。那么，碰到这种情形史家应如何处置呢？麦考莱评价希罗多德的话放到这里依然有效，他说："无疑，他对伟大事件的记述是忠实的。或许许多较小事态的描述也是如此，但是究竟哪些描述是真实的，就无法确定了。虚构的事情是如此之有似事实，而事实又如此有似虚构的事情，以至于我们对许多有趣的细节都既不敢相信也不敢怀疑，只得永远不置可否。"③

　　自 20 世纪历史学科学化以来，现代的史家则很少采用上述叙述的方式，他们用很多的脚注、引用语来表示自己的叙述都是言之有据，他们

---

　　① 吕思勉：《吕思勉遗文集》（上），第 809 页。

　　② 吕思勉认为"指鹿为马"和"鸿门宴"全是想象编造的故事，不足信，并指出鸿门宴的"重重事迹，无一在情理中，然则汉高祖与项羽此一会见，真相殆全然不传；今所传者，亦一则想象编造的故事也"。吕思勉：《吕著史学与史籍》，华东师范大学出版社 2002 年版，第87 页。

　　③ ［英］麦考莱：《论历史》，第 262—263 页。

知道史家"无权为了叙述的生动有趣，就可以加入那些并不现实存在的而只是想象中的描写、对话和高谈阔论"①。不过知道归知道，在近现代史学中是否存在史家虚构想象的记载可能成了其他学者研究的依据呢？这个问题没办法正面来回答，只能用历史假设来回答，因为史家在没有发现该记录是虚构想象之前一直会以为它是真实的。比如，1930 年 11 月 28 日胡适离开上海去北京，跟随胡适一起离开的罗尔纲有一份叙述，该叙述如下：

> 1930 年 11 月 28 日，全家从上海迁北平。我随行。人们认为特务会在车站狙击胡适，我这个书呆子却睡在梦里。这天上午八时，我随胡适全家乘出租车从极司非尔路到了上海北车站。我跟胡适步入车站来送行。满以为胡适广交游，今天一定有不少亲朋到车站来送行。别的且不说，胡适夫妇与上海金融界巨子徐新六夫妇最相好，连两家孩子也彼此相好。胡适还有一个好朋友著名诗人徐志摩也在上海。亚东图书馆与胡适的关系更好得不用说了，半个多月来，汪原放同亚东图书馆的人到胡适家帮助装书箱捆行李，忙碌不停。可是这些人，今天连影子都不见。为什么亲朋满上海的胡适今天却一个人都不来送行呢？我心里嘀咕着。已经走到头等车厢，胡适看着他两个儿子和胡师母上了车，正踏上车梯，我忽然听到对面那边站台上有人大叫胡校长。我和胡适都掉过头来，只见一个中国公学同学，边跑来边说："学生会派我来送行，请胡校长等一等，要照个相。"原来那位同学在车厢对面那边站台上远远地站着，等候胡适到来，见胡适要上车时才喊叫。他跑近了，匆匆把照相机对着胡适拍了照，就立刻飞快地跑出了站台。这时我才意识到今天究竟是怎么一个场合。②

罗尔纲的这份记录叙述真切，又有那么多的细节描写，以至于在没

---

① ［英］麦考莱：《论历史》，第 268 页。
② 罗尔纲：《胡适琐记 师门五年记》（增补本），生活·读书·新知三联书店 1998 年版，第 98—99 页。

有发现它是虚构前，没有人会怀疑它的真实性，用麦考莱的话说就是他"虚构的事情是如此之有似事实"。相比较古代历史没有其他可参照的史料，近现代史料保存较多，史家可以通过其他材料来证明这份记录是虚构出来的。通过比较《胡适日记》得出这份记录是虚构想象的产物，余英时先生感叹道："这是他（罗尔纲——笔者注）想以浓墨刻画出一种极其恐怖的气氛，所以才虚构出这样一篇绘声绘影的绝妙文字来。我不能不佩服他想象力之丰富，但是如果这一天的日记不幸遗失，罗先生的虚构便被后人当成实录了。"① 可见，虚构想象而成的历史叙述极有可能被其他学者当成历史事实且被接受下来，也就是说我们接受下来的是不真实的、虚假的历史叙述。

在某一个时期，虚假的、不真实的历史被我们接受下来也会以另一种形式出现，这种形式的历史似乎也可算是一种特别的"虚构想象"。这里以斯大林为例，关于斯大林有过三种叙述，第一种叙述出现在斯大林活着时，他是十月革命的唯一组织者、领导者，是反法西斯的卫国英雄，是英明的领袖和导师。在德国侵略者兵临城下、莫斯科面临灭顶之灾时，他照样举行庆典并发表演说。许多战士呼喊着他的名字，向敌人发起冲锋，终于使侵略者溃不成军。第二种叙述出现在他刚死，在赫鲁晓夫秘密报告中，他冷酷无情、专制残暴，使两千多万人蒙受不白之冤。列宁的战士被杀光，科学家被关进集中营。第三种叙述出现在死去多年后，他是十月革命的组织者、领导者之一。他与德国签订互不侵犯条约，后来又领导卫国战争。他的儿子被德军捕获，德军提出用他儿子交换保卢斯元帅，斯大林断然拒绝。② 第一种叙述斯大林是以一个无所不能的神形象出现，第二种叙述斯大林是以一个一无是处的魔鬼形象出现，第三种叙述是斯大林以一个较为人性的正常形象出现。可以看出，关于斯大林的叙述是出于一个不断变迁的过程，也是一个不断接近历史中真实斯大林形象的过程，这固然是值得称赞的。但毋庸讳言的是，有两个阶段我

---

① 余英时：《重寻胡适历程：胡适生平与思想再认识》，广西师范大学出版社 2004 年版，第 27—28 页。笔者认为余英时的这个判断是准确的，参见拙作《对胡适一段公案的定案——补证余英时先生的洞见》，《史学月刊》2012 年第 11 期。

② 刘兴雨：《追问历史：对历史常识的质疑和颠覆》，天津古籍出版社 2003 年版，第 293 页。

们是将"虚构想象"出来的斯大林形象当成了历史上真实的斯大林。在古代，由于人类的历史意识不强，很多历史记载中都含有一些虚构想象性的叙述。也由于没有其他相关材料做参照，后代史家无法分辨出哪些内容是历史事实，哪些是添加进来的叙述。因此，后代史家对这类记载只能是"不置可否"，这似乎是无可奈何的事情。但是在近现代，人类已经有足够强的历史意识，保存下来的史料更是多如牛毛，为什么还会出现这类"虚构想象"的叙述呢？换言之，这类"虚构想象"的叙述是由于史料不足呢，还是有其他社会、时代原因？是出于史家自己的主观行为呢，还是社会、时代使史家不得不为？如果是出于史家自己的主观行为，那么抛弃了历史研究的基本规范而要虚构想象叙述的史家，他这样做的目的是什么？如果是社会、时代使史家不得不为，那么这类现象能反映出社会、时代什么样的一般情形呢？这类现象的出现多少是出于学术的原因，多少是出于非学术的原因呢？

# 结　语

历史学是一门必须言之有据的学科，因此，史家会引用大量的史料，引用其他学者的经典话语，用大量的脚注作为自己论点成立的凭证。在传统史家看来，引语、注脚等修辞常被看作蛋糕上的糖衣，糖衣是不会影响到蛋糕的味道、形状、大小。但是通过上文的举例分析，我们发现事情并不是这样。修辞不仅影响到了蛋糕（历史）的外在形式，而且影响到了蛋糕的内在质量。换句话说，形式与内容的关系并不像传统史家认为的那样泾渭分明，互不影响。而是彼此影响、相互缠绕在一起。历史叙述不仅仅是一个修辞的、书写的问题，它还与历史学的真实性、客观性紧紧地绑在一起。修辞不仅关系到历史书写的形象生动、引人入胜以及内容结构，而且还可能关系到史家的意识形态、政治立场、价值观和相关的利益等因素。基于此，出现上述三种斯大林形象就是情理之中的事情。就像赫克斯特所说："为了传达一种所增加的知识和意义，真正的历史学原则要求这样一种修辞，它对于唤起能力和范围来说，要以牺牲其普遍性、精确性、控制性和准确性为代价。"① 就这层意义上来说，后现代对形式与内容的看法对于史家认识历史书写还是非常重要的，而海登·怀特将自己的一部著作命名为《形式的内容》着眼点正是针对这个问题。至于形式与内容更详细的讨论，显然已溢出本文，需另辟专文。

——原刊于《学术界》2015 年第 10 期

作者简介：贾鹏涛（1985— ），男，大连大学历史学院讲师，主要从事史学理论与史学史研究。

---

① ［美］赫克斯特：《历史的修辞》，陈新译，陈新主编《当代西方历史哲学读本（1967—2002）》，复旦大学出版社 2006 年版，第 68 页。

社会史研究

# 中国古代医药及导引养生诸术考论

葛志毅

中国古人是如何关注自己的健康生活，如何具体设计其健康养生之道，又采取如何的养生保健措施等，对这些研究不仅涉及古代养生诸术的考释，更需深入其后面的思想观念层面，以真正理解古代养生诸术之所以发达的蕴奥。此研究亦可从一个侧面深入揭示古代社会生活的具体详情，亦可窥见古代社会文化生活的相关真实场景及所达到的水平高度，从而接触极具研究价值的社会历史文化问题。本文欲从药物本草、医疗、食疗及导引养生诸方面予以分析详察，并尝试提出些相关的有益认识。如中国古代医药学以养生保健为主、以治疗去病为辅的主导意识，促使养生保健术的发达；养生术的发达从根本上代表了贵族阶层的社会生活需求，同时也影响及于贵族阶层某些思想文化特征的形成，等等，并愿以之就正于方家同好。

## 一 药物本草学的起源与发展

中国古代药物学原称本草学，因历来有药食同源之说，故本草学之始应起自神农时代。因为神农教民耕种，兼尝百草，传世较早的本草专书称《神农本草经》亦可为证。故本草学应起源于农业种植时代，其滥觞则应早至采集时代。如此则《神农本草经》的药物记载资料来源亦应较早。如托名禹、益的《山海经》记载一些草木、矿物及动物类药名，亦多兼记其味、嗅及性状等；刘歆《山海经叙录》且明言益与羿"类草木"①；其书又记十巫升降的灵山乃"百药爰在"②，反映出是乃早期巫医不分时代的医药知识，而且所知药物种类名称已颇不少，据说其中记载动、植和矿物药142种。③借助《山海经》亦可考见其记载与本草学之间的某种关系。有学者认为马王堆帛书《五十二病方》产生于春秋晚期，并将其与《山海经》进行比较，认为二者在药物记载上有相似者。他统计《山海经》记药物132种，比《五十二病方》240余种少许多。又《山海经》所记药物，都是单味药对某类病症具有药效的记录，尚不知用两味或两味以上的药物配伍理论治疗疾病，即还未形成"方剂"。所以从这些方面看，《五十二病方》关于药物的记载晚于《山海经》。④《山海经》本是一本古代博物书，若仅就其关于药物记载内容考察，可断言古代本草学发展有着久远的渊源。药物外，《山海经》亦注意对玉、石类的记载。以石为例，如《南次二经》会稽山"其下多砆石"，漆吴之山"多博石"等诸多之例，此外尚有"多石""无石""多沙石""多金石"一类记载，即已视石为一重要资源且详加观察、区分与记录。石、玉乃石器时代重要的生产加工原料，《山海经》此类记载应是源自石器时代的经验知识传统。在《北山经》之首且记有"石者之山，其上无草木，多瑶碧"，按碧一本作"玉"。⑤或者因此山曾作为石料的重要产地和加工地而得斯名？总之，据此类记载可证《山海经》所见资料来源之早⑥，而此类资料可作为本草学早期渊源参证。

至少可视为集秦汉之前本草学大成的《神农本草经》，显然是经过有意设计，从而有其独特思想主旨的药物学专书。其书分上中下三经，各述上中下三药，每经之前各有序目，其序目分别有曰："上药一百二十种，为君，主养命以应天"，"中药一百二十种，为臣，主养性以应人"，"下药一百二十五种，为佐使，主治病以应地"⑦。此下分别对各经所列药

---

① 袁珂：《山海经校注》附录，上海古籍出版社1980年版，第477页。

② 同上书，第396页。

③ 杨文衡等：《中国科技史话》（上册），中国科学技术出版社1988年版，第160页。

④ 赵璞珊：《〈山海经〉记载的药物、疾病和巫医——兼论〈山海经〉著作时代》，载《〈山海经〉新探》，四川省社会科学院出版社1986年版。

⑤ 袁珂：《山海经校注》，第72页。

⑥ 参拙稿《试论〈山海经〉的价值》，待刊。

⑦ （清）黄奭辑：《神农本草经》，中医古籍出版社1982年版，第1、149、249页。

物的属性功能缀有简短的总论。通过序目所言，此经乃着意设计撰拟者，有明确的药学思想主旨，有其独特的药学体系，明眼人皆可看出。首先，上、中、下三药的药性功能分别对应天地人，构成一个完整的药物系列世界；又各为君、臣、佐使，形成一个有序的主从隶属关系，为其药物配伍方法提供了一个基础；各自有其"养命""养性""治病"的不同功能。所谓"性命"乃是古代儒学性命哲学中的重要概念，涉及对人性与生命本质的形上理解，非常重要①，是其医学药理中寄寓着性命哲理的思想因素。其次，由"养命""养性""治病"之说，可见《本草经》以养生为主、以治病为辅的主导思想，而且在其药性解说体系中，渗透着一套养生保健的哲理。② 再次，《神农本草经》将所记药物统分为十类：玉石、草、木、人、兽、禽、虫鱼、果、米谷、菜。③ 其分为十类，是有寓意的。因为十为"盈数"④，又为"数之纪"⑤，因此分药物为十类以象征完备圆满。上、中、下三药共 365 种，约相当于一年的日数："三合合三百六十五种，法三百六十五度，一度应一日，以成一岁"⑥。又约相当于周天 360 度，"象天地四时日月星辰之度数，天道备焉"⑦。因此也是一个象征圆融完满的数字。所有这些，都是为表明《神农本草经》是一个完善的体系。因此，《神农本草经》所记药物内容是经过思考、选择、有意设计成的体系，其中寓有特定的思想义理，最主要的是要建构一部以养生为主、以治病为辅的药物专用书。

《博物志》引《神农经》曰："'上药养命，谓五石之练形，六芝之延年也。中药养性，合欢蠲忿，萱草忘忧。下药治病，谓大黄除实，当

---

① 如《礼记·中庸》："天命之谓性，率性之谓道。"《易·系辞》："穷理尽性以至于命。"郭店简《性自命出》："性自命出，命自天降。道始于情，情生于性。"

② 据黄奭辑《神农本草经》所附逸文推断，可能后人认为此类文字与药理解说无直接关系，故多所删节。

③ 缪希雍撰《神农本草经疏》三十卷，"其书分本草为十部，首玉石，次草，次木，次人，次兽，次禽，次虫，次鱼，次果，次米谷，次菜"。见（清）永瑢等撰《四库全书总目》（上册），中华书局 1981 年版，第 876 页。按此实十一部，若亦合虫、鱼为一部，方为十部。

④ 《左传·庄公十六年》。

⑤ 《国语·周语上》。

⑥ （清）黄奭辑：《神农本草经》，第 340 页。

⑦ （清）阮元校刻：《十三经注疏》（上册），中华书局 1980 年版，第 653 页。

归止痛。'夫命之所以延，性之所以利，病之所以止，当其药应以［去］痛也。违其药，失其应，即怨天忧人，设鬼神矣。"① 此乃《神农本草经》别本的序目总论之言，故与上引文字有异。此相当于对其书功效性质的宣传阐释，意在使人能正确认识运用它。首先，它举出具体的药物实例，证明其养命、养性与治病的功效所在。其次，指出若使药物奏效，则必须诊断准确，用药无误；反之，若误诊和用药不对症，即便祷词求鬼神，亦无济于病痛诊治。从而指明只有客观理性地正确运用医药学知识技术，才能发挥出本草学的功能。由此可见《神农本草经》在当时应有相当影响，并有一定的社会需要存在，从中亦反映出药物本草学自身的技术理性精神自信。②《黄帝内经素问·五藏别论第十一》："拘于鬼神者，不可与言至德；恶于针石者，不可与言至巧；病不许治者，病必不治，治之无功矣。"③ 医学中这种客观的技术自信理念，正是古代医学发展的精神支撑，此在《神农本草经》中有明确的反映。

据统计，马王堆帛书《五十二病方》共有 247 种药名，一部分药名已见于《神农本草经》。此书比《神农本草经》的形成早一个时期，有些药物到《神农本草经》撰写时已失传。这种情形，与后世本草书对《神农本草经》中的若干药名已不知究竟为何物，只能归于"有名未用"类，应相同。④ 这说明《神农本草经》对其前的药物并未全部继承下来，而是对保存积累下来的药物记载资料进行了选择淘汰，然后按自己的思想整理撰拟成书。关于本草概念的产生尚有待考的疑问，因此尽管《神农本草经》托名神农，但其书之成似不是很早。本草概念已见于《汉书》，但其《艺文志·方技略》著录不见以本草命名者，这引起学者怀疑。余嘉锡尝

---

① 范宁：《博物志校证》，中华书局 1980 年版，第 48 页。

② 《博物志》所引《神农经》与上引《神农本草经》相应内容的文字差异，只能说明当时存在同一书的不同传本。有著作指出，一些类书所引《本草经》或"神农曰"之间的内容详略之异，说明《本草经》原本有"经"与"说"之异。见廖育群《岐黄医道》，辽宁出版社 1995年版，第 147 页。其实这同样证明《神农本草经》在流传中存在诸多不同传本、抄本的情况。古书在流传中此类情况多见，更何况《神农本草经》这种实用性强，流传且广而又影响较大的古书，存在相互歧义的别本，似不足怪。

③ 《黄帝内经素问》，人民卫生出版社 1982 年版，第 30 页。

④ 马继兴、李学勤：《我国已发现的最古医方——帛书〈五十二病方〉》，文物出版社 1979年版，第 179—208 页。

谓《神农本草经》乃见于《中经簿》之《子义本草经》一卷。其曰："《本草》,《汉志》既不著录,而《中经簿》有《子义本草经》,足证为子仪所作……'神农本草'之名,乃后人所题。盖推其学所自出以题其书,久之,遂不知为子义所作矣。"① 按余氏所论虽未必是,但"推其学之所自出以题其书",所言最为得理。是其书虽托神农之名,只是表明其学渊源久远而有自来,至于其书之成则似不甚早。按"本草"见于《汉书》以下各条:

> 《平帝纪》:元始五年,"征天下通知逸经、古记、天文、历算、钟律、小学、《史篇》、方术、《本草》及以《五经》、《论语》、《孝经》、《尔雅》教授者"②。
>
> 《郊祀志下》:罢诸祠,"候神方士使者副佐、本草待诏七十余人皆归家"。颜注:"本草待诏,谓以方药本草而待诏者"③。
>
> 《游侠传》:楼护"父世医也。护少随父为医长安,出入贵戚家。护诵医经、本草、方术数十万言"④。

在以上三则记载中,既以"本草"与《五经》等经书并列,又曰"诵医经、本草"云云,故所谓"本草"应已有成文之专书为是,只是其是否称《神农本草经》尚无从确知。但重要的是,《汉书》中虽见"本草"之名,《艺文志·方技略》著录中却无名"本草"者,多称"病方"或"方"者,此最为可怪。但有一极重要线索,即《方技略·经方类·后序》曰:"经方者,本草石之寒温,量疾病之浅深,假药味之滋,因气盛之宜,辨五苦六辛,致水火之济,以通闭解结,反之于平。"⑤ 此对经方概念诠解的首句"本草石之寒温",与本草概念来源及意义之开启,关系至巨。前文指出本草药物分为十类,前两类是玉石、草,因此截取此两类作为代表,于是有"本草石之寒温"为说,相关又摘取"本草"二

---

① 余嘉锡:《四库提要辨证》(二),中华书局 1985 年版,第 687 页。
② 班固:《汉书》(一),中华书局 1975 年版,第 359 页。
③ 班固:《汉书》(四),第 1258 页。
④ 班固:《汉书》(十一),第 3706 页。
⑤ 班固:《汉书》(六),第 1778 页。

字，作为说解药物性味及疗病功能等的药物学概念专名，故"本草"之名不晚于《汉书》。其《艺文志》出于《七略》，故经方类序"本草"二字至少与刘歆或刘向有关，甚至还与更早的本草学始初传人有关。虽然如此，作为事实上的本草类专书的出现，亦不会很晚，此还可举阜阳汉简《万物》为参证。《万物》大体包括两方面内容，即一类是医药卫生方面，一类是物理、物性方面。整理者认为，《万物》是早期的"本草""方术"书，是战国或更早春秋时期的书，它和诸如此类的书很可能是后代本草经成书漫长道路上的原始形态。[①] 此发现值得关注，它可能提示《神农本草经》的内容应来源较早，是后在秦汉时代前后有人汇集整理之前的药物学资料编纂成书，并定名《神农本草经》。其书托名神农，乃因其内容渊源之早，而且在其形成前后必曾出现过诸多不同传本。所以，不能仅仅因为"本草"二字出现的时间稍晚一点，便认为其书出现亦晚。《神农本草经》的最初形成时间，应不会晚于秦汉之际。

　　《神农本草经》所列上药之首为玉石药，若考察玉石药来源，亦可见本草学源头之早，应可早至石器时代。由于石材作为加工原料在石器时代的广泛应用，人们对石材性质的认识日益深入，并积累起丰富的经验；包括与日后金属冶炼相关的各类矿石的认识，亦应萌芽于此。石材因其用途之广，亦在此后相当长的时间受到重视，《周官·秋官·职金》"掌金石"之职即可为证。玉石上品晶莹剔透，光鲜滑腻，使人宝爱有加，最初食用玉屑的尝试，大约同玉的这种喜人之性有关，因此亦成为本草学中的玉石类矿物药。周代葬俗中有饭玉、含玉之俗，应乃早期食玉之俗的遗存。《周官·春官·典瑞》："大丧，共饭玉、含玉"，郑注："饭玉，碎玉以杂米也。含玉，柱左右颠及在口中者。"此死者饭玉、含玉之俗，应乃生者曾存在食玉之俗而然。《说苑·修文》："天子唅实以珠，诸侯以玉，大夫以玑，士以贝，庶人以谷实。"[②] 以此推之，天子大夫士之含玉、贝，相当于庶人含谷实，是贵者含玉、贱者含谷，同作为口中含饭实象征则无异。《公羊传·文公五年》："含者何？口实也。"何注："孝子所以实亲口也，缘生以事死，不忍虚其口。天子以珠，诸侯以玉，

---

① 胡平生、韩自强：《〈万物〉略说》，《文物》1988 年第 4 期。
② （明）程荣纂辑：《汉魏丛书》，吉林大学出版社 1992 年版，第 485 页。

大夫以碧（璧），士以贝，春秋之制也。文家加饭以稻米。"① 文家后于质家，始初质家含珠玉，是后文家加饭稻米，以示变于质家。但含珠玉犹饭含稻米同义。《荀子·礼论》曰："饭以生稻，唅以槁骨，反生术矣。"② 亦可证死者含珠玉象生时食稻饭。《礼记·檀弓下》所言较比最明白，即生死异道。其曰："饭用米贝，弗忍虚也。不以食道，用美焉耳。"③ 即死者不可待以生人熟食之道，故含以天然米贝为替代性美化象征。《左传·成公十七年》："声伯梦涉洹，或与己琼瑰食之。"④ 此亦可证曾存在过食玉之俗。总之，食玉习俗的存在无可疑，只因玉石贵重，乃在葬俗中以贵族含玉作为特权象征，使之与食谷庶民有所区别。早期食玉之俗在记载中可见能与之比较的影子。《河图》曰："昆仑之东十万里，有大秦之国，人民长三十丈，亦寿万八千岁，不知田作，但食沙石子。"⑤ 此大秦国颇有些长寿神仙的性质。其"但食石沙子"可对理解食玉之俗提供些启发参考。⑥《抱朴子·内篇·杂应》曾介绍一种避谷方法，即吞食石子当谷，可以取饱不饥饿。⑦ 早期人类在寻觅食物的过程中，可能进行了多种尝试摸索，食用玉石应为人类在石器时代觅食探索中的一种尝试。《周官·天官·玉府》记载了一种特殊的食玉形式："王齐，则共食玉。"⑧ 按"王齐食玉"乃为清洁身心祭祀接神，因为古人认为神者精一清洁，玉为精洁清澄之物，与神同质，故王斋乃食玉。"共食玉"乃加工过供食用的特殊玉，故郑司农曰："王齐当食玉屑"，贾公彦曰：

① （清）阮元校刻：《十三经注疏》（下册），第 2268 页。

② （清）王先谦：《荀子集解》，中华书局 2011 年版，第 367 页。

③ （清）阮元校刻：《十三经注疏》（下册），第 1301 页。

④ 同上书，第 1921 页。

⑤ ［日］安居香山·中村璋八辑：《纬书集成》（下册），河北人民出版社 1994 年版，第 1224 页。

⑥ 《河图》又曰："黄帝摄政前，有蚩尤兄弟八十一人，并兽身人语，铜头铁额，食沙石子。"同上书，第 1220 页。又《龙鱼河图》亦载，见第 1149 页。

⑦ 王明：《抱朴子·内篇·校释》（修订本），中华书局 1988 年版，第 267 页。

⑧ （清）阮元校刻：《十三经注疏》（上册），第 678 页。

⑨ 《国语·楚语上》："夫神，以精明临民者也。"《左传·庄公三十二年》："神，聪明正直而一者也。"《楚语下》："是以先王之祀也，以一纯二精"，韦注，"心纯一而洁也。二精，玉帛也"。

"玉屑研之乃可食。"① 由此王斋所食玉可以窥见古代食玉的方法。后来神仙家修炼长生服食玉,《抱朴子·内篇》中多介绍其方法,而在《神农本草经》玉石上药中有"玉泉",一名"玉札",《吴普本草》曰:"玉泉一名玉屑。"② 此可见古代食玉原有一定方法,而且渊源久远。据《太平御览》引《后魏书》,李预"羡古人飧玉法",后访得玉大小百余,"乃椎七十枚为屑食之"③。是碎为玉屑乃食玉的基本方法。神仙食玉见于《楚辞·远游》:"吸飞泉之微液兮,怀琬琰之华英,玉色頩以脕颜兮,精醇粹而始壮。"④ 此谓饮仙泉之水,食琬琰之玉,容颜美好,精神强健,即玉是一种可食的仙药。《远游》被认为有神仙家思想,故有此食玉的描述,显然还盛赞食玉有极佳的养生健体效果。

　　《山海经》已有黄帝及鬼神食玉的记载,《西山经·密山》"其中多白玉……黄帝是食是飧,是生玄玉……黄帝乃取密山之玉荣,而投之钟山之阳,瑾瑜之玉为良……天地鬼神,是食是飧;君子服之,以御不祥。"《中山经》:休与之山"帝台之石,所以祷百神者也,服之不蛊。"⑤ 此玉石既可供黄帝百神服食,又可用于对他们的飧祭。仙人食玉,故仙界多玉,如昆仑虚,"上有木禾,其修五寻,珠树、玉树、琁树、不死之树在其西,沙棠、琅玕在其东,绛树在其南,碧树、瑶树在其北",此所谓诸树几皆为玉名。此记载可与《列子·汤问》比较,其曰:渤海之东归墟有五神山,"其上台观皆金玉,其上禽兽皆纯缟,珠玕之树皆丛生,华实皆有滋味,食之皆不老不死,所居之人皆仙圣之种"⑥。是神山所生以玉树为主,所结玉实供仙人取食。《汤问》此记载与《史记》极相近,《封禅书》曰:三神山在渤海中,"诸仙人及不死之药皆在焉,其物禽兽尽白,而黄金银为宫阙"⑦。此段文字所述与《汤问》极相近,神山所生

---

①　(清)阮元校刻:《十三经注疏》(上册),第678页。

②　《神农本草经》,第10—11页。玉札,黄奭谓札当作桃。按玉札即小玉片,即玉屑,故不当改桃。

③　(宋)李昉等撰:《太平御览》(四),中华书局1985年版,第3573页。

④　(宋)洪兴祖:《楚辞补注》,中华书局1986年版,第168页。

⑤　同上书,第41、141页。

⑥　杨伯峻:《列子集释》,中华书局1979年版,第152页。

⑦　[日]泷川资言等:《史记会注考证附校补》(上册),上海古籍出版社1989年版,第787页。

以玉树为主，其所结玉实即为不死药之一。三神山之一乃方丈，《列仙传》谓服闾"取方丈山上珍宝珠玉卖之"①，即可证神山多出珠玉。玉供修仙者炼食长生，故《抱朴子·内篇·仙药》盛赞之曰："玉亦仙药，但难得耳。《玉经》曰：服金者寿如金，服玉者寿如玉也。又曰：服玄真者其命不极。玄真者，玉之别名也。令人身飞轻举，不但地仙而已。"② 是上古早期的食玉之俗已被神仙家采纳为修炼方术，其中应包括对久远的食玉方法的继承借鉴。对玉的性质用途先秦以来就有记载，后对神仙家有所启发借鉴。《周官·天官·玉府》郑注："玉是阳精之纯者，食之以御水气。"③《大戴礼记·劝学》："珠者，阴之阳也，故胜火；玉者，阳之阴也，故胜水，其化如神，故天子藏珠玉。"④《管子·侈靡》所言同。首先，玉是阳精可御"水气"，故有防腐功能，战国秦汉墓葬多随葬玉器与此有关，其著者如汉墓中的金缕玉衣。⑤ 神仙家既以玉为长生不老的仙药，又试图利用玉的防腐功能保护尸身不朽，这在《神农本草经》亦有反映，如其曰：玉泉"久服耐寒暑，不饥渴，不老，神仙人临死服五斤，死三年色不变"⑥。是认为玉既有长生不老的功能，又可防尸身速朽。其次，玉作为仙药，对神仙方术的修炼极具价值。《国语·楚语下》曰："玉足以庇荫嘉谷，使无水旱之灾……珠足以御火灾，则宝。"⑦ 是珠玉有制御水火的功能，加之上引《大戴礼记》及《管子》谓珠玉所具阴阳之性可胜水火且有"其化如神"的灵异，使之在神仙修炼方术中显出非凡的品性。《庄子·大宗师》谓真人有"入水不濡，入火不热，是知之能登假于道者也若此"⑧，据说食玉可修炼出此神仙功夫，《抱朴子·内篇·

---

① 王叔岷：《列仙传校笺》，中华书局 2007 年版，第 136 页。

② 王明：《抱朴子·内篇·校释》（修订本），中华书局 1988 年版，第 204 页。

③ （清）阮元校刻：《十三经注疏》（上册），第 678 页。

④ （清）王聘珍：《大戴礼记解诂》，中华书局 1983 年版，第 134 页。

⑤ 《抱朴子》《名医别录》中已指出金玉有防止尸身腐朽功能，故六朝以前墓葬中多藏玉器。见胡肇椿译《古玉概说》，中国书店 1994 年版，第 59 页。《抱朴子·内篇·对俗》："金玉在九窍，则死人为之不朽"。见《抱朴子·内篇·校释》（修订本），第 51 页。

⑥ 《神农本草经》，第 10 页。《太平御览》引曰："玉桃服之长生不死，若不得早服之，临死日服之，其尸毕天地不朽。"黄奭认为玉桃即玉札、玉泉，见《神农本草经》第 11 页。

⑦ 徐元诰：《国语集解》，中华书局 2002 年版，第 527 页。

⑧ 刘文典：《庄子补正》（上册），云南人民出版社 1980 年版，第 206 页。又见《史记·秦始皇本纪》。

仙药》曰，烧玉为粉，"服之一年以上，入水不沾，入火不灼，刃之不伤，百毒不犯"①。仅此一例，可见玉作为仙药不仅可使人长生不老，此外在神仙方术修炼上亦具非凡的品性。同时，玉所具阴阳水火变化的属性，同神仙家烧炼丹药及飞升变化理念密切联系，这是玉进入仙药系列的重要原因。综之，食玉本是相承久远的习俗，后来则成仙人服食的仙药，尤其扩大其作为医药养生佳品的影响力，并进入《神农本草经》。本草上药养命应天、不老延年，首以玉石药为代表。借助对食玉习俗的分析考察，可见本草学的源头可追溯至石器时代。

以上所论涉及本草学的发展同神仙家关系的问题，古今多有关注；因其又关涉本草学性质功能的问题，故有必要提出讨论。有著作指出，《神农本草经》"后人附益者多，如所称久服轻身延年之类，率方士之说，不足尽信"②。此明确指出有方士附益入不足信据的神仙思想。有神仙思想，这是事实，以上品玉石药为例，如朴消，"炼饵服之，轻身神仙"；石胆，"久服增寿神仙"；太一余粮，久服"轻身，飞行千里神仙"③。又如上品草药之赤、黑、青、白、黄五芝，于其药性均谓"久食轻身不老，延年神仙"④。此乃其内容自身明言"神仙"者。这里重要的是，神仙思想的起源不会与本草之起同时。据现有资料看，神仙之起似不会早于春秋之前。有学者在分析《山海经》中关于动植物形状的描述时指出："其时代背景，正是战国后期的方士在大力宣扬神仙怪异和长生之药。"⑤像《山海经》这样一部流传久远的博物书，窜入些方士神仙的影响，本不足怪。因为其既名《山海经》，理应受到追慕海上仙山的方士神仙家的注意；因其《五藏山经》较多汇集了一些动物、植物、矿物的资料记载，这就必然使之与本草学乃至神仙家产生若干联系。只是时间不会很早。阜阳汉简《万物》的整理者，指出其中有与神仙家相关的内容。如 W038 "轻体以越山之云也"⑥。《万物》成书时间可能在战国或更早的春秋时期，有学者认为简文中提到一些可能与金银类药物有关的内容，

---

① 王明：《抱朴子·内篇·校释》（修订本），第 204 页。

② （清）永瑢等撰：《四库全书总目》（上册），中华书局 1981 年版，第 880 页。

③ 《神农本草经》，第 16、18、22 页。

④ 同上书，第 62—63 页。

⑤ 王成组：《中国地理学史》（上册），商务印书馆 1982 年版，第 18 页。

⑥ 胡平生、韩自强：《〈万物〉略说》，《文物》1988 年第 4 期。

或与炼丹术有关。① 但是,《万物》中究竟有否金银类药物还很难确证,即使与炼丹术有关,炼丹术之形成也不可能早至春秋时代。考神仙家宗旨,归根结底与人们保健养生的要求相关,故神仙家必然究心于对各种药物保健养生功能的研究,此必然使神仙家介入本草学领域,而本草学也会因神仙家介入而受益。尽管炼丹术有相当的荒谬性,但神仙家原意还是欲借之达到养生健体、益寿延年的目的,故炼丹术对本草药物的研究推进亦具一定积极意义。神仙家多兼治本草医方之学,如葛洪有《金匮药方》《肘后方》,陶弘景撰《本草经集注》,对本草学发展各自作出不小的贡献。神仙家既借鉴了本草学知识,故其中必融入神仙家的认识。在此过程中,神仙家最终也突破本草学而形成自己的仙药体系,《抱朴子·内篇·仙药》可为代表,而且当时已有此类仙药书,如《博物志》曰:"蟹漆相合成为(水)《神仙药服食方》云。"② 《神农本草经》药物分类虽以玉石药为首,但基本以草木药为主,且一般不以金银入药。出于炼丹需要,神仙家必须以金银入药,于是有所谓黄白术。金银入药对原来的本草体系是极大突破,《抱朴子·内篇·仙药》所述可为神仙家金丹为主的仙药观代表。如曰:"仙药之上者丹砂,次则黄金,次则白银,次则诸芝,次则五玉,次则云母,次则明珠"云云。③ 其首曰"仙药"即表明金丹药自成体系,已有别于传统本草学的草木药体系。《抱朴子·内篇·金丹》将其与草木药进行了比较,曰:"虽呼吸道引,及服草木之药,可得延年,不免于死也。服神丹令人寿无穷已,与天地相毕,乘云驾龙,上下太清。"又曰:"世人不合神丹,反信草木之药。草木之药,埋之即腐,煮之即烂,烧之即焦,不能自生,何能生人乎?"④ 即谓金丹仙药与草木药之别不啻天地,从根本性能上对二者加以区别,认为就神仙长生层面视之,金丹仙药完全超越了草木药。其虽仍以丹砂列为上药之首,沿袭了本草分类,但"次则黄金,次则白银"已突破本草学体系一般不以金银入药的则例,金银亦成为炼丹主材,于是炼丹家提出自己有别于本草学的仙药体系。《神农本草经》于上药曰:"上

---

① 李钧明等:《当代中国简帛学研究(1949—2009)》,中国社会科学出版社 2001 年版,第 35 页。

② "为"当为"水",见范宁《博物志校证》,中华书局 1980 年版,第 50 页及第 58 页注 56。

③ 王明:《抱朴子·内篇·校释》(修订本),第 196 页。

④ 同上书,第 74 页。

药一百二十种为君，主养命以应天，无毒，多服久服不伤人。欲轻身益气，不老延年者本上经。"① 而《抱朴子·内篇·仙药》所言大异于此："《神农四经》曰：上药令人身安命延，升为天神，遨游上下，役使万灵，体生毛羽，行厨立至。又曰，五芝及饵丹砂、玉札、曾青、雄黄、云母、太乙禹余粮，各可单服之，皆令人飞行长生。"② 此虽不知何以称《神农四经》，但以所言内容性质相校其与上引《神农本草经》应为同本同源，只是若以二者所言文字相校，出入甚大，且后者神仙味十足，那么，后者或是出于神仙家的别本《神农本草经》。故王明以之与《博物志》所引《神农经》相比时有曰："唯本篇所言上药，诸张度仙之作用，是其异者。"③ 是神仙家出于炼丹的需要，虽借鉴了本草学药物养生益人的性质内容，但出于追求长生的炼丹术需要，不仅以金银入药，而且对药性的理解期待，已远过于原来的本草学体系，从而形成自己的仙药体系。考本草学以上药养命、中药养性为主旨，故其养生保健的意义为多，除言神仙长生外，亦多言延年、长年、增寿、耐老、不老等，亦多见轻身益气、补中益精、耳目聪明等养生健体语。下药治病，故大多无此类养生保健语，仅偶见如铅丹"通神明"；天雄"强筋骨，轻身健行"；莨荡子"轻身，走及奔马，强志益力通神"；蜀椒"轻身增年"；水芹"养精保血脉，益气"，一类语④，更不见上药、中药内所言神仙长生的内容。这种情况与中国古代医药学以养生为主、以治病为辅的宗旨相一致，故不能无分别地一概视为神仙家思想的窜入。对此，一定要注意本草学以养生保健为主的立意，而且应由此养生保健的主旨引申派生出神仙长生的思想，因此不宜过分强调神仙长生思想对本草学的影响。可以说，神仙长生思想乃由起源颇早的本草学之养生保健观念引申派生出来，后经神仙家的推衍发展，反过来又影响补益了原来的本草学。这才是神仙家与本草学的关系真相，唯如此认识二者关系方才合理。总之，神仙家与本草学的接触交融，其初当春秋战国前后，以后陆续有相当时期的交互影响。

---

① 《神农本草经》，第1页。

② 王明：《抱朴子·内篇·校释》(修订本)，第196页。

③ 同上书，第211页。

④ 《神农本草经》，第256、264、271、305、338页。

如上所论，中国古代医药的最大特点是注重养生保健，这从出土的药物医方书中亦可窥见。如马王堆汉墓出土 14 种医学方技书记有药物和医方的书共 6 种，有学者据其中 5 种指出医书的内容主要是临床医疗和"养生"为主。① 注重养生保健无疑应为古代医药学的重要特点，《太平御览》卷九八四《药部一》："《养生略要》曰：《神农经》曰：五味养精神，强魂魄；五石养髓，肌肉肥泽。"② 此可证本草学与养生保健之间的关系。相应中国古代医学重在疗病于"无形"，即在疾病形成之前预防之，以免患病者的伤痛之害，此亦注重养生保健之佐证。《鹖冠子·世贤》记扁鹊对魏文侯论其兄弟三人治病方法有曰："长兄于病视神，未有形而除之，故名不出于家。中兄治病，其在毫毛，故名不出于闾。若扁鹊者镵血脉，投毒药，副肌肤间，而名出于诸侯。"作为对此三种治病方法的评论有曰："凡此者，不病病。治之无名，使之无形。至功之成其下，谓之自然。故良医化之，拙医败之。虽幸不死，创深股维。"③ 按此显然以不假针砭汤药之施，而能化病于未形之前者为上医；待病至之后乃以针砭汤药除治者为下医。其以"镵血脉，投毒药，副肌肤间"的治病方法为最下，与《吕氏春秋·尽数》所谓"故巫医毒药，逐除治之，故古人贱之也，为其末也"④，二者意同，即都不赞同病至求医，主张防病为先；故上者当以养生防病为善，不要等到病至才以针石毒药治之，这会使病患者身体肌肤受到损坏伤害，是为医之最下者。这些说明，中国古代医学主导思想注重养生，即前文所谓以养生为主、以治病为辅的特点。这正反映出古代医学理念的高明之处。

综上所述，药物本草学的发展不会晚于医疗技术的发展，二者相须而行，故有可能是前后大致同步发展起来。这样，本草学的发展与医术的发展应为彼此联系和互动共进的过程。中国古代医学的主导思想重在保健预防，即注意把功夫下在疾病发生之前，反对疾病发生后方才问治求医，这必然使之讲究养生保健。药物养生是其中之一，故医术的发展必关心医药的发展，从而促进本草学的发展，而医药学的发展又共同推进养生学的

---

① 马继兴：《出土亡佚古医籍研究》，中医古籍出版社 2005 年版，第 277 页。
② （宋）李昉等：《太平御览》（四），中华书局 1985 年版，第 4359 页。
③ 黄怀信：《鹖冠子汇校集注》，中华书局 2004 年版，第 336—339 页。
④ 许维遹：《吕氏春秋集释》（上册），中华书局 2011 年版，第 69 页。

发展，与之相应是对包括导引行气在内的诸种养生保健的探究关注。

## 二 中国古代的医疗与食疗养生

以上着重论述了药物本草学的起源及其养生保健功效，下拟讨论中国古代的医疗及相关的食疗养生术等问题。

关于中国古代的医疗起源，《黄帝内经素问》中有一段文字较重要，其《移精变气论第十三》曰："黄帝问曰：'余闻古之治病，惟其移精变气，可祝由而已。今世治病，毒药治其内，针石治其外，或愈或不愈，何也？'岐伯对曰：'往古人居禽兽之间，动作以避寒，阴居以避暑，内无眷慕之累，外无伸官之形，此恬憺之世，邪不能深入也。故毒药不能治其内，针石不能治其外，故可移精祝由而已也。'"① 此谓上古人物生态和谐，人们心境恬淡平和，故内气充盈，外邪无由侵入，多无由患病。按"移精变气"非谓以巫术方法治病，而是说其时天真自然，阴阳和顺，多无由致病；即偶或患病，亦不必针石荡药医治，唯向神明祝说致病之由，使气血精神调理得以复原，即谓其时天真自然之气充盈于天人之间，因而惟祝说自省，调整心理，即可去病复原。此乃极言上古天真自然，四时阴阳和顺，人们怡然自得，并不需要发展医疗技术。"当今之世不然，忧患缘其内，苦形伤其外，又失四时之从，逆寒暑之宜，贼风数至，虚邪朝夕，内至五藏骨髓，外伤空窍肌肤，所以小病必甚，大病必死，故祝由不能已也。"② 此谓上古天真过后，人事日纷，苦形劳志，加之起居不节，四时失和，风邪日至，致病患多发，仅凭祝由已无济于事，故必须发展医疗技术治病救患。此乃由上古天真之后，天人失和，来追溯医术的起源发展之缘，颇值得关注。③ 此证明自上古以来，人们已注意到

---

① 《黄帝内经素问》，人民卫生出版社 1982 年版，第 31—32 页。

② 同上书，第 32 页。

③ 《韩诗外传》卷十："吾闻上古医曰茅父。茅父之为医也，以莞为席，以刍为狗，北面而视之，发十言耳，诸扶舆而来者皆平复如故。"郝懿行云：此盖后世符咒治病之始。见许维遹《韩诗外传集释》，中华书局 1980 年版，第 345—346 页。又载《说苑·辨物》。此追溯医术起源于上古巫术，不如《黄帝内经素问》所言科学理性。可注意者，其《异法方宜论第十二》谈五方治病之法，并未及符咒疗病之法，一些篇内容反对不求医治而妄求鬼神的作法。此亦证明古代方技家思想之合理。《黄帝内经素问》一书以阴阳理论说解天人，剖析疾患，正代表此科学理性之早期萌芽。

人事起居，应顺遂阴阳四时之气的变化，因为它与人的健康密切相关，不容忽视。这一点颇重要，其后始终在中国古代医学发展中被关注强调。

前文已述及中国古代医学注重养生保健，因而形成以养生为主、以治病为辅的主导思想，这非常重要。由于医疗思想重在平日的预防及合理保健，故而反对病至求医。《吕氏春秋·尽数》："天生阴阳寒暑燥湿，四时之化，万物之变，莫不为利，莫不为害。圣人察阴阳之宜，辨万物之利以便生，故精神安乎形，而年寿得长焉……毕数之务，在乎去害。何谓去害？大甘、大酸、大苦、大辛、大咸，五者充形则生害矣。大喜、大怒、大忧、大恐、大哀，五者接神则生害矣。大寒、大热、大燥、大湿、大风、大霖、大雾，七者动精则生害矣。故凡养生，莫若知本，知本则疾无由至矣……今世上卜筮祷祠，故疾病愈来……夫以汤止沸，沸愈不止，去其火则止矣。故巫医毒药，逐除治之，故古人贱之也，为其末也。"① 即要合理安排日常生活起居，其大要在遵循天地自然的气候变化规律，做到避害养生，顺四时阴阳寒暑之序；饮食得宜，不应追求浓烈的滋味刺激；避免身体精神上的极端情绪，以保证平和安稳，健康无病；反对病至求医，认为此乃轻本逐末，最为下策，是健康大忌。正是在此医疗主导思想影响下，生出食疗保健、医药保健、体操卫生保健等多种方法，发展起健康养生的保健防病体系。

中国古代医疗分科产生较早，而且食疗养生法之起亦与之相关。较早的医政制度见载于《周官》，其中设有专官掌医事。《天官·医师》："掌医之政令，聚毒药以供医事。凡邦之有疾病者，疕疡者，造焉，则使医分而治之。"郑注："毒药，药之辛苦者，药之物恒多毒。"② 毒药即指药物，《黄帝内经素问》即称药物为毒药。③ "使医分而治之"，即《疾

---

① 许维遹：《吕氏春秋集释》（上册），第65—66、68—69页。在上古早期医学起源的过程中，应出现过巫、医不分的现象，但至少进入春秋前后，理性科学观念已有所萌芽，于是巫、医始分，如此处反对"上卜筮祷祠"即是。《史记·扁鹊仓公传》论"病有六不治"，其六即"信巫不信医"，亦可证巫、医已分。这是研究古代数术方技史时必须注意的问题，不要提到数术方技便一切斥为巫术迷信，不加分辨。春秋战国时代起，理性科学观念已成为数术方技的主流，当然社会历史局限造成的偏颇，仍在所难免。

② （清）阮元校刻：《十三经注疏》（上册），第666页。

③ 其《异法方宜论》"其治宜毒药"，《血气形志》作"治之以百药"，毒药即百药。见《黄帝内经素问》第31、56页。毒药亦可指药性剧烈者，如下文引《周官·疡医》"以五毒攻之"。

医》治"疾病"，《疡医》治"疕疡"，二者所治分属内、外科。医师为众医之长，疾医、疡医隶属之，且各掌具体治病之职。《疾医》："掌养万民之疾病……以五味五谷五药养其病，以五气五声五色视其死生"；《疡医》："凡疗疡，以五毒攻之，以五气养之，以五药疗之，以五味节之。"按"以五气养之"，郑注以为"五气"当为"五谷"。① 据二职所述，可见其治疗以药物与饮食配合，即以五药疗病，以五谷、五味调养护理之。详二者本为治病之职，但职文中却多言"养"，可见其治疗理念以养护调理为主。唯"以五毒攻之"为特殊，是乃针对重病下猛药。总之，通过《疾医》《疡医》二职可见养生保健理念已深入医疗思想中。医师所隶除疾医、疡医外，相关还有食医，掌王之膳食调配，关乎食疗养生制度。《天官·食医》曰："掌王之六食、六饮、六膳、百羞、百酱、八珍之齐"，孙诒让曰："与膳夫、庖人、内外饔、饎人为官联也……此并庖人共其物，内饔割亨煎和之，膳夫馈之，食医唯掌其调和齐量而已。"② 即食医与众膳食官为官联，众膳食官分别负责食材的提供、切割、烹饪加工，食医则专主食物的营养配伍调理，类似于专职的食物营养师或配餐师。《食医》序官郑注："食有和齐药之类。"贾疏："案其职云'春多酸，夏多苦'之等，皆须齐和，与药故同，郑云'食有和齐药'之类，故在医官之内也。"③ 郑注、贾疏实指出食医通过对食物滋味的调剂，使之具有同药物相当的功能，这点很重要，对理解食疗法概念颇有裨益，即按照一定的营养法则调节饮食滋味，调制成有益健康的食物配伍状态，使之与药物一样尽到调理补益身体的效果，是即所谓"食有和齐药"的意义，亦即所谓"食疗"意义所在。详《食医》之职曰："掌和王之六食、六饮、六膳、百羞、百酱、八珍之齐。凡食齐视春时，羹齐视夏时，酱齐视秋时，饮齐视冬时。凡和，春多酸，夏多苦，秋多辛，冬多咸，调以滑甘。凡会膳食之宜，牛宜稌，羊宜黍，豕宜稷，犬宜粱，雁宜麦，鱼宜苽。凡君子之食恒放焉。"④ 对于饭食、浆饮、菜蔬、羹酱，都要按

---

① （清）阮元校刻：《十三经注疏》（上册），第667—668页。
② 孙诒让：《周礼正义》（二），中华书局2000年版，第318页。
③ （清）阮元校刻：《十三经注疏》（上册），第641页。
④ 同上书，第667页。

四时、滋味及营养所宜进行调剂搭配，须遵循一定法则使之合理，是即所谓"和""会"，如此形成贵族的食疗卫生之道。此皆由专门的膳食官掌食材的加工，搭配调剂则由食医专任。此贵族的食疗卫生之道，乃贵族营卫身体的健康经，乃经长期的饮食经验总结升华而成，其中借鉴了医药知识。中国古代医术向以药物与饮食的互补结合为特点，故有药食同源之说。如《疡医》有曰："凡药，以酸养骨，以辛养筋，以咸养脉，以苦养气，以甘养肉，以滑养窍"，郑注说以"以类相养"，即运用食物滋味于营养补益的调剂分辨。《疡医》又谓"以五味节之"，郑注说以"节成其药之力"①。那么，药物不仅可凭药性疗病，亦具饮食养生之功，且可以饮食滋味节助药性之力。可以说，食疗法兼具药、食的多重功能，以药、食二者性能统一，故其实属养生补益，去病健身的上乘"和齐药"。周代贵族极讲究饮食养生之道，故食疗法在贵族中盛行，此即上引《食医》所谓"凡君子之食恒放焉"。与食疗法配合，还须讲究进食之道，即咀嚼食咽之时应专注用心，包括端正饮食习惯。《吕氏春秋·尽数》："凡食无强厚味，无以烈味重酒，是以谓之疾首。食能以时，身必无灾。凡食之道，无饥无饱，是之谓五藏之葆。口必甘味，和精端容，将之以神气。百节虞欢，咸进受气。饮必小咽，端直无戾。"② 即平日饮食适时，不可追求烈味刺激，饥饱适可而止；进食时须平和用心，不可失节无度，如仔细咀嚼吞咽，使食气滋味进入身体脏腑，尽其饮食滋润养人的作用。

食疗法乃医疗与养生保健结合之一端，如前如言，与养生保健结合乃古代医疗一大特点，下拟对此深入讨论。

记载上颇见与养生术相关的外科医药及手术治疗事例。《疡医》曰："掌肿疡、溃疡、金疡、折疡之祝（注）药劀杀之齐。凡疗疡，以五毒攻之，以五气（谷）养之，以五药疗之，以五味节之。"是乃对疮疡外伤等外科疾病的治疗方法，主要用外敷药及手术等手段，郑注曰："注谓附著药；刮，刮去脓血；杀谓以药食其恶肉。"在如此处置之后，予以养护恢复，即郑注所谓："既刮杀而攻尽其宿肉，乃养之也。"③ 即利用五谷、五

---

① 以上并见阮元校刻《十三经注疏》（上册），第668页。
② 许维遹：《吕氏春秋集释》（上册），第68页。
③ （清）阮元校刻：《十三经注疏》（上册），第668页。

药及五味等食物、药物的养生补益作为养护恢复手段。如与《史记·扁鹊仓公传》所述俞跗在外科手术治疗后,乃取"炼精易形"的体育养生法相比,《疡医》重在利用食物、药物的养护补益作用,而俞跗更注重动员发挥伤病者自身的主动积极因素,以为助益恢复手段。《史记》记载了上古神医俞跗的治病传说,《扁鹊仓公传》曰:"治病不以汤液醴洒,镵石挢引,案扤毒熨,一拨见病之应,因五藏之输,乃割皮解肌,诀脉结筋,搦髓脑,揲荒幕,湔浣肠胃,漱涤五藏,炼精易形,以去百病焉。"①此所述俞跗治病方法可从两方面言之,即治疗方法与恢复手段。首先,治疗基本上是外科手术疗法。如病在内里,即剖开人体,直接疗治腹内脏器,如清洗肠胃,理顺筋脉,然后缝合。其次是为痊愈的恢复养护,即"炼精易形",有学者说为"培炼精气,变更形体"②,乃为使病人从精神体魄上完全康复起来的体育养生疗法。此所言外科手术疗法要比《疡医》所述复杂多了,似很难令人相信古代可做如此复杂的手术,却可与三国华佗的相关记载比较。《三国志·魏书·方技传》记华佗治病方法有曰:"若病积在内,针药所不能及,当须刳割者,便饮其麻沸散,须臾便如醉死无所知,因破取。病若在肠中,便断肠湔洗,缝腹膏摩,四五日差,不痛,人亦不自寤,一月之间,即平复矣。"③此华佗所用治病方法可与俞跗相比,同为外科手术法。又如华佗曾谓一病人"君病深,当破腹取";又谓某病人"脾半腐,可刳腹养治也",于是"饮药令卧,破腹就视,脾果半腐坏。以刀断之,刮去恶肉,以膏傅疮,饮之以药,百日平复"④。华佗与俞跗同用外科手术疗法,只是俞跗为术后复原结合使用了"炼精易形"的体育养生导引术,未见华佗用。但华佗曾发明五禽戏"以当导引"⑤,益人健身,其实亦可用于病患者的复原。与外科手术相关,在《汉书·王莽传中》看到如此记载:"翟义党王孙庆捕得,莽使

① 韩兆琦:《史记笺证》(八),江西人民出版社 2005 年版,第 5243 页。又见《韩诗外传》卷十,《说苑·辨物》,然俱不如此翔实。

② 韩兆琦:《史记笺证》(八),第 5249 页。

③ (晋)陈寿:《三国志》(三),中华书局 1975 年版,第 799 页。

④ (晋)陈寿:《三国志》(三),《方技传》及裴注,第 801—804 页。华佗记载亦见,《后汉书·方术传下》。

⑤ 同上书,第 804 页。

太医、尚方与巧屠共刳剥之，量度五藏，以竹筳导其脉，知所终始，云可以治病。"① 是乃与外科手术疗法相关的人体解剖，其目的是通过人体解剖进一步完善手术等治疗方法。② 那么，从俞跗传说到王莽时再到华佗，此外科手术疗法应有一定的渊源发展线索。在相关记载中还可见到类似剖宫产之事，时间都较早，可与上述外科手术解剖相互印证。③ 前述在手术治疗后为使病人很好康复所采用的"炼精易形"，即相当于所谓导引养形，它使我们认识到体育锻炼养生法与医学治疗间的互补关系。古书上所谓"导引养形""行气导引""导引按摩"等，皆为导引术，乃是较早的体育锻炼养生术。

上述可见，医疗与导引的结合出现较早。相关《史记·扁鹊仓公传》所载扁鹊医治虢太子之事也很值得关注。其曰："扁鹊乃使弟子子阳厉针砥石，以取三阳五会。有间，太子苏，乃使子豹为五分之熨，以八减之齐，和煮之，以更熨下。太子起坐，更适阴阳，但服汤二旬，而复故。"④此记扁鹊医治虢太子主要用针石、药熨、汤液诸法。《说苑》亦载此事，可与《史记》相参照，其《辨物》曰："扁鹊遂为诊之，先造轩光之灶，八成之汤。砥针厉石，取三阳五输。子容捣药，子明炊耳，阳仪反神，子越扶形，子游矫摩。太子遂得复生。"⑤《说苑》所载与《史记》略异，但不可谓无据，可与更早的《韩诗外传》相较，其作"子同捣药，子明灸阳，子游按摩，子仪反神，子越扶形，于是世子复生"⑥。以二者与

① （汉）班固：《汉书》（十二），中华书局1975年版，第4145—4146页。

② 如《黄帝内经》记述了一定的人体解剖知识，而且经过实际测量，基本可信。见杨文衡等《中国科技史话》（上册），中国科技出版社1988年版，第118—119页。可见，与外科手术相关的解剖学知识产生不会很晚。

③ 《史记·楚世家》："陆终生子六人，坼剖而产焉"，《集解》引干宝曰："若夫前志所传，修已背坼而生禹，简狄胸剖而生契……近魏黄初五年，汝南屈雍妻王氏生男儿从右胳下水腹上出，而平和自若，数月创合，母子无恙。"见《史记会注考证附校补》（上册），第1002页。其余如《春秋繁露·三代改制质文》、马承源主编《上海博物馆藏战国楚竹书》（二）《子羔》以及《今本竹书纪年》《帝王世纪》等，皆可见与此剖宫产类似的记载。

④ ［日］泷川资言等：《史记会注考证附校补》（下册），第1731页。

⑤ （明）程荣纂辑：《汉魏丛书》，吉林大学出版社1992年版，第455页。

⑥ 许维遹：《韩诗外传集释》，中华书局1980年版，第348页。按此书亦作"扁鹊过虢侯"同于《史记》称虢太子。然《说苑·辨物》作"扁鹊过赵，赵王太子暴疾而死"，许维遹《韩诗外传校释》曰："案是时虢亡已久矣，作赵是也。"许说是。

《史记》相校，至少多出"按（矫）摩""扶形"二者。那么，扁鹊于针石汤药之外，又结合了导引方法治疗。俞跗于手术后以导引术"炼精易形"恢复病患者身体，扁鹊则于治疗中即结合采纳导引术去病，二者虽有此不同，但以医疗与导引结合却相同。前引《鹖冠子·世贤》谓治病之上者视神，其次在毫毛，其下则"镵血脉，投毒药，副肌肤间"。因为用针石剖割，虽可除病，但免不了损伤病者肌肤脏器，故其作为治病方法乃最下，所以俞跗治病又以"炼精易形"方法恢复患者身体，其中应包括因针石剖割治疗所遗留的损坏伤痕。"炼精"应指恢复身体精神元气，"易形"应包括对针石剖割之伤的修养平复。导引一般基本作为养生保健方法，但在治疗中结合使用时，亦可同时起到与医药、医疗效果相当的作用。《黄帝内经素问·导法方宜论第十二》谓五方治病各有其法，即砭石出于东方，毒药出于西方，灸焫出于北方，九针出于南方，导引按跷出于中央，"故圣人杂合以治，各得其所宜"①，此乃视导引按跷与其他各种医疗方法相当。其《血气形志第二十四》谓治之以灸刺、针石、熨引、百药、按摩醪药诸法②，即在医术发展过程中，异时异地曾先后出现各种不同的治疗方法，后经交流融会，乃合药物、治疗及养生诸法为一，统合形成丰富多样的医术治疗方法，其中包括导引按摩。《血气形志第二十四》曰："形苦志乐，病生于筋，治之以熨引"，王冰注："熨谓药熨，引谓导引。"《血气形志》："形数惊恐，经络不通，病生于不仁，治之以按摩者，所以开通闭塞，导引阴阳；醪药者，所以养正祛邪，调中理气。"③ 是导引按摩虽本为保健养生术，但又俱被作为治疗除病方法，如上所言且与医疗、医药方法及效果相当，因而亦证明以治疗与养生保健方法结合的古代医术发展方式，由来已久，已成为古代医学性质之一大特点。

因古代注重养生保健，故使导引术亦较早发展起来。可注意者，是在导引后面蕴藏着精辟的养生思想理论作为根本主导，是乃导引术得以发展的深层原因，值得体味探讨。这要从阴阳家溯起，《史记·太史公自

---

① 《黄帝内经素问》，第31页。
② 同上书，第56页。
③ 同上。

序》论六家要旨曰："夫阴阳、四时、八位、十二度、二十四节，各有教令，顺之者昌，逆之者不死则亡……夫春生、夏长、秋收、冬藏，此天道之大经也，弗顺则无以为天下纲纪，故曰四时之大顺不可失也。"① 此谓阴阳家有四时教令，必须绝对遵行。其谓"春生、夏长、秋收、冬藏"为天道大经、天下纲纪，又乃四时大顺不可违失。此阴阳家观念反映了农业社会对天道自然生化法则的基本认识。此法则为阴阳家宏扬，成为调精理气、保爱性命的养生大法之根据，其要在人的生活起居必须遂顺生长收藏的四时阴阳节律。张家山汉简《引书》曰："春生、夏长、秋收、冬藏，此彭祖之道也。"② 按"彭祖之道"即神仙家养生之道。《黄帝内经素问》认为人应严格按生长收藏的四时节律生活起居，其《阴阳应象大论第五》曰："天有四时五行，以生长收藏，以生寒暑燥湿风"，其生长收藏实为四时滋育化生万物的自然过程，"寒暑燥湿风"则乃四时所生并作用于万物的五行变化之气③，与人的疾病健康关系极密切，必须注意。《引书》对此有论曰："人之所以得病者，必于暑湿风寒雨露，腠理启阖，食饮不和，起居不能与寒暑相应，故得病焉……燥则数呼数卧，湿则数吹毋卧实阴，暑则精数响，寒则劳身，此与燥湿寒暑相应之道也。"④ 即谓在起居饮食上，若不能正确应对袭向人肌肤身体的暑湿风寒雨露之气，必会生病；若能采用一定的坐卧呼吸方法，则可有效地应对之，达到养护健康的效果。可以说，生长收藏的四时节律能对人健康发生影响，是暑湿风寒雨露之气袭入人的肌肤身体所致；而暑湿风寒雨露之气乃自然大化作用于人的具体形式，是四时自然影响人生命活动的化变之力。这些是古人对自然与人类健康关系的一种形象直观理解。

中国古代倡行天人合一，实际是强调人道必须取则效法天道，养生家即如此。以天地阴阳为根本的春生、夏长、秋收、冬藏的四时大顺，被养生家接纳仿行，其具体仿行法则在《黄帝内经素问》中有所叙述。其《四气调神大论第二》曰："春三月，此谓发陈，天地俱生，万物以

---

① ［日］泷川资言等：《史记会注考证附校补》，第2064页。
② 《张家山汉墓竹简［二四七号墓］》（释文修订本），文物出版社2006年版，第171页。
③ 《黄帝内经素问》，第16页，王冰注谓"寒暑燥湿风"乃五行之气。
④ 《张家山汉墓竹简［二四七号墓］》（释文修订本），第185—186页。

荣。夜卧早起，广步于庭，被发缓形，以使志生，生而勿杀，予而勿夺，赏而勿罚。此春气之应，养生之道也……夏三月，此谓蕃秀，天地气交，万物华实。夜卧早起，无厌于日，使志无怒，使华英成秀，使气得泄，若所爱在外。此夏气之应养长之道也……秋三月，此谓容平，天气以急，地气以明。早卧早起，与鸡俱兴，使志安宁，以缓秋刑，收敛神气，使秋气平，无外其志，使肺气清。此秋气之应，养收之道也……冬三月，此谓闭藏，水冰地坼，无扰乎阳。早卧晚起，必待日光，使志若伏若匿，若有私意，若已有得，去寒就湿，无泄皮肤，使气亟夺。此冬气之应，养藏之道也。"① 此仿四时气应、阴阳之化的养生、养长、养收、养藏的养生之道，皆先述天道自然的应时变化，后述法天而行的人道养生之则，包括身体坐卧起居及精神志意修养各方面的养生行为模式。②《四气调神大论》又指出四时阴阳对人及万物死生治乱的决定性意义，指出其作为养生要法，具有顺阴阳则无病、逆阴阳则生患害的必然性，并上升为"道"的高度完全肯定之。其曰："夫四时阴阳者，万物之根本也，所以圣人春夏养阳，秋冬养阴，以从其根，故与万物沉浮于生长之门。逆其根则伐其本，坏其真矣。故阴阳四时者，万物之终始也，死生之本也。逆之则灾害生，从之则苛疾不起，是谓得道。道者，圣人行之，……是故圣人不治已病，治未病；不治已乱，治未乱，此之谓也。夫病已成而后药之，乱已成而后治之，譬犹渴而穿井，斗而铸锥，不亦晚乎？"③ 正是对四时阴阳之道的如此肯定，使仿行生长收藏的四时养生之道的意义被极大地彰显出来。所谓"圣人春夏养阳，秋冬养阴，以从其根，故与万物沉浮于生长之门"，既道出天人一体，人本为自然之一部分，故必顺应天地自然而动的社会及生物学哲理；又道出人在自然中与万物共生共存的生机盎然的生命多元场景；而参与此多元场景的先决条件是生命必须受阴阳法则的纪律，同时也因此对天人合一理念从深层作出最好的阐释。此以对天地阴阳四时之深入理解为基础的养生理念，主要以保健防

---

① 《黄帝内经素问》，第8—9页。

② 《引书》首章"春生、夏长、秋收、冬藏，此彭祖之道也"以下所述，有可与此相比较参证的内容。《引书》的养生性质，有助于对医经性质的《四气调神大论》属性的理解对勘，从而进窥《黄帝内经素问》以医统摄养生之法的性质。

③ 《黄帝内经素问》，第10页。

病为主，它与古代医学以养生保健为主、以治疗去病为辅的主导思想有相通的一面，故使之能融入古代医学体系之内。此外，它与中国古代政治哲学思想亦有相通的一面。《大戴礼记·礼察》曰："凡人之知，能见已然，不能见将然。礼者禁于将然之前，而法者禁于已然之后，是故法之用易见，而礼之为用难知也。"① 与此卓越的政治智慧相类，上面所言"圣人不治已病，治未病"，同样反映了古代医学及养生思想之卓越。它要运用养生知识防病于未然，以保证人们享受健康，免于遭受病患之苦。这种养生思想，反映了古代先民既善于在实践中深入观察宇宙自然和体悟自我，又善于对所获经验体悟加以理性升华的智慧聪敏。这种养生智慧，可归结为古老农业社会自然经济体系培育出的天人性命之学，它不仅关乎人们的生活健康，同时还肩负着为人及其生命在宇宙自然中寻得适宜位置的希望与向往。

由于养生与古代医学在思想理论上联系相通，故使之与医疗、医药相互影响，共同发展，其成果基本被神仙家承袭下来。《抱朴子·内篇·勤求》称修炼神仙为"学道艺养生者"②，即此可见养生方法与神仙道教的关系，而且可以说，是古代的养生术启发了神仙家的产生，致使投师"学道艺养生"成为神仙修炼的不二法门。《抱朴子·内篇·杂应》曰："养生之尽理者，即将服神药，又行气不懈，朝夕导引，以宣动荣卫，使无辍阂，加以房中之术，节量饮食，不犯风湿，不患所不能，如此可以不病。"③ 此"养生之尽理者"即指修炼神仙者。如果能做到服药及行气、导引、房中及一般的养生方法并用，可益人身体健康；其所谓"不病"只是指神仙修炼的一般性功效，由此修炼不辍，则可进达身轻体健，凌云飞升而登仙之最高境。其《微言》曰："凡养生者，欲令多闻而体要，博见而善择，偏修一事，不足必赖也。又患好事之徒，各仗其所长。知玄素之术者，则曰唯房中之术，可以度世矣；明吐纳之道者，则曰唯行气可以延年矣；知屈伸之法者，则曰唯导引可以

---

① （清）王聘珍：《大戴礼记解诂》，中华书局1983年版，第22页。又见于《史记·太史公自序》《汉书·贾谊传》。

② 王明：《抱朴子·内篇·校释》（修订本），第260页。

③ 同上书，第271页。

难老矣；知草木之方者，则曰唯药饵可以无穷矣。学道之不成就，由乎偏枯之若此也。"① 此养生者亦指修炼神仙者。其所言房中、行气、导引、药饵诸养生术俱为神仙方术，而且此养生诸术乃服食金丹大药之外的基本修炼要法，不许偏修一术，以择要多炼为善。综之，从上举各例可证，诸养生术全被神仙家承袭下来，亦成为修炼神仙之不二法门。最重要的是，养生与修仙在概念上几成为同义语，养生与神仙家的关系此可为最好说明。

# 三 导引养生

在神仙诸修炼方术中，导引与行气二者较为重要。如从史料记载推测，导引主要作为肢体屈伸活动其出现应稍早，行气作为特定的呼吸吐纳控制调整方法，似较高深一些，故其出现可能要晚于导引。但后来随活动体会加深，二者渐相配合，即在肢体屈伸俯仰的同时配合以呼吸吐纳的控制调整，以达到较好的身体锻炼效果，于是屈伸俯仰与呼吸吐纳二者节奏配合，成为导引兼行气的体育养生方法。

据记载，导引出现较早。《吕氏春秋·古乐》："昔陶唐氏之始，阴多滞伏而湛积，水道壅塞，不行其原，民气郁阏而滞著，筋骨瑟缩不达，故作为舞以宣导之。"② 即陶唐氏（阴康氏）时气候阴郁潮湿，于是发明舞蹈以宣导通达筋骨，抵御潮湿，维护人们身体健康。《路史》卷九有类似记载，只不过记为阴康氏时气候潮湿"人既郁于内，腠理滞著而多重腿，得所以利其关节者，乃制为之舞，教人引舞以利导之，是谓大舞"③。即亦是制为舞蹈，借以宣导通达人们关节以抗潮湿，此舞蹈形式乃最早的导引术。所谓"教人引舞以利导之"，引舞谓引体而舞，利导谓通利宣导，即发明舞蹈作为宣导通利筋骨关节的导引健身活动。是乃记载中所见关于导引出现的较早者。④ 导引的发明，还与对动植物尤其是对动物生

---

① 王明：《抱朴子·内篇·校释》（修订本），第124页。

② 许维遹：《吕氏春秋集释》（上册），第119页。

③ 《影印四库全书》第383册，上海古籍出版社1987年版，第67页。

④ 《路史》记载应据《吕氏春秋》或其他更早的古书。"陶唐氏"应当作"阴康氏"为是，见许维遹《吕氏春秋集释》（上册），第119页。按《黄帝内素问》："往古人居禽兽之间，动作以避寒"，其意义与"教人引舞以利导之"相当。见《黄帝内经素问》，第31页。

活习性观察中得到的启发相关。前引《黄帝内经素问·移精变气论第十三》："往古人居禽兽之间，动作以避寒"，就已指出人于上古早期同动物混居杂处的状况，那么，对动物生活习性的观察了解较为方便，对其的模仿效法也是自然的。《史记·龟策列传》："江傍家人常畜龟，饮食之，以为能导引致气，有益于助衰老"①，此以龟能导引致气，长生有术，故有意畜养之以供人观察仿效。《大戴礼记·易本命》："食谷者智慧而巧，食气者神明而寿，不食者不死而神"②，据解食气者谓龟，不食者谓蓍。很可能动植物的这种习性启发了人的长生追求与向往。《淮南子·地形》："食气者神明而寿，食谷者智慧而夭，不食者不死而神"③，据此上引《易本命》"食谷者智慧而巧"，"巧"应作"夭"为是。因为食谷的人类性命夭短，不如食气者及不食者的寿考长生，于是启发了神仙家修炼食气与避谷之术以求长生，避免人之早夭。此亦可证动植物习性对人求寿考长生的启发。人们通过如此观察，认为动物得益于他们的习性，因此人为求身体强健，也应仿效动物做各种各样的运动，于是有导引术的产生。《三国志·魏志·方技传》记华佗言曰："人体欲得劳动，但不当使极尔。动摇则谷气得消，血脉流通，病不得生，譬犹户枢不朽是也。是以古之仙者为导引之事，熊颈鸱顾，引挽腰体，动诸关节，以求难老。吾有一术，名五禽之戏，一曰虎，二曰鹿，三曰熊，四曰猿，五曰鸟。亦以除疾，并利蹄足，以当导引。"④ 华佗把运动锻炼的价值及导引对人体健康的益处，都讲得很清楚，并肯定导引乃神仙家修炼术，五禽戏来自对五种动物的模仿。反映出古代健身运动注意对动物活动的模仿借鉴，导引术五禽戏就是此模仿借鉴的成果。除此五禽戏之外，在古代记载及出土文献中，多有关于导引的记载，记载了人们在养生健身运动中对各种动物活动的模仿，有学者综合归纳为十类，即龙、虎、鹿、熊、猿、鸟、龟蛇、兔、狼、虫十类，并提出"仿生功"或曰"仿生导引"的概念。⑤ 前文指出中国古代养生的主导思想是天人合一，即人应仿效天地四

---

① ［日］泷川资言等：《史记汇注考证附校补》（下册），第 2023 页。
② （清）王聘珍：《大戴礼记校诂》，第 259 页。
③ 刘文典：《淮南鸿烈集解》（上册），第 143 页。
④ （晋）陈寿：《三国志》（三），第 804 页。
⑤ 李零：《中国方术考》，人民中国出版社 1993 年版，第 347—352 页。

时的阴阳变化安排自己的生活起居；此仿生导引的主导思想亦属于天人合一的范畴，即从上古早期人与动物混居杂处的长期生活过程中，培养起对动物活动的某种认同。这导致人有意无意地对动物活动的效法模仿，后来由此转变成一种养生运动习惯，这种习惯渐成一种保健运动自觉，此即仿生导引。它后来得到继承和发扬光大，其最著者应为现代武术运动中的各种动物形意拳，它应由古代导引的积累发展最终形成。从以上所说养生术包蕴的天人合一思想中，可见中国古代对自己生活的周围环境是如何的注意观察和努力适应，从而总结出一套有益健康的特殊保健运动方式，仿生导引即其结晶之一。

但仿生导引并不足以包含所有的导引内容，它只不过是其中有代表性的一个层面而已。导引主要指肢体屈伸，故前引《路史》"教人引舞以利导之"可证；《庄子·刻意》在述导引之士时，于"吹呴呼吸"之外，又言"熊经鸟申"①，皆说明仿生导引堪称导引术之代表。在导引术形成之后，往往曰"引"即可代表导引概念。如张家山汉简《引书》实即导引书，其中又往往曰"引某"如曰"引屈筋""引踝痛""引膝痛"，又两见"治八经之引"②，所谓引即导引。③ 这里"引"不仅代表导引之义且已含治疗之义，即以导引术治疗病痛。故仿生功之外又有"治疗功"的概念，导引术至少应包括仿生功与治疗功二者在内。④ 作为养生术，与导引相关的还有行气。前文指出，导引的产生主要与活动肢体、通利关节以抵抗潮湿及御寒有关，是促进人体维持健康机能的一项运动。行气与导引相比，更显重要，因为人不能片刻停止呼吸，否则会立即死亡。所以，呼吸是保持生命存在的根本机能；行气作为控制和调整呼吸的方法，自然比导引重要得多。呼吸又是人与天地之气交换，以维持生命新陈代谢正常进行的根本机制，那么，这就涉及何为气？何为天地之气？其构成如何？人是如何通过呼吸与天地之气交换的？这些问题颇显高深，而且有关行气方法的产生及如何进行修炼等问题，也远比导引复杂得多，

---

① 刘文典：《庄子补正》（上册），云南人民出版社 1980 年版，第 490 页。
② 见《张家山汉墓竹简［二四七号墓］》（释文修订本），第 177、181、185 页。
③ 《说文》：导，"引也"。段玉裁：《说文解字注》，上海古籍出版社 1981 年版，第 121 页。
④ 仿生功与治疗功两个概念，据李零引自周世荣《马王堆养生》，见《中国方术考》，第 347—348 页。

对这些古人都有自己的认识。《韩诗外传》卷八："然身何贵也？莫贵于气。人得气则生，失气则死。"① 这把气关乎人生命得失生死的重要本质直接指明。《吕氏春秋·尽数》："精气之集也，必有入也。集于羽鸟与为飞扬，集于走兽与为流行，集于珠玉与为精明，集于树木与为茂长，集于圣人与为夐明。精气之来也，因轻而扬之，因走而行之，因美而良之，因长而养之，因智而明之。"② 此称曰"精气"，就是为凸显气能顺遂万物之性而使之得到滋育活化、奋发长养的根本生命能量之属性。《黄帝内经灵枢·决气第三十》记黄帝问于岐伯曰："余闻人有精、气、津、液、血、脉，余意以为一气耳，今乃辨为六名，余不知其所以然。"按之所以称精、气、津、液、血、脉六者为"一气"，是因为六者流布于身体肌肤各部分，使之通利滋养，得膏泽溉灌之输润，六者共同发挥出营卫养护人体的积极生理作用，有似气之流行。此外，因六者又各具不同的独特机能而各具其名之所以生。六者中的气，被定义为："上焦开发，宣五谷味，熏肤充身泽毛，若雾露之溉，是谓气。"③ "上焦"指心肺，上焦如"雾露"，指心肺对营养物的输布作用。是此气携五谷精味之营养，润泽肌肤身体毛发，发挥其对人体独特的营卫养护、通利滋育功能。故无论就上言"一气"之大概念，还是气之小概念而言，气对人体通身的滋润营卫功能，都是极为重要的。《庄子·知北游》："人之生，气之聚也。聚则为生，散则为死……故万物一也……故曰，通天下一气耳，圣人故贵一。"④ 按"一"即气，又即道，为万物之本，故人以养气为上。《庄子·达生》："子列子问关尹曰：至人潜行不窒，蹈火不热，行乎万物之上而不慄，请问何以至此？关尹曰：是纯气之守也……一其性，养其气，合其德，以通乎物之所造。夫若是者，其天守全，其神无隙，物奚自入焉。"⑤ 是气不仅是呼吸之气，又相当于形而上之道，乃为形体精神所托根本，是即一，又谓之纯气。能守住纯气，既可完善自身的精神体魄，又可上与造物主交通，达到超越万物而不受外物伤害干扰的"天守全"

---

① 许维遹：《韩诗外传集释》，第 272 页。

② 许维遹：《吕氏春秋集释》（上册），第 66 页。

③ 《二十二子》，上海古籍出版社 1996 年版，第 1016 页。

④ 刘文典：《庄子补正》（下册），云南人民出版社 1980 年版，第 668—669 页。

⑤ 同上书，第 582 页。

境界，是乃因守气纯固而达到的超然物外的至高精神境界。那么，气在实质上相当于一种万能的精神能量，它无所不至，养气的重要可由此得到充分说明。后来神仙家对行气的修炼益处极为推崇。《抱朴子·内篇·至理》："夫人在气中，气在人中，自天地至于万物，无不须气以生也。善行气者，内以养身，外以却恶，然百姓日用而不知焉。吴越有禁咒之法，甚有明验，多气耳。"① 葛洪作为神仙家，极重视炼气化神的修炼，因此深知气对人体健康的重要作用。但由此认为行气可致拒祸、禁鬼神、驱避虎豹、避白刃等异效，已对行气效果过分夸大。因为他对气能量的理解已超出其有益人体健康的自然功能属性，这样，除赋予气以特异功能制造者的角色外，又无限扩大其影响于社会人事领域的吉凶祸福，实已超出正常的理性理解范围，从而流于形上神秘的偏颇。但有一点是清楚的，即葛洪认识到，气对人体身命之无比重要，因而认为无论如何称誉之都不为过。神仙家正是基于这样的视角立场，讲求行气之术的修炼。

行气功法的产生，是建立在如上所言对气及呼吸与人类生命活动密切关系的认识基础上，较早直接涉及有关行气问题者乃古文字资料《玉行气铭》。此铭据信出于晚周三晋人之手，记载了行气的方法和原理，是迄今所见时代最早的这方面古文字资料。所述简单，大要讲与呼吸相关的行气循环的逆顺问题，如谓："行气天其本在上，地其本在下。顺则生，逆则死。"② 其次有阜阳汉简《行气》，内容残存不多，亦主要讲行气的方法与功能。③《黄帝内经素问》已较多涉及呼吸行气与养生保健及去病强身的关系等内容，并形成与行气相关的调理精神气血的较系统的医学理论知识。如《上古天真论第一》："上古有真人者……呼吸精气，独立守神，肌肉若一，故能寿敝天地，无有终时，此其道生。"《生气通天论第三》："苍天之气清净，则志意治，顺之则阳气固，虽有贼邪，弗能害也，此因时之序，故圣人传精神，服天气而通神明。"④ 皆谓人呼吸天地清澄之气，可使人精神体魄强健，除病长寿，尤其把它和真人、圣

---

① 王明：《抱朴子·内篇·校释》（修订本），第 114 页。
② 汤余惠：《战国铭文选》，吉林大学出版社 1993 年版，第 193—194 页。
③ 文物局古文献研究室等阜阳汉简整理组：《阜阳汉简简介》，《文物》1983 年第 2 期。
④ 《黄帝内经素问》，第 7—9 页。

人、神明及道相联系，特别强调其重要性。《阴阳应象大论第五》则提出："气虚宜导引之"①，这实际提出了导引补虚的行气问题。张家山汉简《引书》特别注意到呼吸吐纳行气的重要。它提出，多种原因所致，人必然生病，为此必须借导引炼形、呼吸行气保健防病，其曰："是以必治八经之引，吹呴呼吸天地之精气，伸腹折腰，力伸手足，軹踵曲指，去起宽宣，偃治巨引，以与相求也，故能毋病。偃卧吹呴，引阴，春日再呴，一呼一吸；夏日再呼，一呴一吹；冬日再吹，一呴一呼。人生于情，不知爱其气，故多病而易死。人之所以善瘈，早衰于阴，以其不能节其气也。能善节其气而实其阴，则利其身矣。"② 是为保健去病，必须借助导引炼形与呼吸行气之法加强养生运动功夫，而且讲到呼吸吹呴因季节不同而异其节奏次数的具体行气方法。若细味其理，二者中似呼吸行气更具重要性。因为导引炼形不仅必须与呼吸行气相结合，而且还因为天地阴阳之气直接决定着人体健康，从而决定了呼吸行气更为重要。首先，四时寒暑燥湿风露之气与人的肌肤腠理接触密切，亦因此对人产生重要影响；而四时寒暑燥湿风露乃出于天地阴阳之气的变化，人的健康与否实际根于天地阴阳之气。其次，人与天地阴阳之气的直接联系是借呼吸吐纳活动完成与天地阴阳之气的新陈代谢交换，从而实现生命活动的不断更新与延续过程。从这点来讲，导引炼形则是借呼吸吐纳为中介才能完成与天地阴阳之气的物质交换，从而达到其健康人体的效果。因而若能分析二者且加以比较的话，呼吸吐纳实较导引炼形作用更显其重要；在健康人体的功能方面，呼吸吐纳运动也更居于基础性主导地位，后世人们对气功的重视偏爱更有助于证明这点。

呼吸吐纳被神仙家吸收为最重要的行气修炼功法。《淮南子·精神》"若吹呴呼吸，吐故纳新，熊经鸟伸，凫浴猿躩，鸱视虎顾，是养形之人也。"③ 此以呼吸导引为一般的养形健身之术论及。《泰族》："王乔、赤松去尘埃之间，离群嚣之纷，吸阴阳之和，食天地之精，呼而出故，吸

---

① 《黄帝内经素问》，第20页。
② 《张家山汉墓竹简［二四七号墓］》（释文修订本），第185页。
③ 刘文典：《淮南鸿烈集解》（上册），第230页。

而入新，蹀虚轻举，乘云游雾，可谓养性矣。"① 此将呼吸吐纳与"蹀虚轻举，乘云游雾"同作为神仙养性之术，可见其已非一般的养生健身术，亦应为神仙乘云飞升之术的修炼助力。《齐俗》曰："今夫王乔、赤诵子吹呴呼吸，吐故内新，遗形去智，抱素反真，以游玄眇，上通云天。今欲学其道，不得其养气处神，而放其一吐一吸，时诎时伸，其不能乘云升假亦明矣。"② 是呼吸导引虽为神仙家所取，但乃视其为养形健身之术，从根本上无助于"乘云升假"的直接实现，即呼吸导引行气方法在神仙家仍难列为上乘功法。由此可见呼吸吐纳、导引屈伸功夫最初在神仙修炼中的不足与局限，但它们毕竟已被纳入神仙修炼的相应层面。《抱朴子·内篇·黄白》："朱砂为金，服之升仙者，上士也；茹芝导引，咽气长生者，中士也；餐食草木，千岁以还者，下士也。"③ 即服食仙药与呼吸导引结合，已被纳入神仙修炼之中，但它高于仅服食草木药延年者，但又不及服食金丹大药而升仙者。这是葛洪对呼吸行气方法的一个评价。此外，以上《齐俗》所谓"遗形去智，抱素反真"乃是强调修仙者必须注意在体道悟真精神层面的内在提升，因为这是得道的根本。《齐俗》所谓"养气处神"，《泰族》"吸阴阳之和，食天地之精"，乃超越一般的呼吸导引之上，要求修炼者必须借吸食阴阳之和的养气功夫进而实现炼精化神的超凡修炼效果，故对行气方法之重要还是予以肯定的。如从葛洪的相关论述中，仍可见到他对行气功法的认识较其前有所提高。《抱朴子·内篇·至理》："服药虽为长生之本，若能兼行气者，其益甚速，若不能得药，但行气而尽其理者，亦得数百岁……夫人在气中，气在人中，自天地至于万物，无不须气以生者也。"④ 是乃神仙家对气作为生命赖以存活之本的认识基础上，对行气之术的肯定；认为虽唯服食金丹大药才是得道成仙的根本，但行气可作为与之相配合的有效方法；即使仅就行气自身而言，其长生益寿的效果也不容否定。《内篇·杂应》："夫长生得道者，莫不皆由服药吞气，而达之者而不妄也。"《释滞》曰修仙之要在

---

① 刘文典：《淮南鸿烈集解》（下册），第 676 页。
② 刘文典：《淮南鸿烈集解》（上册），第 361 页。
③ 王明：《抱朴子·内篇·校释》（修订本），第 287 页。
④ 同上书，第 114 页。

于"宝精行气，服一大药便足，亦不用多也"。① 皆将行气与服食金丹大药相提并论，乃可见行气功法在神仙修炼方术中地位之重要。又《对俗》："仙经曰，服丹守一，与天相毕，还精胎息，延寿无极。此皆至道要言也。"② 胎息乃行气诸法中最要者，亦被置于神仙修炼中与服食金丹并重的地位。综之，通过葛洪的论述，可见行气作为修炼方术在神仙家已具举足轻重的地位。现代气功的起源可追溯至较早的行气导引，它在魏晋隋唐时代日渐形成发展，且日渐被看重。通过葛洪以神仙家身份对行气导引的诸多论述，明显可见气功发展中的这种趋势。③

神仙家盛言辟谷之术，其术与行气有关，史称张良"性多病，即导引不食谷"，解者引《汉书音义》曰："服辟谷之药，而静居行气。"④ 神仙家讲究轻举飞升，因此需要轻身，《神农本草经》诸药多有"久服轻身"之效，与此神仙修炼宗旨相关，故张良"乃学辟谷导引轻身"⑤，因此轻身的需要与辟谷之术的产生有直接关系。辟谷术除需服用一定的代用品外⑥，还需借助行气以维持与外界必要的新陈代谢交换以保持生命活动，因此修炼辟谷必须结合行气。《抱朴子·内篇·对俗》："是以真人但令学其导引以延年，法其食气以绝谷"⑦，即食气修炼可养成抗饥饿功能，从而达到辟谷的目的。⑧ 葛洪虽推崇辟谷行气之法，但亦指出不可绝对迷信之，其功效不是无限的，更不可能以此修成长生不死。《抱朴子·内篇·杂应》："道书虽言欲得长生，肠中当清，欲得不死，肠中无滓。又

---

① 王明：《抱朴子·内篇·校释》（修订本），第149页。

② 同上书，第47页。

③ 有学者提出，至晋代道士许士逊《净明宗教录》一书中始言"气功若成，筋骨柔和，百关通畅"，将导引称为气功，以后才逐渐流传开来。见高大伦《张家山汉简〈引书〉研究》，巴蜀书社1995年版，第89页。另有学者称"气功"一语，出自六朝隋唐的《中山玉匮服气经》、《延陵君修养大略》等道书。见陈兵《道教与气功》，载《儒·佛·道与传统文化》（《文史知识》合刊），中华书局1996年版，第311页。

④ ［日］泷川资言等：《史记会注考证附校补》（下册），第1232页。

⑤ 同上书，第1234页。

⑥ 王明：《抱朴子·内篇·杂应》对此多有所论。

⑦ 王明：《抱朴子·内篇·校释》（修订本），第49页。

⑧ 马王堆帛书《却谷食气》即先言却谷法，后言食气法，原因即在二者间在功法修炼上的联系。释文可参胡翔骅《帛书〈却谷食气〉义证》，其中又提及1988年江陵张家山M136号汉墓出土B组竹简，载有食气却谷法，与此帛书相同，但内容较之更完整。胡文见陈鼓应主编《道家文化研究》第三辑，上海古籍出版社1993年版。

云，食草者善走而愚，食肉者多力而悍，食谷者智而不寿，食气者神明不死。此乃行气者一家之偏说耳，不可便孤用也。"① 葛洪对辟谷行气能以理性认识正确对待，认为其有一定作用，如遇荒乱，避隐山林，无粮食来源，故可在一段时间内凭辟谷功夫维持生命，借以度过荒乱；但若以为仅凭辟谷术便可长生不死，则无此可能，故在论说时有意指出其局限，表现出明智态度。

在行气之术中，有神仙家吸食六气之法，值得关注，是应从《左传》"六气"谈起。《左传·昭公元年》："天有六气，……曰阴、阳、风、雨、晦、明也。分为四时，序为五节，过则为灾。阴淫寒疾，阳淫热疾，风淫末病，雨淫腹疾，晦淫惑疾，明淫心疾。"② 昭公二十五年："则天之明，因地之性，生其六气，用其五行……淫则昏乱，民失其性……民有好恶喜怒哀乐，生于六气。"③ 即阴、阳、风、雨、晦、明六气生于天地，其与自然的四时五行节律及人的性命健康关系密切，是天地变化的气运枢纽。如把人置于宇宙自然的大背景下，去认识人的生命生理活动及其健康，天之六气应为"人气"所托根本。其他记载中亦有关于六气者，如《楚辞·远游》："餐六气而饮沆瀣兮"④，《庄子·逍遥游》："若夫乘天地之正，而御六气之辨"⑤，《管子·戒》："御正六气之变"⑥。诸所谓六气，皆应本于《左传》，而且据《庄子》《管子》所言，似二者互有所闻，相承而来。此六气与四时五行相联系，是天地正气，决定着人的性命生理健康，若六气淫邪，必致人生病。六气又主宰着群生化育，《庄子·再宥》："天气不和，地气郁结，六气不调，四时不节。今我愿合六气之精以育群生。"⑦《左传》已言六气"分为四时"，但六气如何分为四时，以上记载均未明言。古书《陵阳子明经》与马王堆帛书《却谷食气》均言及六气概念及其与四时的关系，以及人应如何吸食行气的方法，二

① 王明：《抱朴子·内篇·校释》(修订本)，第266页。
② (清)阮元校刻：《十三经注疏》(下册)，第2025页。
③ 同上书，第2107、2108页
④ (宋)洪兴祖：《楚辞补注》，中华书局1986年版，第166页。
⑤ 刘文典：《庄子补正》(上册)，第16页。
⑥ 黎翔凤：《管子校注》(中册)，中华书局2004年版，第509页。
⑦ 刘文典：《庄子补正》(上册)，第358页。

者所述实乃神仙家行气方法的一个具体例证。有学者提出的一个相关看法极值得关注，即战国秦汉神仙家食气法与魏晋以后不同，战国秦汉神仙家所服食者为天地四时之外气，后世所论食气皆乃内气。① 那么，战国秦汉神仙家吸食六气法，与魏晋以降逐渐发展起的气功应有所不同，此"外气""内气"是理解此问题之关键。《却谷食气》有学者认为乃古书《陵阳子明经》逸说。②《楚辞·远游》曰："餐六气而饮沆瀣兮，漱正阳而含朝霞，保神明之清澄兮，精气入而粗秽除。"按"餐六气"即吸食六气之法，王逸注引《陵阳子明经》说之。六气指朝霞、沦阴、沆瀣、正阳及天玄、地黄，六气与天地四时及朝昼昏夜分别相应，人应分别其时而吸食。③ 综合《远游》及王注所言，即谓应据四时日月之变，昼夜阴阳之异，吸食天地所生清澄之气，去除粗秽之气，以养精益神，保全性命之真。陵阳子明传说乃楚地仙人，见于刘向《列仙传》，谓其钓"得白鱼，腹中有书，教子明服食之法"④。此事或与《陵阳子明经》食六气法有关。《陵阳子明经》《却谷食气》之外，六气尚见于其他古书，如《广雅·释天》《庄子·逍遥游》李颐注等，有学者进行了综合比较考释，⑤可证六气说流传有绪。马王堆帛书《十问》之《黄帝问于容成章》，有谓"食气有禁，春避浊阳，夏避汤风，秋避霜雾，冬避凌阴，必去四咎，乃深息以为寿"，此所言与《却谷食气》所言四时所避、所食之气可相比较参照，亦可见六气说之影响渊源。⑥ 是后《抱朴子》对六气说多所引述阐释，考其所言乃承袭其前的六气绪论推衍而来。如其《内篇·对俗》曰："餐朝霞之沆瀣，吸玄黄之醇精"⑦，此"朝霞""沆瀣""玄气""黄气"乃六气之四。又《释滞》曰："夫行气当以生气之时，勿以死气之时也。故曰仙人服六气，此之谓也。一日一夜有十二时，其从半夜以至日中六

---

① 胡翔骅：《帛书〈却谷食气〉义证》，陈鼓应主编《道家文化研究》第三辑，上海古籍出版社 1993 年版，第 382 页。

② 饶宗颐：《马王堆医书所见"陵阳子明经"佚说》，《文史》第 20 辑，1983 年。

③ 《楚辞补注》，第 166 页。

④ 王叔岷：《列仙传校笺》，中华书局 2007 年版，第 158 页。

⑤ 上引饶宗颐文及李零文皆曾作表对照说明之，见李零《中国方术考》，第 329 页。前引胡翔骅《帛书〈却谷食气〉义证》，亦对六气概念有考释。三家彼此有出入，可对勘。

⑥ 所引《十问》释文，据李零《中国方术考》，第 332 页。

⑦ 王明：《抱朴子·内篇·校释》，第 52 页。

时为生气，从日中至夜半六时为死气之时，行气无益也……又行气大要，不欲多食，及食生菜肥鲜之物，令人气强难闭。又禁恚怒，多恚怒则气乱，既不得溢，或令人发欬，故鲜有能为者也。"① 此谓"仙人服六气"，其指明是乃神仙家修炼之行气术；又分昼夜十二时为生气、死气各六时，要行气者遵行；指出行气者要节制饮食及控制心理情绪等修炼注意事项。又《杂应》曰："或食十二时气，从夜半始，从九九至八八七七六六五五而止。或春向东食岁星青气，使入肝；夏服荧惑赤气，使入心；四季之月食镇星黄气，使入脾；秋食太白白气，使入肺；冬服辰星黑气，使入肾。"② 此虽曰"食十二时气"，似与《释滞》分昼夜十二时为生气、死气各六相合，但已明显突出五气，即与五行五方相配的五行之气，与五方之色相配的青、赤、黄、白、黑五行之气，五行之气在原来六气中的地位因此被大加彰显，所谓九八七六五本乃五行之数，亦有助于证此。考五与六两数内涵本不同，六是天地四方立体框架的抽象之数，五是东南西北中的五方平面抽象之数。至少在战国之前，代表四方上下立体框架的六面结构，在概念影响上要大于五行平面结构。后来因凸显统一集权需要的日益强化，于是设有中方且表示居中统治四方的五行平面结构，地位超出六面结构而凸显出来，这是战国秦汉时五行思想盛行的原因之一。随五行说盛行，使六气中的五行内容亦因之彰显。《左传》提出六气时已包含五行的内容，即上引《左传》"天有六气降生五味"及"生其六气，用其五行"云云，以及下文引述的《国语·周语下》"天六地五，数之常也"，并可证明此点。只是《左传》虽点明"阴阳风雨晦明"为六气时，并未明言五行之气的具体概念。故如葛洪突出五气内容的六气说不可谓无理，只是因秦汉时代五行说之发达，使吸食六气法在魏晋神仙家已略有变改，乃至出现如此表述的六气说。③《杂应》又曰："中岳道士郗元节食六戊之精，亦大有效。假令甲子之旬，有戊辰之精，则竟其旬十日，常向辰地而吞气，到后甲复向其旬之戊也。"④ 按"食六戊之

---

① 王明：《抱朴子·内篇·校释》，第149—150页。

② 同上书，第267页。

③ 相关的五气原型并不晚，如《黄帝内经素问·金匮真言论第四》"五藏应时之各有收受"内，已见相类之说。

④ 王明：《抱朴子·内篇·校释》，第267页。

精"亦应原出于食六气法，但似借助干支已强化五行色彩。其《遐览》著录有《食六气法》，因书不传，不知是原本的食六气法，还是经魏晋神仙家略加变改者。察食六气法仅为行气诸法之一，葛洪所谓"虽云行气，而行气有数法焉"；行气诸法中之要者乃所谓胎息，"其大要者胎息而已。得胎息者，能不以鼻口嘘吸，如在胞胎之中，则道成矣"①。据其所描述，胎息修炼方法之要在于"能不以鼻口嘘吸"。具体讲，即呼吸出入在鼻口看不到任何迹象，呼吸时"皆不欲令已耳闻其气出入之声，常令入多出少，以鸿毛著鼻口之上，吐气而鸿毛不动为候也"②。有学者认为胎息应属马王堆帛书《十问》所谓"滕理息"③，有此可能。因为滕理息应是利用肌肤体表与外界进行较大面积的深度呼吸交换，因而呼吸几不经过鼻口，自然在吐气时在鼻口几无迹象显现。察此胎息法应为秦汉神仙家行气方法，故与魏晋隋唐以下发展起来的气功有异。

与六气相关，古书中经常论及天地阴阳之气。其实，天地乃阴阳大总，四时乃阴阳之具体流化运行过程，故春夏秋冬四时乃天地阴阳大化之气的输布，它与人生活起居、健康养生关系亦最密。四时又为气行周期，《黄帝内经灵枢·顺气一日分为四时第四十四》："黄帝曰：愿闻四时之气。岐伯曰：春生、夏长、秋收、冬藏，是气之常也。人亦应之以一日分为四时。朝则为春，日中为夏，日入为秋，夜半为冬。朝则人气始生，……日中人气长……夕则人气始衰……夜半人气入藏。"④ 此以一日分为四时比说春夏秋冬四时为一个完整的阴阳气行循环过程，重要的是，又指出"四时之气"的循环周期决定着"人气"的生长衰藏之节奏过程，因而人的健康必然与之直接相关，人的活动必须与之保持协调一致。与此分析一日四时"人气"的生长衰藏相类，《黄帝内经灵枢》又讲了一日分为六段的阳起阴止的循环。其《营卫生会第十八》曰："分为昼夜，夜半为阴陇，夜半后为阴衰，平旦阴尽而阳受气矣；日中为阳陇，日西而阳衰，日入阳尽而阴受气矣。夜半而大会，万民皆卧，命曰合阴，平旦

---

① 王明：《抱朴子·内篇·校释》，第149页。
② 同上。
③ 李零：《中国方术考》，第332页。
④ 《二十二子》，第1020页。

阴尽而阳受气。如是无已，与天地同纪。"① 此将一日阳起阴止的气行循环分为夜半、夜半后、平旦、日中、日西及日入六段，如将此与上述一日分为四时两段论述合观，有助于深入理解《陵阳子明经》及《却谷食气》所言六气在一年四时乃至每一朝昼昏夜的生息衰藏过程。是乃修炼行气者必须遵循的气行法则，因为它是"如是无已，与天地同纪"的铁律；也就是说，它是任何修炼者只能遵行，不得改变的绝对气行法则。《国语·周语下》："天六地五，数之常也。"据韦注，天六即阴阳风雨晦明六气，地五即五行。② 韦注有理，因为前引《左传》曰"则天之明，因地之性，生其六气，用其五行"，是乃"天六地五"说的根据。"天六地五"既为数之常，故其实乃万物气禀之本，《陵阳子明经》《却谷食气》之朝霞、沆瀣等六气应出于天之六气。据前引《左传》谓天六气中淫邪之气可致人病患，此朝霞、沆瀣等乃六气中神明清澄之精气，故人吸食可康健长寿。战国秦汉神仙家认为天六气作为宇宙天地常气，乃人体呼吸吐纳之气的外气根源；它既与人体健康密切相关，亦为行气修炼的宇宙大化之法则性根据。魏晋隋唐以来发展起的气功，不再讲究人呼吸吐纳与天地四时外气的联系，而是以人身为一小天地，以自身的精、气、神"三宝"为内炼之本，追求返本归元、结丹长生的修炼结果。这种气功实乃自我调控身心，同时伴有内气效应的修炼功夫。由于它强调专注于修炼者自身的内气调理，因此与战国秦汉神仙家注重服食天地四时外气的行气方法区别开来，使行气修炼方法出现前后时代上的极大不同。

导引本指屈伸俯仰活动肢体，古代用于炼形健身，与今日健身操或保健操相类。行气本指吹呴吐纳等特殊控制呼吸的方法，与后日气功相近。行气与导引在初起时可能各为一术，互不相涉，但在后来的发展中，二者发生关联，相互配合，成为同一养生保健运动中不可分离的两个方面。即在导引肢体的同时须配合行气，故逐渐不再对二者加以区分，故导引既可指肢体屈伸，又可指呼吸吐纳。如《庄子·刻意》论导引曰："吹呴呼吸，吐故纳新，熊经鸟伸，为寿而已矣，此导引之士。"③ 此所谓

---

① 《二十二子》，第 1011 页。
② 徐元诰：《国语集解》，中华书局 2002 年版，第 89 页。
③ 刘文典：《庄子补正》（上册），第 490 页。

导引包括屈伸肢体与呼吸行气二者，故李注亦曰："导气令和，引体令柔。"① 导引与行气结合的原因在于二者皆为养生运动，俱以运动的形式有益健康。《吕氏春秋·尽数》曾论运动对人体的益处，其曰："流水不腐，户枢不蝼（蠹），动也。形气亦然，形不动则精不流，精不流则气郁。郁处头则为肿为风，处耳则为挶为聋，处目则为蔑为盲，处鼻则为鼽为窒，处腹则为张为疛，处足则为痿为蹶。"② 是乃讲运动对人体之益及不动之害。导引作为养生运动可炼形益气，使精气流布充盈而健体去病，因此从原因上讲，乃由于导引与行气二者同作为运动而致二者相互结合。后来华佗论导引有益人体健康时亦从运动的角度说之，其曰："人体欲得劳动，但不当使极尔。动摇则谷气得消，血脉流通，病不得生，譬犹户枢不朽是也，是以古之仙者为导引之事。"③ 华佗所论大旨与《吕氏春秋》相类，但明言此劳动人体之益来自导引。导引与行气结合，使导引术升华完善，亦可收到良好的养生保健及强体效果。《庄子》谓之"彭祖寿考者之所好也"④，《引书》谓之"此彭祖之道也"⑤，即皆已将导引归于神仙家养生术的性质。导引在古代颇受看重，为便于传播和利于传授，还绘有图。如马王堆帛书有导引图，并配有图题以为提示，但无详细文字说明。后来发现的张家山汉简《引书》无图，却有详细的文字说明，与《导引图》可相发明之处颇多，且《引书》所见导引术式更丰富，由此可见导引在当时的发达状况。

从相关记载考察，导引还应包括按摩。《汉书·艺文志》载《黄帝杂子步引》十二卷，《黄帝岐伯按摩》十卷，俱在《方技略·神仙家》，"步引"当即导引。⑥《抱朴子·内篇·遐览》载道经之目有""《按摩经》

---

① 刘文典：《庄子补正》（上册），第491页。

② 许维遹：《吕氏春秋集释》（上册），第67—68页。

③ （晋）陈寿：《三国志》（三），第804页。

④ 刘文典：《庄子补正》（上册），第490页。

⑤ 《张家山汉墓竹简［二四七号墓］》（释文修订本），第171页。

⑥ 唐兰认为"步引"应为导引之误，见其《试论马王堆三号墓出土导引图》，载马王堆汉墓帛书《导引图·导引图论文集》，文物出版社1979年版。转引自高大伦《张家山汉简〈引书〉研究》，巴蜀书社1995年版，第60页。按"步引"与导引义近，未必有误。前引《三国志·魏志·方技传》有曰五禽戏"并利蹄足，以当导引"，或可解导引又称步引之故，"蹄足"与"步"相当。

《道引经》十卷"①，以二经前后骈列，殆亦视按摩与导引为同类。张家山汉简《引书》所述以导引为主，亦包括一些按摩方法，即视二者为同类。导引指自身的肢体屈伸活动，按摩指对身体某部分的揉搓推拿，二者目的都在活动身体，流通血脉，养生保健或去除疲劳等。《黄帝内经素问·异法方宜论第十二》"其治宜导引按蹻"，王冰注："导引谓摇筋骨，动支节。按谓抑按皮肉，蹻谓捷举手足。"② 此以导引与按蹻分解，按即按摩；"蹻谓捷举手足"实与导引同义。其《金匮真言论第四》王冰注："按谓按摩，蹻谓如蹻捷者之举动手足，是所谓导引也。"③ 即直接以导引解蹻。《史记·扁鹊仓公传》"挢引案扤"，《索隐》谓挢引"谓为按摩之法，夭挢引身，如熊顾鸟伸也"，是挢引即导引。挢即蹻，所谓"捷举手足"，故从手之挢与从足之蹻，字义应相同。《索隐》又谓案扤"亦谓按摩而玩弄身体使调也"④，是挢引与案扤皆为按摩，而又皆与导引方法相通。《黄帝内经素问·血气形志第二十四》王冰注："夫按摩者，所以开通闭塞，导引阴阳"⑤，即直接以导引解按摩。以上诸例可证，导引与按摩方法相通，故按摩应包括在导引之内。亦有解家如此曰："凡人自摩自捏，申缩手足，除劳去烦，名为导引；若使别人握搦身体，或摩或捏，即名按摩也。"⑥ 是对按摩与导引进行如此区分，即主体自身进行的活动名为导引，他人赋予受助者身体的活动名为按摩。此说更合于一般人的理解。在此意义上的按摩更像是医生为患者施治的方法。

综之，导引不仅与行气结合，而且还包括按摩，因为二者的共同之处都在活动身体，即通过肢体活动或对身体的推拿揉搓刺激，使身体柔和，流通血脉，去除疲劳不适，达到养生保健的目的。这样，导引以其丰富的内容手段，服务于人们的养生保健需要，并成为颇受古人看重的养生术之一。

---

① 王明：《抱朴子·内篇·校释》（修订本），第 333 页。

② 《黄帝内经素问》，第 31 页。

③ 同上书，第 13 页。

④ ［日］泷川资言等：《史记会注考证附校补》，第 1729 页。

⑤ 《黄帝内经素问》，第 56 页。

⑥ （唐）释慧琳：《一切经音义》卷十八，转引自宗福邦等《故训汇纂》，商务印书馆 2004年版，第 887 页。

# 四 余论:养生诸术的贵族性及其与
## 古代社会文化的关系

由前文所述,可见导引在中国古代基本是贵族阶层的养生保健文化,庶人平民很难享用得到,这与当时的社会分层及其不同生活状况直接相关。张家山汉墓竹简《引书》曾述贵人得病之由与其保健防病之法,其曰:"贵人之所以得病者,以其喜怒之不和也。喜则阳气多,怒则阴气多,是以道者喜则急呴,怒则剧吹以和之,吸天地之精气,实其阴,故能毋病。"① 此贵人保健防病之法即导引行气之法。《引书》又述贱人多病易死之由曰:"贱人之所以得病者,劳倦饥渴,白汗决绝,自入水中,及卧寒决之地,不知收衣,故得病焉。又弗知呴呼而除去之,是以多病而易死。"② 即谓贱人生活于劳苦饥寒之中,又缺乏必要的卫生保健知识调理生活起居,尤其是不知导引行气之术保护自己,故乃往往多病易死。由此贵贱不同的状况,可知导引行气乃贵族专擅,一般贫苦劳动贱民无由掌握得知。是养生保健方法本为贵族垄断专擅,诸养生术之所以又与神仙家结缘,乃因神仙道教本为贵族宗教信仰之故。降及隋唐,诸养生术的贵族属性依然。《周官·天官·食医》以食疗法为周王服务,《唐六典》殿中省尚食局沿置食医八人,又尚药局则置按摩师四人,此殆汉魏以来新的导引成果,在隋唐皇朝医药养生部门的反映,其详记载于太常寺太医署。察太医署置按摩博士一人,按摩师四人,按摩工十六人,按摩生十六人。其文曰:按摩博士一人,从九品下,"崔寔政论云,熊经鸟伸,延年之术,故华佗有六禽之戏,魏文有五槌之锻。仙经云,户枢不朽,流水不腐,谓欲使骨节调利,血脉宣通,即其事也"。又曰:"按摩博士掌教按摩生以消息导引之法,以除八疾,一曰风,二曰寒,三曰暑,四曰湿,五曰饥,六曰饱,七曰劳,八曰逸。凡人支节府藏,积而疾生,导而宣之,使内疾不留,外邪不入,若损伤折跌者,以法正之。"③ 值得

---

① 《张家山汉墓竹简[二四七号墓]》(释文修订本),第185页。
② 同上。
③ (唐)李隆基等《大唐六典》,三秦出版社1991年版,第301—302页。

注意的是，虽曰按摩博士，但所操术业实为原来的导引，此称为按摩，一可证前述按摩本与导引相通，二则因按摩主要已被用于疗病养生之方，并已强化其治疗功能，故适可作为包括导引在内的治疗方法而统称为按摩。后来导引概念少见，而习见按摩，至今犹然，其因盖出于此。又按摩既脱离导引概念而行世，行气亦脱离导引而日益发展为独立的气功，于是导引概念日益式微。此可概见导引行气方法的演变辙迹。据《唐六典》所述，则汉魏以来的导引发展成果，已进入隋唐皇宫为帝王贵族的养生保健服务。总之，中国古代诸养生术如医药养生、食疗养生乃至导引等，几皆为帝王贵族服务，其发展亦往往与帝王贵族的生活需要相关。春秋时郑伯有死后，人们怀疑其变为厉鬼作祟，子产论其事曰："人生始化曰魄，既生魄，阳曰魂，用物精多，则魂魄强，是以有精爽至于神明。……三世执其政柄，其用物也弘矣，其取精也多矣，其族又大，所冯厚矣，而强死，能为鬼，不亦宜乎？"① 即谓贵族凭借权势地位，积财至丰，取精用宏，尽享富厚，于是造成其强大的精神人格，庶民是无法相比的。我们常说中国文化博大精深，但它究竟是如何创造积累起来的，其属性又如何？今日实应认真思考。

帝王贵族因其对社会文化成果的垄断享用，使之能对其发展作出选择、处置、决断，因此必然有自己的意志影响加上去。他们培养起自己特殊的思想文化观念，诸如对道德性命以及天下万事万物的认识理解，皆善于用推此及彼、一以贯之的方式融会解读，对治身治政乃至治国平天下皆能通贯一理。是乃他们凭借对社会文化的垄断享用为基础，并据以构筑起的知识思想平台上作出的。这样做的最终结果，是他们能对社会文化取向有极大的左右影响。如在圣人对养性命、存精神的养生之道的理解中，就融入其对治身治政等的如是体悟把握，《韩诗外传》卷五曰："圣人养一性而御六气，持一命而节滋味；奄治天下，不遗其小，存其精神，以补其中，谓之志。《诗》曰：不竞不求，不刚不柔。言得中也。"② 是乃圣人养生应世之道，即御六气以养性，节滋味以持命，存精神以补中，是为圣人养志、持身、治世之要。养志之要在得中，中者平正和谐之谓；圣人得中正之性，

---

① （清）阮元校刻：《十三经注疏》（下册），第 2050 页。
② 许维遹：《韩诗外传集释》，第 199 页。

可使万物人我各得其成而无偏颇之失，是即致治太平之义。在圣人视之，虽奄治天下之大，但不能忽忘持养自身性命精神之务。持养性命精神之要，务须和畅调理气、味、精、形四者关系，此四者关系根于阴阳之化。《黄帝内经素问·阴阳应象大论第五》："阴阳者，天地之道也，万物之纲纪，变化之父母，生杀之本始，神明之府也。"阴阳变化为天地宇宙万物的存在总则，具体在人则主要体现为气、味、精、形四者关系。《阴阳应象大论》又曰："阳化气，阴成形"，曰："阳为气，阴为味，味归形，形归气，气归精，精归化；精食气，形食味"，曰："形不足者温之以气，精不足者补之以味。"① 是乃气、味、精，形四者的生化补益关系；务使四者调理平衡，无过、不及之失，是谓得中。此乃关乎圣人养性持命之道，亦可推及平治天下之理。此以阴阳为纲，以气、味、精、形四者为目，从一个侧面反映了中国古代养生义旨大要，如能会心领悟其妙义奥旨，可教人养性立命之方，治化天下之道，故圣人务须有得于此。《韩诗外传》所论，乃圣人合治身与治国为一，以通于道德性命义理为旨归。《国语·晋语八》："上医医国"②，《汉书·艺文志》："论病以及国，原诊以知政"③，是乃打通医理与政道的关系，从中反映出古人对万事万物的认识崇尚贯通融会。圣人既重性命修炼，重养生保健，同时又灌输以特定的人生乃至政道思想哲理以利实用，即所谓经世致用的实用理性。所有这些，都是从他们垄断享用的社会文化成果中抽绎推衍而出，并能做到事理圆融无碍的阐释发扬，从而作为其行为指导，由此可见中国古代文化的慧命灵根所托寓之性质。事实上可以认为，中国古代社会文化的享用者与支配者，最终归属于手持政柄的贵族。

——原刊于《古代文明》2015 年第 3 期（论文刊发时有删节，此篇为完整文章）

---

① 《黄帝内经·素问》，第 15—16、20 页。
② 徐元浩：《国语集解》，第 435 页。
③ 陈国庆：《汉书艺文志注释汇编》，中华书局 1983 年版，第 233 页。

# 服制与礼俗

## ——周代妇女"三从"的礼仪制度展现

### 王小健

妇女"三从"是中国古代对妇女地位的典型概括，以往人们习惯以"服从"理解"三从"之"从"，但在中国古代社会的早期，"三从"之从主要意指"从属"。妇女"三从"的提法始见于《仪礼·丧服》，篇中从丧服与守丧方面明确规定了男女不对等的地位，女性的从属地位非常明显。这种从属性是周代丧服制、婚姻礼俗所包含的文化意象之一，但其更深层次的文化内涵在于父系继嗣制，这是周代社会群体结构的组织原则。因此，分析周代服制和婚姻礼俗所体现的妇女"三从"的象征意义，能够深入理解仪式符号在性别制度的建构和传承中所起的作用，并对这种性别制度的社会土壤和文化机制有更清晰的认识。

## 一 服制象征与妇女"三从"

### (一) 从斩衰服看妇女"三从"

丧服制度是我国古代划分亲属关系的制度，简称服制。服制通过穿戴精粗不同的丧服以及守丧期限的长短，表现出生者与死者亲疏关系的不同。丧服设计的基本原则是为亲近者服重、守丧时间长，为疏远者服轻、守丧时间短，重服粗恶，轻服精细。为亲疏不同的亲属服不同的丧服，是丧服制最显而易见的指称。但是，在这些显见的指称下，丧服作为概念的载体还具有符号意义，具有象征性，是概念可感知的象征符号。所谓象征符号"是指某物，它通过与另一些事物有类似的品质或在事实或思维上有联系，被人们普遍认作另一些事物理所当然的典型或代表物体，或使人们联想另一些物体"。"从经验的意义上说，指的是仪式语境中的物体、行动、关系、事件、体态和空间单位。"① 仪式是由一个个象征符号联结起来的，象征符号构成了仪式语境中的基本单元，在丧礼仪式中，这个基本单元就是人们为死者所服的丧服，在丧礼仪式的反复举行中，丧服制已经成为表征生者与死者关系的象征符号体系。斩衰是五等丧服中最重的一等。据《仪礼·丧服传》："斩者何？不缉也。"就是毛边外露，丧期为三年。《丧服传》对妇女"三从"的提法就源于斩衰。

妇女三从的提法最早见于《仪礼·丧服》齐衰不杖期章："女子子适人者为其父母。""传曰：为父何以期也？妇人不二斩也。妇人有三从之义，无专用之道。故未嫁从父，既嫁从夫，夫死从子。故父者，子之天也。夫者，妻之天也。妇人不二斩者，犹曰不二天也。"女子子指女儿。传是对经的解释，传统的说法认为，传是孔子门人子夏所作。这段话是作传者对已经出嫁的女儿为什么要为父亲服一年丧（期）而不服三年丧（斩）的说明。按照正常的丧制，子女为父需服最重的斩衰三年，但女儿既已出嫁，就只能为丈夫服斩衰三年，不能再为父亲服斩衰三年，这就是"妇人不二斩"的含义。未嫁女儿为父亲服斩，表征的是女儿与父亲的关系，出嫁女儿为丈夫服斩，表征的是妻子与丈夫的关系。这种关系的象征意义是，妇女不具有自主性，出嫁前从属于父亲，出嫁后从属于丈夫，丈夫死后从属于儿子。这就是传者对"妇人不二斩"象征意义的解释。

未嫁女儿为父为什么服斩衰？《丧服传》斩衰章："为父何以斩衰也？父至尊也。"贾疏曰："父至尊也，天无二日，家无二尊，父是一家之尊，尊中之极，故为之斩也。"父亲是家中至尊，故为其服最重的斩衰三年，为父服斩象征着父权。"子嫁，反在父之室，为父三年。"女儿出嫁后，如果离婚重返父家，也要为父服斩。对此，盛世佐解释说："女子嫁而降其本宗之服。妇人之义内夫家而外父母家也。被出而归仍与未嫁者同，以其与夫绝族也。"离婚女回归本宗，已与丈夫断绝姻亲关系，所以等同于未嫁女，为父仍服斩衰三年。就父女关系而言，未嫁女或离婚女是从属于父的，为父服斩是父权制高度发展的表现。

----

① ［英］维克多·特纳：《象征之林——恩登布人仪式散论》，赵玉燕、欧阳敏、徐洪峰译，商务印书馆 2006 年版，第 19 页。

妻为夫为什么服斩衰?《仪礼·丧服》斩衰章:"妻为夫,传曰:夫至尊也。"贾疏:"妻者,齐也,言与夫齐也。""妻为夫者,上从天子,下至庶人,皆同为夫斩衰也。夫至尊者,虽是体敌齐等,夫者,犹是妻之尊敬,以其在家天父,出则天夫,是其男尊女卑之义。故同之于君父也。"妻子与丈夫虽然是体敌齐等的关系,却尊卑有别,对妻子来说,丈夫是至尊,故为夫服斩。就夫妻关系而言,妻子是从属于夫的,为夫服斩象征着夫权,这是夫权制高度发展的表现。

父为长子为什么服斩衰?母为长子为什么服齐衰?丧服之礼,父母为子正服当齐衰不杖期,但如果死去的是长子,情况就大有不同。《仪礼·丧服》斩衰章:"父为长子,传曰:何以三年也?正体于上,又乃将有所传重也。庶子不得为长子三年,不继祖也。"这里的长子是指将来要继承父亲宗子地位的那个人。在周代宗法社会中,唯有长子具有继承父祖成为宗子的权利,因而长子死后,作为宗子的父亲要为其服最重的斩衰三年。母亲按理也应该为长子服斩,但因其位卑于父亲,故降等服齐衰三年。这里父母为长子所服远超为众子所服,已经打破了辈分的界限,这是因为只有长子才能为父后,他是父亲未来的接替者。因此,父亲为长子服斩衰,其实也是父权的象征,而母亲要为长子服齐衰,也正是服从父权的表达。每一种仪式都有明确要表达的目标,在长子的丧礼上,父亲服斩、母亲服齐传递的仍然是父权和夫权的含义。所以说,即使是母亲也要从子,从子也就意味着从夫,这是夫死从子所要表达的含义。

关于夫死从子的问题,人们常因儿子孝母的现象表示怀疑。如何理解母与子的这种关系,有时是现代人难以把握和体会的。我们不妨以《列女传·邹孟轲母》中孟母的一番话加以说明。该篇记载孟子因担心母老而无法离国远游,孟母说:"妇人无擅制之义,而有三从之道也。故年少则从乎父母,出嫁则从乎夫,夫死则从乎子,礼也。今子成人也,而我老矣。子行乎子义,吾行乎吾礼。"这里孟母不想以儿子对自己的孝顺来束缚孟子,孟子已经成年,离母远游并非不孝,母亲应该从子,以儿子的志向抱负为重,积极支持而不是拖累。君子因此称孟母"知妇道也",是对妇道的真正理解。

诸侯为天子、臣为君为什么服斩衰?《仪礼·丧服》斩衰章:"天子至尊也""君至尊也"。天子至尊是对诸侯而言,君至尊是对臣而言。在这里，斩衰服是对君臣关系的表征，其象征意义在于君权。

从以上分析可知，斩衰服可以表征子女与父亲的关系、妻子与丈夫的关系、臣与君的关系，在不同仪式语境中其所指不同，具有浓缩性特征，即"一个简单的形式表示许多事物和行动"，是多重指涉而非单一指涉。但斩衰服又是一个如维克多·特纳所说的"支配性象征符号"。"一个支配性象征符号是迥然不同的各个所指的统一体。这些迥然不同的各个所指因其共具的类似品质或事实上或理念中的联系而相互连接。"① "支配性象征符号代表着价值，而这些价值本身又被认为是仪式的目标，也就是说，它代表着自显的价值。"② 父子（女）、夫妻、君臣这三种关系虽然分属不同范畴，但都以其共有的价值统一于斩衰服这个支配性象征符号中，这个共有的价值就是子女从属于父亲、妻子从属于丈夫、臣从属于君的社会秩序，从属的主题贯穿于这些多样的所指中，其象征意义在丧服制的整个象征系统中具有高度的持续性和一致性。这种从属性是后来三纲思想的由来。"三纲"一词最早见于董仲舒所作的《春秋繁露·基义》篇："君臣、父子、夫妇之义，皆取诸阴阳之道。君为阳，臣为阴；父为阳，子为阴；夫为阳，妻为阴……王道之三纲，可求于天。"其实三纲思想不必上求于天，其源头可以上溯至丧服之制。现代礼学名家吴检斋先生曾指出："三纲之名，虽始于汉，而三纲之实，则本于《丧服》。《丧服》中首列三斩衰：子为父斩衰，表示家长制；臣为君斩衰，表示封建制；妻为夫斩衰，表示男统制。这是古代三位一体的一个意识形态，汉儒把它抽象化，即名之为三纲。"③ 三纲作为象征君臣、父子、夫妇关系的意识形态，其本身也成为一种象征符号。

## （二）从齐衰服看妇女"三从"

丧服中次斩衰一等的是齐衰服，它是夫为妻、子女为母的主要服制。据《丧服传》："齐者何？缉也。"即毛边掩饰了起来。前文说过，妻为夫服斩衰三年，而夫为妻只服齐衰一年。《仪礼·丧服》齐衰杖期章："传

---

① ［英］维克多·特纳：《象征之林——恩登布人仪式散论》，第27页。
② 同上书，第20页。
③ 转引自丁鼎《〈仪礼·丧服〉考论》，社会科学文献出版社2003年版，第282页。

曰：为妻何以期也？妻，至亲也。"妻对夫只是至亲，非至尊，所以服制不对等，正可以说明妻子从属于丈夫的身份。

对子女来说，父母都是至亲，从血缘亲情的角度看丧服本应一致，但子女为母服却减父斩衰一等，而且还要视父在与否有三年和一年的丧期之别。《仪礼·丧服》齐衰杖期章："父在为母，传曰：何以期也？屈也。至尊在，不敢伸其私尊也。"《礼记·丧服四制》进一步解释道："资于事父以事母而爱同，天无二日，土无二王，国无二君，家无二尊，以一治之也。故父在为母齐衰期者，见无二尊也。"子女虽然对父母的爱相同，但为母服要以父亲的至尊地位为依归，父亲健在，就不能为母服三年丧，只能为母服齐衰一年丧。《仪礼·丧服》齐衰三年章："父卒则为母。"郑注曰："尊得申也。"父亲已去世，子女才可伸其私尊，为母服三年丧，但在等制上仍要屈尊于为父的斩衰三年，而是齐衰三年。

子女不仅要为生母，还要以同等服制为继母、慈母服丧。《仪礼·丧服》齐衰三年章："继母如母，传曰：继母何以如母？继母之配父，与因母同，故孝子不敢殊也。"郑注："因，犹亲也。"继母虽不是生母，但由于她是"配父"的，出于尊父之故，也要为她服与生母相同的丧服。同章："慈母者何也？传曰：妾之无子者，妾子之无母者，父命妾曰：女（汝）以为子。命子曰：女以为母。若是，则生养之，终其身如母，死则丧之三年如母，贵父之命也。"慈母于己既无血缘关系，又无配父之尊，也要为其服齐衰三年，是因为要尊重父亲之命。

以上是正常情况下为母所服。若母被父出，又未改嫁，子女应何服？这有两种情况，一种是庶子为出母齐衰杖期，另一种是嫡长子为出母无服。《仪礼·丧服》齐衰杖期章："出妻之子为母，传曰：出妻之子为母期，则为外祖父母无服。传曰：绝族无施服，亲者属。出妻之子为父后者，则为出母无服。传曰：与尊者为一体，不敢服其私亲也。"母亲是至亲，虽然被父亲休弃，正常情况下子女仍有服，但要降格对待，只能服齐衰杖期，不能服齐衰三年，对母系亲属则无服，因出母与自己已经绝族，绝族只服最近的直系亲属，不服旁系。这是针对庶子而言。如果儿子是嫡长子（为父后者），对出母则无服，因为出母不配父，而己与父一体，是父亲的继承人，母亲只是自己的私亲，所以无服，这里明显体现的是父系继嗣优先的原则。

对改嫁之母是否服丧，要看儿子是否随母改嫁。《仪礼·丧服》齐衰杖期章："父卒，继母嫁，从，为之服。"随继母改嫁之子，因为继母有养育之恩，要为继母服期，继母如母，则为生母必亦服期。《丧服》但有母嫁而从者之服，无母嫁不从者之服，可知母嫁不从者不服，也就是说儿子未随母亲改嫁则不为母服。改嫁之母另从新夫，义已绝于父，但犹有抚养幼子之恩，故从之则为期，不从则并绝于子，故子无服。《礼记·檀弓》记载孔子曾孙子上之母死而子上不为母服丧，门人怪而问之。其父子思回答："昔者吾先君子无所失道，道隆则从而隆，道污则从而污，伋则安能！为伋（子思）也妻者，是为白（子上）也母；不为伋也妻者，是不为白也母。"子上不服被出且已改嫁的母亲，这叫"道污则从而污"，母改嫁而子未从，所以不服。

还有一种情况是庶子为父后者为生母服。《仪礼·丧服》缌麻章："庶子为父后者为其母，传曰：何以缌也？传曰：与尊者为一体，不敢服其私亲也。"庶子与父为一体，成为父亲的继承人，而妾母非父之配，只是自己的私亲生母，所以不敢正服，而服最轻的缌麻三月。这与上文的"为父后者为出母无服"，义相近。

总之，子女为父、妻为夫只有斩衰一等，而夫为妻、子女为母则是降一等的齐衰服，而且丧期长短有别，这说明妻子对于丈夫、母亲对于子女的意义不如丈夫对于妻子、父亲对于子女的意义重要。而且为母服往往不是由生养恩情而定，而是由母亲与父家长的关系来界定。以父家长为依据、为轴心，视不同情况有不同服制。父在为母服齐衰杖期，父卒为母服齐衰三年，至于为继母、慈母、出母、妾母、改嫁母之服，都要视母亲与父亲、自己与父亲的关系确定，或三年，或一年，或三月，甚至无服，反映了父系继嗣下父权本位的宗法特点。在《丧服传》中，父亲被称为"至尊"，母亲充其量只能被称为"私尊"，父母的尊卑关系实际上反映了夫妻的尊卑关系，子女为母亲的各种服制说明作为妻子的母亲在身份上从属于作为父亲的丈夫，父权与夫权在此是统一的。因此，齐衰服的符号意义也是非常明显的，不过与支配性的斩衰服相比，齐衰服在这里只是一种工具性象征符号，传递的是支配性象征符号——斩衰服所要表达的意义，它在仪式中是作为父权和夫权的工具在使用，所显示的主题仍然是妻子对丈夫、子女对父亲的从属性。

# 二　礼俗仪式与妇女"三从"

## (一) 妇女"三从"的仪式操作背景

法国社会学大师涂尔干说过："原始宗教遵从于现实并对其进行表达。人们必须学会透过象征符号来看该象征符号所表征的，并赋予了该象征符号意义的现实。"① 如果套用这句话，我们可以说丧服制遵从于现实并对其进行表达，那么赋予妇女"三从"的现实又是什么呢？

在分析妇女"三从"的象征意义的时候，我们还需要考虑群体的结构和组织——是这些群体在仪式中使用了这些象征符号。女儿为父亲服斩，只有一种可能，就是女儿尚未出嫁或离婚回归本宗，她这时是从属于父亲的，所以要为父亲服斩衰，驱使女儿服斩的是其所属的父亲宗族。当她出嫁成为妻子并从夫居后，就从属于丈夫及其家族，驱使妻子为丈夫服斩的是丈夫宗族。长子死后，母亲要服齐衰三年，驱使母亲为儿子服齐衰的仍是丈夫宗族。妇女"三从"的从属性意味着家长是父亲、丈夫或成年儿子，很显然这样的宗亲组织是父系继嗣制的，同时也是父权制和夫权制的。父权和夫权是父系宗族组织延续的支柱，它们虽然所指不同，却有内在的联系，因为明确的父子关系有赖于稳定的夫妻关系，因此在父系宗族组织中，丈夫对妻子的绝对控制是必要的，妻为夫服斩正说明了这个道理。夫权是父权的基础，二者又构成了君权的社会基础，君权是更高层次的政治组织延续的支柱。三者之间的关系正如《礼记·昏义》所说："男女有别，而后夫妇有义；夫妇有义，而后父子有亲；父子有亲，而后君臣有正。故曰：'昏礼者，礼之本也。'"礼的现代意义就是指文明，古人之所以视婚礼为文明的根本，就在于婚礼可以确立稳定的夫妇关系。这种稳定性是以妻子从属于丈夫为代价实现的，所以礼制要极力强化夫妻之间的主从关系，女子为丈夫服斩而不是为父亲服斩正隐含了这层深意。就最高层面的抽象来说，子女为父、妻为夫、臣为君服斩体现了周代社会组织的原则和价值，是周代家庭结构、政治结构的象征。妇女的从属性、父权和夫权、父系继嗣规则、父系宗族，它们构

① ［英］维克多·特纳：《象征之林——恩登布人仪式散论》，第56页。

成了一个整体的仪式背景和价值意义。这些意义的大部分在丧礼仪式中是隐含的，并不是直接表现出来的，所以一个象征符号是对一个相对未知的事实可能的最好表达，能触及无意识越来越深的根部。

以上我们讨论的是仪式象征符号的理念极。理念极指向的是"道德和秩序的组成部分、社会组织的原则、团体的种类，以及结构关系中内在固有的规范和价值"，"能使人发现规范和价值，它们引导和控制人作为社会团体和社会范畴成员的行为"。仪式象征符号的另一极是感觉极意义，"感觉极聚集了那些被期望激起人的欲望和情感的所指"①。丧服制的原则是根据生者与死者亲疏远近的不同而服精粗不同的丧服，与自己亲属关系越近，丧服越重，亲属关系越远，丧服越轻。之所以如此安排，也是出于人的情感需要，与自己关系越近的亲属，其去世后家人越悲痛，为了表达这种悲痛，丧服就越重，守丧时间也就越长。父亲于女儿、丈夫于妻子是最重要的亲属，因此服斩衰，以表达最悲痛的情感。为父亲服斩衰、为丈夫服斩衰具有引领性作用，它可以激发、唤起服丧者对父亲或丈夫应有的情感，这也是仪式象征符号的一个重要功能。关于这一点，早在两千年前的荀子已经充分认识到了。《荀子·礼论》："三年之丧何也？曰：称情而立文，因以饰群别，亲疏、贵贱之节而不可益损也。故曰无适不易之术也。创巨者其日久，痛甚者其愈迟，三年之丧，称情而立文，所以为至痛极也……凡生乎天地之间者，有血气之属必有知，有知之属莫不爱其类。今夫大鸟兽则失亡其群匹，越月逾时，则必藩铅过故乡，则必徘徊焉，鸣号焉，踯躅焉，踯躅焉然后能去之也。小者是燕爵，犹有啁噍之顷焉，然后能去之。故有血气之属，莫知于人，故人至于其亲也，至死无穷。"荀子对三年之丧的解释是"称情而立文"，连鸟类都知道爱其类，更何况是人对父母之丧更是"痛甚者其愈迟"，三年之丧就是要表达这种"至痛极也"的情感。仪式象征符号是情感的催化剂，当女子在父亲或丈夫的丧礼中，身穿斩衰服践行仪式时，我们不能怀疑悲痛的情感真的在她们心中被激起。这种情感与父权、夫权对她们的规范交织在一起，实现了象征符号的多重功能。正如特纳所说："涂尔干曾着迷于探寻，为什么许多社会规范和责任被人们感到既是应该做到

① ［英］维克多·特纳：《象征之林——恩登布人仪式散论》，第28页。

的,又是想要做的。现在学者们正逐渐看到,仪式正是这么一个机制。"
仪式通过象征符号将社会的价值和规范与强烈的情感刺激紧密联系起来,
规范和责任渗透在情感中,引领情感,又在人们的情感体验中,将其转
换成想要做和应该做的规范和责任。规范因素与个体情感之间通过仪式
形成互动,"令人厌烦的道德约束转换成为对美德的热爱"①。

### (二) 妇女"三从"在婚制中的体现

春秋时期实行从夫居住的外婚制,天子与诸侯、诸侯之间、卿大夫
之间皆联络有亲。《左传》记载了很多女性,她们在自身婚姻中很少有自
主性,大都只是被动的工具而已。婚礼非合两性之好,而是合两姓之好,
上以事宗庙,下以继后世者也。根据《仪礼·士昏礼》的记载,贵族婚
礼有六个递进的仪式——六礼,分别是纳采、问名、纳吉、纳征、请期
和亲迎。从纳采至请期属于议婚阶段,在这个阶段,始终是男方家长通
过中间人与女方家长沟通,女方家长在宗庙接待。据《士昏礼·记》:
"士昏礼,凡行事必用昏昕,受诸祢庙。"祢庙是父庙,即女子的祖父庙,
婚礼从纳采至亲迎都要在宗庙进行。《礼记·冠义》以冠礼解释了这样做
的意义:"行之于庙者,所以尊重事。尊重事,而不敢擅重事。不敢擅重
事,所以自卑而尊先祖也。"它的形式意义在于对祖先的尊重,但其更深
层次的内涵是指这个女子作为本姓祖先的后人,其人身也是属于父系宗
族的,所以要在祖先宗庙中举行仪式,宗庙在这里就是一个象征符号。
周代重礼必行之于庙,说明宗庙是在许多不同的仪式语境中反复出现的
支配性象征符号,其价值代表着祖先,在整个象征系统中也具有高度的
持续性和一致性。

女子通过亲迎仪式,来到夫家,这时已由从属于父亲转为从属于丈
夫,因此夫家才是自己真正的家。古语常以出嫁曰归,就含有归宿、归
属的意思,"归"的用法也是有象征意义的。如《左传》隐公元年:"仲
子归于我",《诗·周南·桃夭》:"之子于归,宜其室家",《易》泰卦:
"帝乙归妹,以祉元吉。"既然夫家才是归属,女子出嫁以后就不能随意
再回父母家。《诗·邶风·泉水》:"女子有行,远父母兄弟。"女子既已

---

① [英] 维克多·特纳:《象征之林——恩登布人仪式散论》,第29页。

出嫁，就要远离父母兄弟。《穀梁传·庄公二年》："妇人既嫁不逾竟，逾竟非正也。"女子出嫁后就不能离开夫家，离开夫家不是正确的行为。除非归宁（以礼探望父母）及父母丧等大故可以回父母家，否则便不合礼制。父母死后，更不能再回去，只能使人归问兄弟，不能亲自成行。《左传·襄公十二年》："秦嬴归于楚，楚司马子庚聘于秦，为夫人宁，礼也。"秦嬴嫁到楚国为国君夫人，派楚国司马子庚出访秦国，向家人问好，这样做就很符合礼制，因而受到君子的赞赏。《诗经》国风中有关出嫁女思归但碍于礼制又不能回的例子很常见，《泉水》《竹竿》都是其例，甚至于国灭君死也不得归国吊唁。《鄘风·载驰》据说是卫宣姜之女许穆夫人自作诗，她嫁给许穆公，因忧心于卫国灭亡，打算在漕邑慰问其兄卫侯，终因众臣反对未能成行，于是作此诗以想象自己风驰电掣前去探望卫侯的情景。《列女传·母仪传》记录了鲁国一个堪称母仪的老太太的故事，有助于我们了解妇女出嫁后回母家探视的礼节。"母师者，鲁九子之寡母也。腊日休作者，岁祀礼事毕，悉召诸子，谓曰：'妇人之义，非有大故，不出夫家。然吾父母家多幼稚，岁时礼不理，吾从汝谒往监之。'诸子皆顿首许诺。又召诸妇，曰：'妇人有三从之义而无专制之行，少系于父母，长系于夫，老系于子。今诸子许我归视私家，虽逾正礼，顾与少子俱，以备妇人出入之制。诸妇其慎房户之守，吾夕而返。'于是使少子仆，归办家事。"母师是因为这个老太太堪称母亲的表率而给予的敬称。她首先忙完了自己家中的事情，然后对诸子说明回娘家探望并非无故，而是因为娘家孩子多年幼，过年的事情办不周到，因此要回去帮助料理。得到诸子的同意后，又对众子妇们表明这样做是有违妇人礼制的，但自己带着小儿子一起回去，权且可行，并嘱咐媳妇们看好家，还特意说明自己晚上就回来，不在娘家过夜。母师的每个细节都做得很周到，很符合礼制，刘向因此赞颂说："九子之母，诚知礼经。"

婚礼中还有一个仪式也具有妇女从属的象征意义。《礼记·郊特牲》："夫妇共牢而食，同尊卑也。故妇人无爵，从夫之爵，坐以夫之齿。"婚礼当晚有一个仪式，就是妻子与丈夫共用一份肉，所谓共牢而食。这个仪式既可以激发夫妻间的亲密情感，属于象征符号的感觉极，又意味着妇合于夫，妻子的存在从属于丈夫的存在。所以要与丈夫同尊卑、共进退，这里的同尊卑不是指夫妻平等，而是指妻子的尊卑荣辱完全系于丈夫。夫妻间的亲密情感附着在这种主从关系中，夫妻关系被强化。故周代妇人无受爵命之法，其社会地位取决于丈夫爵位的高低。夫为天子，妻为后，夫为诸侯，妻为夫人，夫为大夫，妻为内子；妻齿从夫齿，兄弟之妻，其娣姒之序，不以己年而以夫年，夫为兄，妻为嫂，夫为弟，妻为妇。《礼记·大传》称之为："其夫属乎父道者，妻皆母道也；其夫属乎子道者，妻皆妇道也。"宗庙祭祀时，丈夫有主祭权，妻子就有助祭权，"舅没则姑老"，丈夫如果去世，妻子就失去了助祭权。这些都是对既嫁从夫夫妻关系的说明和印证。所以《左传》在称呼妇人时经常将丈夫的氏、爵、谥等名号冠在女子姓前。以夫氏冠妻姓的有卫之孔姬、晋之赵姬、息侯夫人息妫、雍纠之妻雍姬之类，孔、赵、息、雍都是夫方宗族的氏；以夫爵冠妻姓的有齐棠姜之类；以夫谥冠妻姓的有郑之武姜、晋之怀嬴、宋之共姬、卫之庄姜之类。还有将女姓系于儿子名后的，如陈夏姬、宋景曹之类，这属于夫死从子的情况了。可见对女子的称谓也包含从属的象征意义。这种从属性如果表现在日常用语中则更具有典型意义。《庄子·盗跖》篇有言："盗跖从卒九千人，横行天下……驱人牛马，取人妻女。"这里，牛马和妻女并论，牛马为主人所有，妻子和女儿为丈夫和父亲所有，主人（丈夫或父亲）是主体，牛马、妻子、女儿是从属于主体的客体，妻子、女儿甚至可以等同于牛马之类的财产。

那么，居于从属地位的妇女其命运又如何呢？以下我们用《左传》中的几个实例加以说明。

《左传》昭公十三年，楚灵王"缢于芋尹申亥氏，申亥以其二女殉而葬之"。鲁昭公十三年，楚国发生政变，楚灵王避难于芋尹申亥家中，后见大势已去便自缢身亡，芋尹申亥为了表达臣义，杀了自己的两个女儿为楚灵王殉葬。父亲杀女的做法虽然在《左传》中并不多见，但《左传》中的君子并未对此作任何评论，可见这种杀女行为应属正常。看来，未嫁女不仅在身份上从属于父亲，其性命甚至也属于父亲。

《左传》僖公元年，鲁国人"以齐人之杀哀姜也为已甚矣，女子，从人者也"。鲁庄公死后，其夫人哀姜私通其丈夫的兄弟庆父而祸乱鲁国，结果被自己的母国——齐国所杀，哀姜既然已经嫁到鲁国，有过错就应该由鲁国处分，齐国却越俎代庖，显然违反了"女子从人之义"，鲁国很不满，认为齐国这样做太过分了。齐国这样做很显然行使的是父权。

《左传》成公十一年："声伯之母不聘，穆姜曰：'吾不以妾为姒。'生声伯而出之，嫁于齐管于奚，生二子而寡，以归声伯。声伯以其外弟为大夫，而嫁其外妹于施孝叔。郤犫来聘，求妇于声伯。声伯夺施氏妇以与之。妇人曰：'鸟兽犹不失俪，子将若何？'曰：'吾不能死亡。'妇人遂行。生二子于郤氏。郤氏亡，晋人归之施氏。施氏逆诸河，沈其二子。妇人怒曰：'己不能庇其伉俪而亡之，又不能字人之孤而杀之，将何以终。'"声伯是鲁国大夫，声伯之父与鲁宣公是同胞兄弟，穆姜为鲁宣公夫人。根据婚姻礼法，"聘则为妻"，不聘则为妾，声伯之母没有经过媒聘之礼而为妾，所以穆姜不以其为妯娌，在其生下声伯后迫使声伯之父将其休弃。声伯之母后来嫁给齐国管于奚，生下一儿一女。管于奚死后，声伯之母没有了依靠，重新被送回声伯身边。在这个家庭中，声伯身兼儿子和兄长双重身份，其母在丈夫死后归于声伯属于夫死从子，同时他也是其同母异父妹妹（外妹）的所有者和监护人。声伯把外妹嫁给了施孝叔，其妹由从属于其兄转归从属于其夫施孝叔，但实际上他们谁都没能保护住这个妇人，当晋国卿大夫郤犫来向声伯求妇时，声伯又将其外妹强嫁给郤犫。《左传》不书声伯夺其妹，而书夺"施氏妇"，说明这个妇人是从属于施孝叔的，不过施孝叔并不想为此搭上性命，就把妻子送了出去。后来郤氏在晋国内乱中被消灭，晋国人又把施氏妇送还给施孝叔，不过这次他倒是充分展现了主人的权利，将妻子与郤犫生的两个儿子沉到河里淹死。在这个事例中，《左传》没有记录这个妇人的名字，只是以声伯之妹或施氏妇称之，象征了其从属于兄或从属于夫的身份，只能听凭兄长和丈夫的安排，以至于连孩子都无法保护。

可见，在妇女"三从"的从属体制下，妇女的命运常常并不由自己掌握，而是依托于她们所从属的人身上。正如宋人袁采所说："妇人依人而立，其未嫁之前，有好祖不如有好父，有好父不如有好兄弟，有好兄弟不如有好侄。其既嫁之后，有好翁不如有好夫，有好夫不如有好子，有好子不如有好孙。故妇人多有少壮富贵而暮年无聊者，盖由此也。"[1]

---

[1]　袁采：《袁氏世范》，转引自陈东原《中国妇女生活史》，商务印书馆1937年版，第150页。

# 三　结　语

　　"礼"是整个先秦时期社会生活各个侧面的集中表现，其内涵是人们的社会行为规范，这些行为规范往往伸向了个人生活的每个角落，包括出生礼、冠笄礼、婚礼、丧葬礼等，贯穿了个人的一生。但礼最初对个人所应遵循的规范并不是直接表达的，而是隐含在有关礼的仪式中，这些仪式被辑录在《仪礼》中可谓蔚为大观，《丧服》只是其中之一。仪式中的每个环节都有特定的含义，并富有象征性，有些象征性是明显的，有些象征性是隐含的。"人们不肯把社会的意志通过直截了当的方式和盘托出，而是把它深深地隐藏在一些仪式中，只要人们反复不断地举行这一系列的仪式，对社会的意志便可以心领神会。"① 这一系列仪式构成了周代社会文化的整个象征系统。在丧服制的仪式情境中，被颂扬和唤起的支配性原则是父系继嗣制，妇女为父亲服斩、为丈夫服斩、为长子服齐衰就是这一继嗣制对妇女从属性的规范，这些规范钳制着妇女的行为，使她们的举止符合其性别角色——为人女、为人妻、为人母。这类仪式以及其隐含这种规则的仪式，实际是以象征方式劝诱妇女去接受她们在文化上被规定的命运，起到预先防止与其性别角色相背离和冲突的作用。所以说，象征符号是有生命的，它孕育着意义。而人的思想是在文化行为过程中形成的，也就是在与有意义的象征符号的交流中形成的，这些符号可以是词语，也可以是仪式上所使用的物品，如丧服之类，它们被用来将意义赋予生活经验。从个人的角度来说，这类符号大部分是后天赋予的。"他发现这些符号在他出生时的社区中已经流行，并且以他可能或不可能干涉的增加、减少和部分修改，在他死后仍然流行。当他活着的时候，他使用它们或它们中的一部分，有的时候是刻意或小心的，绝大多数时候是下意识的和随意的"，"人是如此需要这一类的符号源启示他去发现自己在世界上的位置"。因此，象征符号实际起着文化控制的作用，而"人明显地是这样一种动物，他极度依赖于超出遗传的、在其皮肤之外的控制机制和文化程序来控制自己的行为"，不受有组织有意义的

---

　　①　常金仓：《周代礼俗研究》，黑龙江人民出版社 2004 年版，第 57 页。

符号象征体系指引的人的行为是无意义的。以上所论无非是要表明文化是人存在的基本条件，因此丧礼仪式中服制所包含的妇女"三从"的象征性不仅是对妇女地位的定位，也是妇女借以给自己定位的文化机制，这种文化机制也表现在出生礼、冠笄礼、婚礼仪式中两性关系、性别角色的象征符号中。在仪式的反复举行中，符号所具有的象征意义不仅世代传承，也使"三从"作为性别制度被内化于心，为妇女本身所接受。所以说文化是一个有序的意义与象征体系，是"使用各种符号来表达的一套世代相传的概念，人们凭借这些符号可以交流、延续并发展他们有关生活的知识和对待生活的态度"①。

　　——原刊于《妇女研究论丛》2015 年第 5 期

　　作者简介：王小健（1970— ），女，大连大学历史学院副教授，主要从事先秦史、中国文化史研究。

---

① ［美］克利福德·格尔茨：《文化的解释》，韩莉译，译林出版社 1999 年版，封 2。

# 宋代旌表制度述略

## 王善军

旌表是中国古代的一种社会控制手段，指地方政府将一些符合伦理规范的特异行为上报朝廷，由中央政府按照特定的程序对其进行表彰、奖励，以引导习俗、维护统治。旌表制度早在先秦时期即已存在。《尚书·毕命》中曾说："旌别淑慝，表厥宅里。"《史记·殷本纪》中也提到，周武王灭商以后，"封比干之墓，表商容之闾"。早期旌表作为表彰的一种方式，其特点是树立某种标志加以表扬和彰显。① 到了宋代，旌表范围已经扩展到社会的各个阶层，显示了官方统治手段的多样化。旌表一词的含义，也有了进一步的扩大。如果分层来看，至少有三层含义：一是专指旌表门闾；二是指有标识性的表彰，包括旌表门闾、封表坟墓等；三是泛指官府针对某些特异行为给予的表彰。鉴于目前学术界对此问题进行的专题探讨尚显不足②，本文从旌表广义的角度出发，对其类型、内容及社会影响加以考述。错谬之处，望方家指正。

---

① 参见秦永洲、韩帅《中国旌表制度溯源》，《山东师范大学学报》2007 年第 6 期。

② 在现有相关研究成果中，王美华《官方旌表与唐宋两代孝悌行为的变异》（《东北师范大学学报》2003 年第 2 期）一文侧重论述孝悌行为的变异，对旌表制度涉及无多；杨建宏《论宋代的民间旌表与国家权力的基层运作》（《中州学刊》2006 年第 3 期）一文，是较早论述宋代旌表程序和类型的成果，然该文比较简略，可发覆之处尚多；铁爱花《论宋代国家对女性的旌表》[《历史教学》（高教版）2008 年第 6 期]一文对旌表的类型、程序、方式及社会影响有所论述，然仅限于对女性的旌表；刘园园《北宋旌表制度初探》（上海师范大学，硕士学位论文，2011 年）一文较全面地论述了北宋的情况，但该文论述内容过于宽泛，恐与旌表制度概念难以完全相符；潘荣华、杨芳《论宋代旌表政策对民间"割股"陋俗的影响——以〈名公书判清明集〉旌表文告为中心》[《南京中医药大学学报》（社会科学版）2012 年第 3 期]一文论述内容局限于旌表与"割股"陋俗的关系。

# 一 旌表的类型

宋王朝曾多次下诏,明确提出对"义夫、节妇、孝子、顺孙"的事迹进行旌表。如治平三年(1066)诏书:"应天下义夫、节妇、孝子、顺孙,事状灼然、为众所推者,委逐处长吏按验闻奏,当与旌表门闾。"① 宣和七年(1125),南郊制曰:"如有曾被旌表门闾者,仍依式建立,以示激劝。应天下义夫、节妇、孝子、顺孙。委所在长史(应为吏)常加存恤,事状显著者具名奏闻。"② 绍兴十年(1140),"诏诸路州县长吏精加察举所部内有孝行殊异、卓然为众推朕(应为服)者,皆以名闻。士人擢用,民庶表其门闾,厚加赐予,以旌别之"③。由这些材料可以看出,宋政府侧重旌表的主要是忠孝节义等行为。在实际执行过程中,大体有如下一些被旌表的类型。

## (一) 义居

义居是指累世同居的大家庭。宋初承五代之弊,宗法关系松弛,纲常伦理对人们的约束力下降。在士大夫的倡导和努力下,逐渐建立起"敬宗收族"的宗族制度。作为宗族雍睦的极端表现形式,世代同居的大家庭在宋代虽然不是很广泛,但其社会影响却很大。这种家庭组织结构严密,在内部有一套行之有效的规范。大家庭往往能在地方上形成较大的势力,对地方社会产生重要影响。

专制政府为了使大家族为己所用,采取各种措施加以拉拢,对有影响者往往加以旌表。据记载,奉新县民胡仲尧,"三世义居,置书堂聚游学之士,诏旌表门闾,常税外免其他役"④;"金乡县民李光袭十世同居,内无异爨,诏旌表门闾,常税外免其他役"⑤。旌表门闾的同居标准并不

---

① 《宋会要辑稿》礼六一之三,中华书局 1957 年版,第 1688 页。

② 《宋会要辑稿》礼六一之八,第 1691 页。

③ 《宋会要辑稿》礼六一之一〇,第 1692 页。

④ 钱若水:《宋太宗皇帝实录》卷三四"雍熙二年十二月癸亥",中华书局 2012 年版,第 407 页。

⑤ 《宋会要辑稿》礼六一之一,第 1687 页。

是很高，甚至三世同居即可。但是，宋政府却不是以同居世代为唯一标准来旌表的，更主要的是累世同居之家在地方有无影响。胡仲尧能"置书堂聚游学之士"，一方面说明有一定的经济实力；另一方面，私学作为官办教育的补充，既受到宋统治者欢迎，又在地方上赢得声誉。只有产生了较大的社会影响，才有可能获得政府的旌表。有代表性的还有抚州金谿陆九渊家族，"义居十世，闺门雍肃，著于江右"①，看来其家族势力很大。漕使江万里、曾颖茂先后上奏朝廷后，于淳祐六年（1246）获赐旌表门闾。宋人王令曾说："今世谓久能相家者为义门，朝里交多之，往往加旌识、复租调以为表劝。"② 笔者曾对宋代的同居共财大家庭进行统计，共得 142 家，其中被旌表者占 58%，多达 82 家。③

### （二）孝行

自西汉"罢黜百家、独尊儒术"以后，历代统治者极力提倡孝道，认为在家为孝子者，在朝必为忠臣。在家国同构的中国古代社会，孝子和忠臣的根本相同点是对家长和君主的服从，这应是统治者以"孝"治天下的原因所在。宋代"国家之于孝子，小则馈酒饩，大则旌门闾，奖之至矣"④。如陈州项城常氏三代有孝行，获两朝旌表。开宝七年（974），"陈州项城民常真父母死，庐墓终丧，负土成坟，不茹荤血。诏旌表门闾。先是，周广顺中已赐旌表，至是再有是命。其后真妻病，子晏割股肉以食母。及死，次子守规徒跣，日一食，庐墓三年。太平兴国八年，又诏旌表之"⑤。文中提到后周广顺年间常家已获旌表，说明在前朝时就孝行显著，有一定的影响。到宋建国之初，常真父子又能守丧以礼、割股食母，无论从现状还是历史来考察，都很值得旌表。又如林孝泽八世祖攒，"有至性，居母孝，哀毁甚"，以至于"有白乌甘露之祥"，唐德宗"诏立阙旌其先世，大其门"，但是因为年久失修而毁坏。到了宋仁宗嘉

---

① 《陆九渊集》卷三六《年谱》，中华书局 1980 年版，第 528 页。

② 王令：《王令集》卷一四《烈妇倪氏传》，上海古籍出版社 2011 年版，第 262 页。

③ 王善军：《宋代宗族和宗族制度研究》，河北教育出版社 2000 年版，第 154 页。

④ 刘克庄：《后村先生大全集》卷二三《序·送高上人》，四川大学出版社 2008 年版，第 2425 页。

⑤ 《宋会要辑稿》礼六一之一，第 1687 页。

祐年间，地方官钟离权出帑二十万，修葺一新。可见地方政府对于至孝之士的重视。当然此举的目的也是非常明确的，即为民众树立榜样，从而达到"要令四海皆参骞，孰非人子宜勉旃"①的政治目的，巩固地方秩序。

宋代旌表孝子的事例很多，这些孝子的孝行有一些共同的特点：一是父母在世时事父母至孝，父母年老生病不离左右，以致割股疗亲。二是父母故去，庐墓守丧三年以上，守丧期间过着常人难及的清苦生活。三是有"祥瑞"出现在墓地或者家居之所，或者有奇异之事发生。如果说守丧三年还符合儒家礼仪的话，那么割股疗亲，从现代医学角度讲是没有根据的。割股疗亲之被称道，并在宋代大量出现，表明礼教的世俗化和极端化。"祥瑞"出现大多是统治阶级编造的谎言，一方面表明孝子孝行感动上天，另一方面意在表现专制统治的太平。因为按照儒家的解释，"祥瑞"只有在治世才会出现。

### (三) 节烈

宋代旌表节妇烈女的事迹主要分为三类：守节不嫁、不畏强暴以及不令儿孙仕于伪朝。

被旌表的节妇，一般是年轻守寡而立志不改嫁。由于上有公婆下有儿女需要供养，所以对家庭肩负着重任。最明显的例子是临海县妇人陈氏，丈夫去世后，"年少子幼，有媒议亲。陈氏扶膺恸哭，仆地，复欲自刃。父母许不复议嫁，方免"。陈氏一心守节，精心侍奉舅姑，二子朱希尹、朱希牧皆举进士。巧合的是，所居之邑发生火灾，在将要殃及陈氏所居之所时熄灭，时人将其归结为孝义感动上天。这是宋人在褒奖"忠孝节义"时常用的手法，即将种种行为归结为天意。宋孝宗认为"此当旌表，以厉风俗"②。

不畏强暴的烈女，也往往会成为被旌表者。宣和五年（1123），越州女子汤氏因为"节操正洁，强暴不能侵凌"③，获得旌表并被封为孺人。

---

① 王十朋：《梅溪后集》卷二六《兴化军林氏重修旌表门闾记》，第1151册，第589页。
② 《宋会要辑稿》礼八之二二，第528页。
③ 《宋会要辑稿》礼六一之八，第1691页。

在宋金对峙等特殊时期，宋廷还对死于国事的妇女、劝子不仕"伪朝"的妇人给予表彰，以笼络人心。杨珪母亲郭氏在伪齐，"独令男珪归正，不从伪命，拘留伪地，死于国事，忠义可嘉"①，因此被封为郡夫人。

宋朝廷对节妇的旌表是有限的，或者说是十分谨慎的。一方面，妇女守节不嫁，特别是留在婆家，悉心料理家事，对一个残破家庭的维持是至关重要的，对于良好社会风气的形成无疑也有促进作用。但另一方面，妇女年轻守寡，势必艰辛备尝，于人情说不过去，因此朝廷对在地方特别有影响的节妇进行旌表时，一般只是赐些米、帛等物质性奖励。

### (四) 忠义

两宋时期，民族矛盾错综复杂，涌现出不少效忠朝廷、不惜为国捐躯的忠义之士。宋廷对他们则适时加以旌表，以砥砺臣民政治品格，巩固统治。如绍兴九年（1139），"诏盛修己特赠武翼郎，阁门宣赞舍人，令本州守臣封表其墓，仍送史馆。修己建炎三年十月以保义郎权通判宿州，据贼不屈，遇害。因州民请而有是命"②。这是一个地方官"拒贼不屈"而受到旌表的具体事例。淳祐九年（1249），都省言："沿边将士有殁于王事者，虽已褒赠，官其子孙，犹当旌表，以显忠节。"③ 这是朝廷官员对于忠义群体的普遍态度。

在南宋与金对峙时期，南宋偏安一隅，滞留北方的士大夫往往因种种原因而仕于"伪朝"，但也有少数不仕"伪朝"、一心向宋的官员。签书枢密院事楼炤提到，原州通判米璞"当刘豫僭窃伪争进之日，杜门谢病，终不受污，关陕之人见璞则知省朝廷"；前知陇州刘化源"建炎间守陇州，城既陷，虏使人守视之，不得死，驱入河北，贩卖蔬果。隐民间十年，卒不屈辱以归"；"前博州签判刘长孺，当刘豫僭逆初萌之日，尝致书于豫，劝其转祸为福。豫毁除告命，囚之，而日后复起之以官，终不屈"④。很明显，这三人都是守节之人，这种不仕伪朝的行为对于当时

---

① 《宋会要辑稿》礼六一之九，第 1691 页。
② 同上。
③ 《宋史全文》卷三四《宋理宗四》，黑龙江人民出版社 2005 年版，第 2286 页。
④ 《宋会要辑稿》礼六一之九至一〇，第 1691—1692 页。

的士人自然有激励作用。为了"激励风俗",宋廷对他们进行了旌表。

### (五) 隐逸

学富德高的士人隐居不仕,自然会与浮薄奔竞之风形成映照。宋政府对有影响的隐逸之人,往往加以旌表。天禧四年(1020),宋真宗在旌表已故隐士魏野的诏书中说:"国家举旌赏之命,以辉丘园;申恤赠之恩,用慰泉壤,所以褒逸民而厚风俗也。"① 南宋臣僚周紫芝也说,"举逸民,则天下归心焉",官府应"表其门闾,赐以美号,付之史馆,使传万世",以使"鄙夫闻其风者,莫不兴起"。他在绍兴年间撰写的《乞旌表苏庠劄子》云:"臣窃见镇江府苏坚之子庠,人物文采,一时之冠,而抱泉石烟霞之念,至于终身,可谓贤矣。"② 苏庠这一具体事例,说明被旌表的隐逸之士多具有很高的社会声望。

另外,与历代统治者一样,宋代统治者也认同"古之为政,先于尚老"③,因而崇遇高年老人。端拱元年(988),宋太宗大赦:"民年七十以上有德行为乡里所宗者,赐爵一级。"④ 大中祥符三年(1010),宋真宗降德音:"赤县父老令本府宴犒,年九十者授摄官,赐粟帛终身,八十者爵一级。"⑤ 淳熙三年(1176),宋孝宗曾说:"今次庆赦,年九十者自合与封号。"⑥ 可见,两宋仍遵守着崇遇高年的成规。不过,宋代对高年虽给予优待,但似尚未达到旌表的程度。

## 二 旌表的内容

宋廷对"忠孝节义"等行为的旌表,其内容不局限于建立荣誉标志,而往往是既有精神性的奖励,也有物质性的奖励以及政治身份的奖励。

---

① 《宋史》卷四五七《隐逸·魏野传》,中华书局 1977 年版,第 13431 页。

② 周紫芝:《太仓稊米集》卷四九《乞旌表苏庠劄子》,文渊阁四库全书本,第 1141 册,第 343 页。

③ 《唐大诏令集》卷八○《老人赐几杖鸠杖敕》,学林出版社 1992 年版,第 416 页。

④ 李焘:《续资治通鉴长编》卷二九端拱元年正月乙亥,中华书局 2004 年版,第 646 页。

⑤ 李焘:《续资治通鉴长编》卷七三大中祥符三年闰二月戊辰,第 1658 页。

⑥ 《宋会要辑稿》礼八之二二,第 528 页。

通过多种旌表方式的综合运用，使旌表制度日趋完善，不同的旌表对象，均有与之适合的奖励形式。

### (一) 精神方面的奖励

#### 1. 旌表门闾

此种方式最为常见，尤其是用于对义居、孝行的旌表。其具体方法，是通过朝廷下诏，"于所居之前立绰楔门，夹之以台，高十有二尺，饰以丹垩，艺以嘉木"①。

累世同居的家庭一般在地方上已经形成强大的势力，并因门户修睦以及在地方上多行善举如修建基础设施、办学校等，而得到民众的好评。在这种情况下，官方的旌表门闾只是对民众话语权的认可，意在使累世同居大家庭成员的行为符合伦理规范并引导他人。这方面的事例很多，宋太宗时期至少有：长沙县民翟景鸿因为"五世同居，内无异爨，诏旌表门闾"②；襄阳县百姓刘昉，"五世同居，长幼百口，内无异爨，诏旌表门闾"③；以及前文提及的奉新县民胡仲尧三世义居而旌表门闾的情况。

孝行、节烈等行为多发生在普通百姓身边，旌表门闾更能长久地彰显这些行为。雍熙三年（986），南剑州民张虔"父死，庐墓，墓侧瑞草生，诏旌表门闾"④。墓侧长出祥瑞之草，这当然不可信，但不论是民间的以讹传讹，还是官员的刻意谎报，都说明孝行显著，已为人所知。淳祐十一年（1251），"潭州民林符三世孝行，一门义居；福州陈氏，笄年守志，寿逾九裘，诏皆旌表其门"⑤。宝祐二年（1254），"诏湘潭县民陈克良孝行，表其门"⑥。

#### 2. 封表坟墓

对于历史上的或本朝已故的有影响的忠臣、孝子，宋政府往往采取

---

① 《杨万里集》卷七三《刘氏旌表门闾记》，中华书局笺注本，2007 年，第 3049 页。宋代旌表门闾格式，主要是继承前代做法。见程大昌《演繁露》卷一〇《旌表门闾》，《全宋笔记》第四编第九册，大象出版社 2008 年版，第 64 页。

② 钱若水：《宋太宗皇帝实录》卷二六太平兴国八年六月己亥，第 13 页。

③ 钱若水：《宋太宗皇帝实录》卷三一雍熙元年十一月癸酉，第 247—248 页。

④ 《宋会要辑稿》礼六一之一至二，第 1687—1688 页。

⑤ 《宋史》卷四三《理宗纪三》，第 844 页。

⑥ 《宋史》卷四四《理宗纪四》，第 851 页。

封表坟墓的方式扩大其社会影响。如绍熙二年（1191）敕文："应忠臣、孝子、义父、节妇坟墓所在，仰州县检照图经验实，量加封护，不得侵损。"① 似此类的诏书，在不同时期曾反复申明。

3. 宣付史馆

将被旌表人物的事迹由史官记载下来，使之名垂青史，自然是一种巨大的精神奖励。这种方式即使对已故的人，也同样适用。绍兴九年（1139），宋高宗"诏盛修已特赠武翼郎、阁门宣赞舍人，令本州守臣封表其墓，仍送史馆"②。绍兴十三年，"湖州言长兴县民华小九取肝以疗父疾，孝行显著，乞赐褒加。诏赐旌表门闾，宣付史馆"③。乾道五年（1169），广州奏"近年本州刘氏二女刳肝割股以疗母疾"，宋孝宗"诏刘氏本家赐旌表门闾，仍宣付史馆"④。

4. 更易乡里名

以被旌表人的事迹，来更易其所在乡里的名称，既是一种长久的纪念，也是重要的精神奖励。绍兴十三年（1143），宋高宗"诏信州铭（应为铅）山县民王小十刳腹取肝以愈母疾，可旌表门闾，易其乡名为旌孝，仍宣付史馆"⑤。该种表彰形式多见于孝义类的旌表对象。

5. 长吏致礼

在中国古代专制主义官僚体制下，地方长吏被称为"父母官"，长吏向普通百姓致礼，自然被看成一种荣誉。淳熙三年（1176），宋孝宗"诏吉州安福县乡贡进士刘承弼旌表门闾，仍令长吏致礼"⑥。嘉定四年（1211），宋宁宗"诏真州扬子县怀义乡里居吴汝明赐旌表门闾，令长吏致礼"⑦。

**(二) 物质方面的奖励**

一般而言，伴随着精神奖励的还有物质性的奖赏。这类奖赏主要是

---

① 《宋会要辑稿》礼六一之一三，第 1693 页。
② 《宋会要辑稿》礼六一之九，第 1691 页。
③ 《宋会要辑稿》礼六一之一一，第 1692 页。
④ 《宋会要辑稿》礼六一之一二，第 1693 页。
⑤ 《宋会要辑稿》礼六一之一一，第 1692 页。
⑥ 《宋会要辑稿》礼六一之一四，第 1694 页。
⑦ 《宋会要辑稿》礼六一之一三，第 1693 页。

免除徭役和赏赐米、帛等实物。除一次性奖赏外，朝廷还经常下诏要求地方官员对被旌表者"常加存恤"①，也同样会带来救济或奖赏性的物质利益。

1. 免除徭役

在各种物质性的奖励当中，免除徭役应该是最大的。宋代的徭役负担相当沉重，因此，免除徭役对人们来说是巨大的赏赐。大中祥符元年（1008），"诏旌表门闾人，自今税外免其杂差役"②。天禧四年（1020）的诏令提道："诏诸州旌表门闾户，与免户下色役，自馀合差丁夫科配，即准例施行。"③ 宋仁宗《天圣令》规定："诸孝子、顺孙、义夫、节妇，志行闻于乡闾者，具状以闻，表其门闾，同籍悉免色役。"④ 宋神宗时也规定，诸旌表门闾有敕书者，"所出役钱依官户法"⑤。这些优惠，都是官府明文规定的。

与其他旌表类型相比，义门在免除徭役中获得的优惠最多。一方面，义门在获旌表时往往同时获得免除徭役。如太平兴国四年（979），"徐州言彭城县民彭程四世同居，旌表门闾，常税外免其他役"⑥。另一方面，宋代为了征收赋税和征发徭役，根据各地的不同情况制定了户等制度，其基本特色是户等越高，赋役越重。义门累世同居，一般来说人口众多，经济实力比之一般门户要强，因此繁重的赋役对人口众多的大家庭也是不小的负担。政府对义门免除徭役，一定程度上解除了义门因不分家引起的赋役繁重问题。

2. 赏赐米、帛

一食二衣，对获旌表者赏赐米、帛也是宋朝统治者比较常见的做法。下面的材料，就显示了这种情况："永嘉县民陈侃五氏同居，内无异爨，侃事亲至孝，为乡里所称。诏旌表门闾，赐其母粟帛。"⑦ 元祐元年

---

① 《宋会要辑稿》礼六一之八，第1691页。

② 《宋会要辑稿》礼六一之二，第1688页。

③ 同上。

④ 佚名编、天一阁博物馆等校正：《天一阁藏明钞本天圣令校正》卷二二《赋役令》，中华书局2006年版，第50页。

⑤ 李焘：《续资治通鉴长编》卷二五六熙宁七年九月壬子，第6255页。

⑥ 《宋会要辑稿》礼六一之一，第1687页。

⑦ 李焘：《续资治通鉴长编》卷四〇太宗至道二年六月庚辰，第842页。

（1086），"岳州言前通判潭州黄诰庐父墓三年，生芝草甚众，诏本州支赐绢五十匹"①。元祐七年（1092），唐州言：王令妻吴氏夫死不嫁，节义出众，欲乞朝廷旌表。"诏赐绢一十匹，米一十石。"② 绍圣元年（1094），"卫州王奎言：'本州节妇王氏，少为窦安时妻，期年而安时卒，妇方孕。后数月，生男曰岸……今十二年，奉养舅姑无失，教育训子有方，乡人称之。请申赏典，以励志节。'诏赐米十斛、绢十匹"③。

在古代，农业生产力不甚发达、丰歉无常的情况下，米、帛等基本生活资料还是比较匮乏的。能够获得一定的米、帛，对人们日常生活的作用自不待言。而对于官府来说，这种物质性的赏赐，对引导民众道德走向具有更为明显的作用。

**(三) 政治身份的奖励**

1. 授予官职、科名或者升迁官职

宋代官方对事迹显著的孝子、忠臣往往授予官职、科名或者升迁官职。太平兴国五年（980），襄阳县民张巨源因五世同居而被旌表，"巨源尝习刑名书，特赐明法及第"④。元祐八年（1093），翰林学士、兼修国史范祖禹提到，资阳县民支渐年八十发由白变黑，牙齿落而复生，希望授予支渐一长史助教名目，最终"诏支渐与资州助教"⑤。宝文阁待制、知广州林遹，因为苗傅、刘正彦发动叛乱时首先致仕，"除龙图阁直学士以宠其节"⑥。原州通判米璞、前知陇州刘化源、前博州签判刘长孺都不仕伪齐，签书枢密院楼炤请求为此三人"并特除宫观差遣"，"具奏乞差充凤翔府教授"⑦，获得政府批准。还有达州文学睦昇因不仕金国、伪齐而被任命为修职郎，王宠因为讬疾不仕于伪齐而被任命为承务郎。

官员因为孝行显著而获得差遣或升迁官职，这方面的事例亦有不少：

① 《宋会要辑稿》礼六一之四，第 1689 页。
② 王令：《王令集》附录《吴夫人传》，第 405 页。
③ 《宋会要辑稿》礼六一之四，第 1689 页。
④ 《宋会要辑稿》礼六一之一，第 1687 页。
⑤ 《宋会要辑稿》礼六一之四，第 1689 页。
⑥ 《宋会要辑稿》礼六一之八，第 1691 页。
⑦ 《宋会要辑稿》礼六一之一〇，第 1692 页。

新筠州临江军巡辖马递铺王忠直因为孝行显著,"特与升等差遣"。① 另有武功大夫、英州刺史、特添差浙西副总管开赵因为取肝救父,"特转濮州团练使"②。

士大夫因为不仕金朝、伪齐或者不与起义军合作而获得的官职,大多为荣誉性的官职,并没有多少实权。对于孝行显著的普通民众,授予的官职多为教化官,而对于孝行显著的官员则委以重任。这同通过科考而授官截然不同,说明对于在伪朝待过的官员的不信任。

2. 赐予封号

赐予封号多见于对守节妇女的旌表,所赐封号一般为安人、孺人。元祐元年(1086),宋哲宗"诏故太常寺太祝包亿(应为繶)妻寿安县君崔氏,特封永嘉郡君,仍旌表门闾"③。政和六年(1116),宋徽宗"诏赠吉州吉水县项氏为孺人,以强民胁迫不从,断指而死,故旌之"。④淳熙三年(1176),临海县贡士朱伯履之妻陈氏,"有诏特封安人,旌表门闾,仍宣付史馆"⑤。对于"死于国事"⑥的妇女,则会赐予更高的封号。前文提到的杨珪母亲,令儿子"归正"而自己"拘留伪地,死于国事",被封为郡夫人。

## 三 旌表的社会影响

宋政府虽极力对忠孝节义等行为进行旌表,但并不是所有的忠孝节义都能获得旌表,而必须是事迹显著。换句话说,就是在地方上引起巨大反响,其实也就是获得地方民众的认同。如台州黄岩人郭琮,"幼丧父,事母极恭顺。……至道三年,诏书存恤孝悌,乡老陈赞率同里四十人状琮事于转运使以闻,有诏旌表门闾"⑦。如此看来,旌表的意图很明

① 《宋会要辑稿》礼六一之一四,第 1694 页。
② 《宋会要辑稿》礼六一之一五,第 1694 页。
③ 《宋会要辑稿》礼六一之三,第 1688 页。
④ 《宋会要辑稿》礼六一之七,第 1690 页。
⑤ 林表民:《赤城集》卷一四《节孝巷记》,文渊阁四库全书本,第 1356 册,第 740 页。
⑥ 《宋会要辑稿》礼六一之九,第 1691 页。
⑦ 《宋史》卷四五六《孝义》,第 13394 页。

显了，那就是激励百姓日常行为符合伦理规范，巩固地方上的统治秩序。正如宋人施坰所说："尚取行实之尤异者，旌其门闾，使乡里至愚者，皆知迁善远罪。"①

显而易见，"若将一家褒旌，天下纷纷指例"②，旌表对于民间社会风俗的导向具有重大的作用。宋代统治者正是通过对"忠孝节义"行为不断进行多方面的奖励，来促进社会风俗的美化。"自京师至于郡县，郡县至于乡党，其间有德行节义可称者取而旌之，爵于朝廷，死（当为衍文）表其门闾，如此风俗莫不勉励也。"③ 在这种情况下，广大民众将获得其认可的孝子、节妇等上报给政府，地方官员在朝廷的鼓励下也广泛找寻事迹显著的义居之家和个人，上报给朝廷之后，根据其在地方的影响而给予各种奖励。这对孝道、贞节、忠义的弘扬无疑有巨大作用，对个体小家庭的稳定、地方秩序的协调以及整个社会风气的好转有着潜移默化的作用，从而一定程度上巩固了专制统治。

也应看到，旌表作为一项制度，在实施过程中发挥的作用是多方面的，亦即在睦人伦、厚风俗的同时，也存在引诱官员百姓作弊、虚报谎报等情况。大观三年（1109），权知兖州王诏提到，由于崇宁四年（1105）的敕文中规定对于为祖父母、父母割肝治病者给予绢五匹、米面各一石、酒二斗的赏赐，民众"利于给赐，妄自伤残"④。朝廷意识到这一问题后，取消了崇宁四年的条例。绍兴十年（1140），臣僚上言中提到，应仿效前朝的做法，使各路州县的地方官对于所辖之地内有孝行并且有显著名声的，进行旌表，但对于"或有某人而不举，或举非其人者，皆罚之"⑤。可以看出，地方官为了彰显政绩，多有上报不实者。

宋代的旌表对士大夫的品格也有腐蚀作用。有些士大夫为获得旌表而行孝、义居，获得旌表后主动要求朝廷授官。如天圣七年（1029），

① 黄以周等：《续资治通鉴长编拾补》卷三二政和三年六月己亥，中华书局 2004 年版，第1058 页。

② 《元典章》礼部六《孝节》，中国书店 1990 年版，第 492 页。

③ 《范仲淹全集》附录五韩泽《淄州长山县建范文正公祠堂记》，四川大学出版社 2002 年版，第 1103 页。

④ 《宋会要辑稿》礼六一之六，第 1690 页。

⑤ 《宋会要辑稿》礼六一之一〇，第 1692 页。

"试国子四门助教刘中正上言，家本襄州，以义居表门，昨授试秩，今遇放选，乞依鲜于播例注官"①。再如通仕郎缪巘上言："伏为臣营葬祖父母，有鹤飞茔上，河北西路提举常平司敷奏，蒙恩特循一资，及赐绢五十匹、米十石。念父谏素行著于乡里，训臣有方，遂至叨忝科第。臣禄养弗逮，欲将今来循资恩命，支赐米帛更不祇受，乞回授臣父一官。"②通过上面两个例子可以看出，获得旌表的两人一个是为了自己升官，一个是为父求官。宋代虽有高级官僚荫补子弟为官的特权，但基本是在制度范围内进行，特恩荫补较为困难。况且，低级官员一般无机会荫补子弟。因此，打着儒家极力倡导的孝道招牌，利用旌表制度以求仕，自不失为一条捷径。

要之，宋代政府通过对不同群体、不同阶层的旌表，引导了社会的价值导向，对于民众的日常行为有着很强的规范作用，一定程度上扭转了五代以来的社会风俗。但是，宋代旌表制度又有监督不够严密等不完善之处，并在各个阶层中带来了负面作用。旌表制度在中国历代王朝中的长期实行，在一定程度上影响了中华民族的文化心理。

——原刊于《宋史研究论丛》第14辑，河北大学出版社2013年版
作者简介：王善军（1966— ），男，大连大学原中国古代社会与思想文化研究中心主任、研究员，主要从事宋史、宗族史研究。

---

① 《宋会要辑稿》礼六一之三，第1688页。
② 《宋会要辑稿》礼六一之五，第1689页。

# 金代金源地区形成的历史背景及其文人与作品

王禹浪

## 一　金代金源地区及其形成的历史背景

公元 12 世纪初，女真族兴起于中国东北的白山黑水之间。1115 年女真族英雄完颜阿骨打在统一女真各部的基础上，建立了女真历史上的第一个王朝政权，并将国号定为"金"。女真人完颜部的建基立业之地，被称为"金源内地"。

"金源"，作为一个汉语词语，代表着一个地域的称谓，既是对金王朝的国家政权源于此地的一种表述，也是对女真族肇兴于此的炫示和作为最高荣誉的永恒记忆。《金史·地理志》有着极为明确的表述："上京路，即海古之地，金之旧土也，国言'金'曰'按出虎'，按出虎水源于此，故名金源，建国之号盖取诸此。国初称为内地，天眷元年号上京。"①按出虎为女真语的音译，在《三朝北盟汇编》中译作阿禄阻，《金史》中亦有按出虎、安出虎、按出浒、阿术浒等不同的汉字音译的表述，皆为一音之转而异写也。"按出虎"的汉字称谓则最为常用。"按出虎"的意译则为"金"的意思，如果将"按出虎"一词快读，则与后女真期的满族的皇族姓氏"爱新觉罗"的"爱新"音同，因此也有人认为"爱新"的满语意译为金，则与女真语对"按出虎"的意译有共通之处，当为女真、满语之间的"金"的发音具有相同的祖语关系。在《金史》中，记

---

① 脱脱：《金史·志第五地理上》，中华书局 1975 年版。

载阿骨打在解释为何将国号命名为"金"的理由时，"上曰'辽以镔铁为号，取其坚也。镔铁虽坚，终亦变坏，惟金不变不坏。金之色白，完颜部色尚白'，于是国号大金，改元收国"①。故以金为国号。按出虎水为今黑龙江省哈尔滨市东南的阿什河，"海古水"今称海沟河，是阿什河的一条支流，均属于历史上的按出虎水流域。当为金之旧土即上京路会宁府的核心地区，即为金源。因此《大金国志》中称："上京会宁府，地名金源。"②"金源"一词除了见于文献记载外，在金代上京会宁府地区的碑刻铭文中也有发现。如：刻有"金源郡王"字样的金源郡王碑刻或墓志铭常有出土。金源郡王，是金朝初年为了分封那些在灭辽和灭亡北宋王朝期间战功卓著的女真贵族或皇族，由皇帝亲自赏封的最高荣誉封号。目前，发现的金源郡王的神道碑最远的就是俄罗斯境内滨海边疆区乌苏里斯克附近。这说明"金源"作为区域地名概念最初是源于金上京会宁府地区，其后"金源"的概念有所变化，其寓意和涵盖的地域不断扩大。

上京会宁府建在按出虎水（今阿什河）之侧，即地近海古勒水（今称海沟河）与阿什河交汇处。《金史·地理志》记载：初时为会宁州，金太宗时又将州升为府，于是又有会宁府的称谓。会宁府辖有会宁、曲江、宜春三县。会宁县是倚（府）郭县与会宁府同时设置。会宁县的辖境大体是南、西起至第二松花江（北流松花江），北至松花江（东流松花江），东抵牡丹江左岸的张广财岭一带。

金源地区的行政区域，主要包括会宁府所辖的上述三县。

今黑龙江省宾县新甸乡的金代古城，当为金代曲江县故址，其根据如下。

其一，曲江县原名镇东，镇东之意应是指按出虎水完颜部女真人，在建国前经常与其东方的五国部人发生征战，且有震慑东方五国部，以及其他生女真部落之意。……"曲江"当取江流曲折之意，或许依据唐、宋以来在京城附近专门辟有曲江池的故事。新甸古城正处在阿什河（金之按出虎水）之东方 50 公里的松花江与柳板河汇流曲折之处。

其二，上京会宁府共辖有三个县级行政区，其中会宁县与会宁府同

---

① 脱脱：《金史·本纪第二太祖》。

② （宋）宇文懋昭：《大金国志》，崔文印校正，中华书局 1986 年版。

时同地而置，而宜春、曲江两县均是大定七年（1167）设置，会宁府三县的建置前后相差多年，这说明随着金代商品经济的发展、人口的增加、土地的开发，一些中小城市也在北方悄然兴起。金世宗大定年间的"实内地"的政策，促使一些原来的军事城堡逐渐发展成为商业性城镇。曲江、宜春两县就是在这种历史背景下应运而生的。因此，从宾县新甸乡古城的考古文化及地域环境上看，曲江县的考古文化所反映出的城市物质文明的特色，应具有发达的手工业、商业、贸易、农业及其交通运输业等综合方面的城市功能与特征。

其三，新甸古城周长近 2 公里，与金代县一级的古城规模一致。根据实地考古调查可知，周长在 1500 米的古城当为猛安谋克级古城，而周长在 2000 米的古城则为县级古城。

其四，金代曲江县应当是会宁府以东至胡里改路（治所）之间的最大行政建置。因此，其城址规模亦应较大。经查金上京城故址以东，濒临松花江左岸之地，已发现有十余座金代古城，其中新甸古城规模最大。

其五，1982 年 3 月，笔者在新甸乡考古调查时，据当地群众介绍说，曾在古城内出土的金代铜镜的边款上发现有刻写的"曲江"二字。

综上所述，金代曲江县故址，当为黑龙江省宾县新甸乡古城无疑。

金源地区会宁府所辖宜春县故址为今天黑龙江省肇源县望海屯古城，

望海屯古城，位于肇源县三站乡西南 4 公里处的松花江右岸二阶台地上。古城南濒松花江的古河道，台地的东、西、南三面均临松花江漫滩之地，漫滩之中草蓬遍野，芦苇丛生，至今仍然是野鸭、大雁及各种飞禽的栖居之地，也是猎捕野鸭及大雁的场所。

望海屯古城东北 25 公里处为肇东县八里城，亦即金代肇州城故址。《东北历代疆域史》的作者认为："今肇源县望海屯为辽、金古城址，当是金代州城旧址，与《金史》所记出河店距鸭子河五里相符。《析津志·站赤》条记载：古祥州（今农安县城）正北一百二十里为斡母，东北三十里为肇州。依据方位、里程，金肇州应在今肇源县望海屯旧址。"[①] 笔者认为，望海屯古城周长仅 2500 米。是金代县一级规模的古城。不符合金代州级或节镇级建制规模，因此望海屯古城不可能是金代肇州城故址，

---

① 张博泉、苏金源、董玉英：《东北历代疆域史》，吉林人民出版社 1981 年版。

而应是金代宜春县故址,其东北方向的肇东八里城才是金代的肇州城。此一推论与明朝人编撰的《广舆图》所记正相符合。总之,望海屯古城当为金代宜春县故址无疑。①

由此可知,金上京会宁府的辖境,应是以阿什河流域为中心,而金源文化或金源内地的概念也正是以此为核心,并包括今拉林河流域、呼兰河流域以及蜚克图河流域、夹板河流域、木兰河流域、蚂蚁河流域、少陵河流域、票河流域、大通河流域及松花江中游左右两岸。其范围大致是:东至牡丹江、西至第二松花江右岸,北至呼兰河上游,南至拉林河流域(金称来流水)。

金朝建立后发动灭辽伐宋的战争,战争胜利的结果之一就是俘获了大批辽宋王朝的皇亲国戚、文臣武将、能工巧匠来到金上京会宁府地区。他们大多具有文韬武略、满腹经纶之才,对诗书礼义、风俗掌故、图书典籍无所不知。女真人把他们作为财富的一部分劫掠到金源内地,并为金源地区陡然间注入了较高的文化元素。尤其是那些文人的文学作品,为这塞北寒山的空寂和寥寞增添了勃勃生机。此外,金代女真贵族也十分仰慕中原文化和契丹族中较高的汉文化,并尽可能地努力学习和吸收这些高度发达的文明与文化。在战争中女真人掠夺了大量的辽、宋的文人和图书典籍,在这一过程中女真人并不甘于落后,而是努力把契丹人的汉化文学和汉族文学融会贯通。并在较短的时期内使女真贵族中也出现了一批优秀的文人及其作品。概括起来说,在金源内地出现了两种文人群体。一是被金朝扣留或仕金的汉族文人群体;二是受汉文化和契丹汉化影响而产生的女真贵族文人群体。这两种不同的文人群体的诗文作品都从不同的心境、不同的地位、不同的历史背景、不同的身世和不同的遭遇中,留下了风格和内容完全不同的文学作品。今天如果细细地品味这些反映金源文化或金源内地的金代文学作品,对于深刻理解当时的社会生活有着极为深刻的历史意义。女真族的文学作品中那种雄浑质朴、鸷鹰遒劲的豪迈性格与汉族文人所留下的国恨家仇、凄婉思乡、愁思无限的文学作品形成了完全不同的两种风格,金源地区的文人与作品所表现出的这种二元文化的文体,完全是处于两种不同境地的民族心理的写照。

---

① 王禹浪:《金源地区历史地理考证四则》,《黑龙江民族丛刊》2004 年第 4 期。

## 二 金源地区的文人及其作品

1. 女真族文人及其作品

金代初期的女真宗室贵族在政治、经济方面所享有的特权是极其显赫的。女真贵族是金代社会的特权阶层，占有金王朝的一切资源包括文化资源。他们在文学艺术上如饥似渴地学习汉族文化，在较短的时期内取得了辉煌的成就。

金朝初期女真族知识分子的核心就是皇族或贵族。《金史列传第四》中记载"勖，字勉道。本名乌野，穆宗第五子。好学问，国人呼为秀才……宗秀，字实甫，本名撕里忽。涉猎经史，通契丹大小字……阿喜，宗室子，好学问"①，等等。完颜勖、宗宪、赤盏晖在前方占据城池后，即取书籍以归；宗雄误中箭伤，在卧床治疗期间，依旧学习不殆，进而尽通契丹大、小字；完颜希尹参照汉字和契丹字创制了女真大字，并将南宋出使金朝的礼部尚书洪皓请到家中，教授其八子四书五经，儒家经典；纥石烈良弼年纪虽小却已为人师；术鲁阿鲁罕年八岁，便选习契丹字，再选习女真字，更在完颜亮初年"试外路胥吏三百人补随朝"时，考取"第一"；徒单镒则一举成为女真状元及第。

"剽悍的女真人和当初的契丹统治者一样，他们在战争中，经常发出对中原文化强烈渴求的愿望和无限的仰慕之情。例如：金太祖完颜阿骨打在发布'讨辽令'后，特别注意对文物典籍的搜求和保护。他说：'若克中京，所得礼乐仪仗图书文籍，并先次津发赴阙。'其弟金太宗吴乞买在灭亡北宋的战争中，对苏轼、黄庭坚的诗文，以及北宋编撰的《资治通鉴》等大量的图书典籍、镂板、绘画等无不尽取之。女真族的著名将领完颜宗雄更是'好学嗜书'的才子，被金国人呼为秀才。当宗翰与宗望攻占北宋都城汴京（今开封市）后，他们问宗雄想要什么，宗雄回答说，'惟好书耳'，便载书数车而还上京。继太宗之后，金熙宗在童年时代就能以汉语言文字'赋诗作画'，酷爱'雅歌儒服……尽失女真故态矣。'熙宗之后的海陵王完颜亮、世宗完颜雍热爱汉文化尤甚，并成为有

① 脱脱：《金史·乌野传》。

金一代的汉诗大家。可见，女真人在对汉文化的汲取中，逐渐走向与汉族文化的融合体中，从而在金代黑龙江流域的古代文坛上，造就了一批以写汉诗为主的历史人物，开创了黑龙江流域继渤海国之后的文章盛世。"①

以完颜亮为代表的女真族诗词作家"将苏轼豪放派词风与女真族特有的草原游牧、森林狩猎、江河渔捞和平原农耕等北方民族文化特征相结合；而具有的刚健粗犷民族性格和气质，使女真文学显现出朴直遒劲豪放的美学风格"②。因此，完颜亮在中原文化传统词的创作方法的基础上，加上在金源地区的切身感受以及战场上的豪情勃发，将词作加以创新发展，远远超越了北宋豪放派诗人的纸上谈兵之作。

完颜亮是金朝历史上罕见的积极推行汉化的皇帝，一生创作的汉文诗词不下数百首，他的作品，时人"能诵忆尚多"，但流传至今的却只有十余首，且鲜为人知。现摘录几首仅存诗词，通过鉴赏作品来分析完颜亮当时的心理。

### 以事出使道驿有竹辄咏之

孤驿萧萧竹一丛，不同凡卉媚东风。

我心正与君相似，只待云梢拂碧空。

这是完颜亮篡位前为岐王时所作。借咏竹言志，此"竹"不同"凡卉"，坚持自己的信念与志向，誓冲云霄"拂"碧空，傲视天下！

### 书壁述怀

蛟龙潜匿隐沧波，且与虾蟆作混合。

等待一朝头角就，撼摇霹雳震山河。

这也是海陵王未篡位时的诗作。是借"龙"来隐喻自己，表现自己绝不与当时的"虾蟆"之辈苟同。"潜匿"是暂时的，等待时机一到，便

---

① 王禹浪：《金代黑龙江流域的历史与文化》，《哈尔滨学院学报》2006 年第 1 期。

② 王通、牛小东：《完颜亮及其诗词特点》，《中北大学学报》（社会科学版）2005 年第 6 期。

"撼摇霹雳震山河"，这首诗抒发了完颜亮的雄心壮志。

### 南征至维扬渔江左 (一作《题西湖图》)

万里车书尽会同，江南岂有别疆封。

屯兵百万西湖上，立马吴山第一峰。

诗风豪爽英迈、骨力遒劲，诗中充分表现生气勃勃的女真贵族，要效法秦始皇统一江南的雄心壮志。

### 念奴娇·咏雪

天丁震怒，掀翻银海，散乱珠箔。六出奇花飞滚滚，平填了、山中丘壑。皓虎颠狂，素麟猖獗，掣断珍珠索。玉龙酣战，鳞甲满天飘落。

谁念万里关山，征夫僵立，缟带沾旗脚。色映戈矛，光摇剑戟，杀气横戎幕。貔虎豪雄，偏禆英勇，共与谈兵略。须拼一醉，看取碧空寥廓。

完颜亮最著名的文学作品便是这首《念奴娇·咏雪》词。贯穿全文，可以感受到作者写词时的万丈豪情，词调气势勃发，声势浩大，雷霆万钧。"天丁"即道家传说中的六丁力士。力士震怒，掀翻了银海，雪花飘洒，犹如珍珠散落。大雪纷纷扬扬，竟平填了山中丘壑，一个"平"字，写出了雪的浩大，也暗喻了作者非凡的气势。大雪飞坠的气势像是天上的白虎和麒麟颠狂、猖獗地掣断珠绳撒下珠粒。然后借用典故即张元的"战起玉龙三百万，败鳞残甲满天飞"，来描写雪到处飞舞，犹玉龙酣战一般。下阕从雪转入关山，作者联想到边关雪中的征夫猛将，军营的凝重肃杀。最后一句"须拼一醉，看取碧空寥廓"，更显作者的豪情大志。

从上述作品中可以看出完颜亮既继承了北方民族崇勇尚武、率直粗犷的民族性格，又因自幼受到良好的汉化教育，有着较深厚的汉文化知识，因而形成了其词作豪放宏大并富有文化底蕴的风格，他以北方帝王雄心抱负的词风在金源文坛中占有一席之地。

完颜勖，本名乌野，也译作乌也、乌页、乌拽马，后改用汉名韵，字勉励。他是辽庭首命的生女真部族节度使、生女真杰出首领完颜乌古乃（景祖）之孙，即乌古乃第五子盈歌（穆宗）的儿子。是金代开国君主阿骨打的亲叔弟。他受当时社会环境和家族的影响及熏陶，见多识广，思路开阔，才华出众，"国人呼为秀才"。但可惜其作品都已逸失。

《辽金元艺文志》中记载"金源郡王完颜勖撰《始祖以下十帝实录》三卷、《太祖实录》二十卷、《女真郡望姓氏谱》《熙宗尊号册文》《金源郡王完颜勖集》《金源郡王完颜勖诗集》《金源郡王完颜勖谏表》"①。由此可见，其在金源文化中的地位与影响是不可小视的。

金朝建立初期，金源地区的贵族多爱慕中原文化，将北方特有的自然风景和南方的诗词韵律结合，用来表达自己的感受，从诗词中可以看出女真族军事胜利的意气蓬勃，处处显示出其傲视天下、磅礴大气的心境。

2. 金源地区汉族文人及其作品

金初，由于对辽、宋战争不断，女真贵族仰慕汉文化日久，扣留了许多由宋入金的使者。金灭亡北宋后俘获了一大批亡国君臣，同时他们都是文化涵养极高的大文学家。大会六年（1128）八月，凯旋而归的女真人将徽、钦二帝、后妃、皇子、帝姬、诸王、驸马、嫔妃、宗室妇女，及太学博士、国子监书库官、画工、医官、杂戏、教坊乐人、能工巧匠等数千人，跋涉数千里，凌虐押解至上京会宁府。汉族人遭受空前的苦难，家国沦丧，蒙受着奇耻大辱。在上京写下了许多感伤怀时的作品，用以排解心中郁愤，徽、钦二帝是其中最典型的"北狩"汉族皇帝。此外，还有宇文虚中、吴激、高士谈、蔡松年、马定国等仕金的汉族文人群体。

宋徽宗是能书善画的风流天子，从幼年起就喜欢作画，善描丹青，尤工于花卉鸟禽，当皇帝后成立了宣和画院，专门集合一批文人墨客和书画家，吟诗作画。靖康二年初，金兵攻陷汴京，父子皇帝及皇族成员全部作为俘虏随金兵北迁，因于五国城。宋徽宗在异国偏远地区，作为俘虏，生活发生了翻天覆地的变化，感时伤怀写下了不少愁苦的诗作，但今流传甚少，其中有：

---

① 杨家骆编：《辽金元艺文志》（上册），世界书局 1976 年版。

### 燕山亭·北行见杏花

裁剪冰绡，轻叠数重，洗著胭脂匀注。新样靓妆，艳溢香融，羞杀蕊珠宫女。易得凋零，更多少无情风雨。愁苦！问院落凄凉，几番春暮？

凭寄离恨重重，者双燕，何曾会人言语。天遥地远，万水千山，知他故宫何处？怎不思量，除梦里有时曾去。无据，和梦也有时不做。

作者在北行途中，看见杏花开得艳丽，但又感慨风雨无情，杏花易凋零，借杏花比喻自己的处境，在北方寒冷边地，有时梦里依稀见故宫，更为让人伤怀的是，有时即便在梦中也不得见故国，作者的凄凉悲苦溢于言语之间。

到五国城后，"留传二首题为《思断肠》的律诗"①：

> 彻夜西风撼破扉，萧条孤影一灯微。
> 家山回首三千里，目断天南无雁飞。
>
> 九叶鸿基一旦休，猖狂不听直臣谋。
> 甘心万里为降虏，故国悲凉玉殿秋。

五国城地处塞北寒山之地，被因于此后，徽宗天天盼望南边故国（南宋）解救他，现在落到如此地步，悔恨当初听信佞臣之言。从这首词中可以看出徽宗的悔恨懊恼、日日盼望南归的落寞心理。

### 眼儿媚 (赵佶绝笔)

玉京曾忆昔繁华，万里帝王家。琼林玉殿，朝喧弦管，暮列笙琶。花城人去今萧索，春梦绕胡沙。家山何处？忍听羌笛，吹彻梅花。

---

① 李仁志：《宋徽钦二帝北疆遗事》，《东北史地》2008 年第 1 期。

在最后弥留之际，徽宗怀念南京的繁华，现在已经人去楼空，已不知家在何方。在郁郁中徽宗病死，可怜可叹。

被扣留与被俘的北宋文人中，有一部分仕金，并对金王朝的影响较大。宇文虚中在金朝初年就曾在大金国主持文坛，据洪皓在《松漠纪闻》中记录，金朝的官制、禄格、封荫、讳谥，皆出自宇文虚中，由此可见宇文虚中将中原的意识理念灌输给女真人，当之无愧是促进女真文化与汉文化发展的重要人物。

宇文虚中，先世河南人，于唐末入蜀。宋徽宗大观三年（1109）进士及第，历官州县，政和五年（1115）入为起居舍人、国史院编修官，官至资政殿大学士。历仕徽宗、钦宗、高宗三朝。南宋时任黄门侍郎。高宗建炎二年（1128）毅然应诏使金，被软禁。获释后仕金与礼部尚书、翰林学士韩昉俱掌词命。金天眷年间（1138—1140），累官翰林学士、知制诰，兼太常卿，封河南郡国公；以书《太祖睿德神功碑》，进阶为金紫光禄大夫。皇统二年（1142）金移文南宋，索其家属北迁。皇统四年（宋绍兴十四年，1144年）虚中仕为翰林学士承旨，加特进，迁礼部尚书，承旨如故。皇统六年（宋绍兴十六年，1146年），虚中暗中联络中原东北豪杰义勇举事复宋，事泄被杀，全家老幼百口同日遇害。

### 中秋觅酒

今夜家家月，临筵照绮楼。哪知孤馆客，独抱故乡愁。

感激时难遇，讴吟意未休，应分千斛酒，来洗百年忧。

在中秋全家团圆的时刻，作者想起家乡，但现实也只能做客他乡，愁绪满溢，只能喝酒来麻醉自己，以减少对国家的忧虑。

### 在金日作

#### 其一

满腹诗书漫古今，频年流落易伤心。

南冠终日囚军府，北雁何时到上林？

开口摧颓空抱朴，协肩奔走尚腰金。

莫邪利剑今何在？不斩奸邪恨最深！

其二

遥夜沉沉满幕霜，有时归梦到家乡。

传闻已筑西河馆，自许能肥北海羊。

回首两朝俱草莽，驰心万里绝农桑。

人生一死浑闲事，裂眥穿胸不汝忘！

第一首诗写自己满腹才情，可以知古今，却流落异乡多年，每每思及便伤心。身为南冠士人终日被囚禁在军府，借北雁归上林比喻自己，期望回到家乡。自己满腔抱负如今化为虚无，当年的莫邪利剑若在，定要斩那些亡国的佞臣。

第二首写作者思念家乡，自嘲比作苏武，坚持心中信念，死亦何惧！从这两首诗可以看出宇文虚中虽仕金，却念念不忘故土之情。

金初期的汉族文学家有着深刻的国恨家仇及其怀念故土的情感。金源地区在受到了以中原汉族文化为主体的文风刺激和影响下，形成了极具特色的地域文化。女真贵族借助汉族文人好诗文的特点，努力学习和借鉴他们的作品，并把自己的心境完全置于与汉族文人完全相反的地位上。所以写出了不同于汉族文人的文学作品，具有积极向上，抒发豪情壮志的诗篇。这种处于不同境遇下的作品的历史背景应该引起学术界的注意。

# 三　金代金源地区文人作品在历史中的价值和意义

1. 女真文化与汉文化相互涵化影响，初步形成别具一格的金源文化

涵化，又称文化适应。涵化概念最早由美国人类学家罗伯特·雷德菲尔德（Robert Redfield）、拉尔夫·林顿（Ralph Linton）和梅尔维尔·赫斯科维茨（Melville Jean Herskovits）等人，于20世纪30年代中期提出的理论。他们在《文化适应研究备忘录》中对涵化作出了比较明确的解释："当拥有不同文化的个人或群体间进行直接的接触，继而引起一方或双方原有文化模式发生变化的现象叫做涵化"，国内认为涵化是"两个或

两个以上不同的文化体系间由于持续接触和影响造成的一方或双方发生大规模的文化变迁"。① 在金源地区,女真文人及其作品的质朴、豪放、进取的风格与汉族文人及其作品所表现出的凄冷、愁绪、哀婉的格调正是这种涵化的结果,这两种浑然不同的心境表述的作品构筑了独特的金源文学的特征。

陶晋生在《女真史论》中第一次使用了涵化的概念,"这些都是女真人与中原汉人及其文化接触后的涵化现象"②。但是他侧重从政治上,解释女真统治者如何借用儒家伦理建立中央集权和任用汉人制度。笔者认为政治上的汉化,其实也是文化涵化的一个重要表现。

金朝在灭亡辽朝和北宋期间,这两大王朝的图书典籍和文人墨客,都作为战利品源源不断地被输运到金源地区,这就为女真贵族学习中原汉族文化提供了最便捷和最有效的途径。从《金史》记载中可以看出,女真贵族爱慕中原文化,悉取书籍,尽通汉字与契丹大小字。女真族统治的金王朝致力于政治统治的同时,对各种先进的文化表现出无限的崇拜和渴求及占有的欲望。女真贵族积极提高自身修养,仕金汉人亦将中原的制度、文化、思想引进金朝,原来荒凉的阿什河流域的金源地区迅速蜕变成了文明高度发达的区域。

女真贵族主动接受汉文化,汉族文人仕金并融入女真社会,为双方的涵化创造了前提和条件。金朝初期缺乏专门的教育机构和经验,但是金朝皇帝以及女真贵族都十分重视对子孙的文化知识和道德品行的教育,聘请文化涵养较高的宋人与契丹人作为家庭教师专门辅导皇族与贵族子弟,已成为当时的金源地区的一种社会风尚。如;洪皓成为完颜希尹及其家族子孙的老师,韩昉则成为熙宗完颜亶的帝师,等等。女真贵族不以俘虏的汉人身份高低而划分贵贱,而是由皇帝下令,对待各族文人学士采取与女真人同样"量才通用"的政策。这种由上至下的推动政治改革和促进化转型的做法,对于金源地区的女真人与汉族人快速涵化和融合、融入起到了极为重要的作用。

具体到文字语言的表现形式上,便是女真贵族能够熟练地运用汉诗

---

① 刘玉梅:《涵化研究综述及其思考》,《湖州师范学院学报》2011 年第 2 期。

② 陶晋生:《女真史论》,台湾食货出版社 1981 年版。

来表达心境的能力。他们借鉴汉诗的韵律与中原汉人的图书典籍、经史子集等经典充实自己，并不断地从中汲取营养。从女真文人的诗词作品中可以看出女真文人的文学作品既融入了汉文化的委婉和浪漫，又表现了女真文化率直豪放的性格。中原汉族文化的细腻表现形式与金源地区辽阔无垠的山川地貌相结合，赋予了金源文化中的文人作品扎实文风。

2. 金源地区文人与作品所表现的文化是继渤海国之后，黑龙江流域少数民族文化发展的另一个高峰，在诗歌作品的创作上已经远远超过了渤海国时期的水准

首先，表现在金朝创建了自己的文字——女真大字和女真小字。渤海国则一直没有创制出自己的文字，说明渤海国时期对于语言和文字的创造力的乏力是显而易见的。《金史》记载："金人初无文字，……与邻国交好，乃用契丹字。金建国初期太祖完颜阿骨打就命完颜希尹撰本国字，备制度，而后来的熙宗完颜亶乃依据汉人楷字，因契丹字制度，合本国语，制女真字，与希尹所制字俱行用，希尹所撰谓之女真大字，熙宗所撰谓之小字。"[①] 文字的创制代表了一个民族的文明发展程度，女真大、小字的建立正是金源地区文化迅猛发展的最有力的证明。

其次，金朝通过军事胜利直接将中原汉族文人迁移到金源地区。而渤海国只是派遣少量的留学生到长安学习中原的古今制度，搜集和抄回有限的汉文书籍，回国后进一步学习和研究。而金朝则是将中原汉族的文人羁留或仕留在金源地区，与女真人生活在一起。在女真人中，与汉族人通婚的现象已经十分普遍。这是中原汉族文人文化与女真族的文化相互交流、交融，并促使女真文化迅速嬗变成为具有浓郁汉族文化特征的重要原因。

再次，金源地区的文学作品保留的数量相对较多，仅在元好问的《中州集》中就存有诗词三百余首。赵秉文（1159—1232），金代学者、书法家。字周臣，号闲闲居士，晚年称闲闲老人。磁州滏阳（今河北省磁县）人。世宗大定二十五年进士，调安塞主簿。历平定州刺史，为政宽简，历仕五朝，自奉如寒士，未尝一日废书。能诗文，诗歌多写自然景物，又工草书，所著有《闲闲老人滏水文集》。刘祁著有《归潜志》，

---

① 穆鸿利：《女真字史料摘抄》，《内蒙古大学学报》（社会科学版）1979 年第 3、4 期。

其中收集了大量的金代金源地区的文人及其文学作品。

而渤海国的文学作品则存世不多，并零星散存在中日两国的历史文献中，据初步统计仅余数十首。女真人崇文尚武的性格和传统一直是这一民族的风尚，这种风尚一直影响到后女真时期的清朝的满族。元好问、赵秉文、刘祁等人在金朝亡国后有意识地保存了大量有关金源地区的文人及文学作品，是十分难得的金源文化研究的第一手资料。

通过上述对金源地区文人及其文学作品的叙述和研究，可以看出金代金源地区的文学作品的风格种类，主要是女真族与汉族两种。这两种不同风格的文学作品代表着处在不同遭遇和地位的心境，同时也是当时金源地区社会发展状况的真实反映。陈寅恪先生在的《元白诗笺证稿》中提出"以诗证史的概念"，则是本文的主要愿望。

——原刊于《黑龙江民族丛刊》2012 年第 3 期

作者简介：王禹浪（1957— ），男，大连大学原东北史研究中心主任，教授，主要从事东北区域史的研究。

# 中国古代妇女缘坐及其刑罚

## 何燕侠　王　慧

中国古代的礼教是以家族为中心的，传统法律中也贯穿着浓厚的家族主义色彩。在中国古代刑罚中，有一种称为"族诛"的刑罚，又名"族刑"，也称为"缘坐""连坐"。即一个人犯罪，要株连全族，一个本来没有罪责的人，因他和犯罪的人同属于一个宗族，因而发生法律上的连带责任。

"缘坐"与"连坐"二者的含义是不同的。台北戴炎辉指出："唐律以来，缘坐指正犯的亲属亦被处罚，而连坐乃正犯的同职或伍保负连带责任。"[①] 缘坐，指一人犯罪，株连家族、家属。而"连坐"，或称"从坐""相坐""随坐"，是因一人犯法而使同僚、邻里等有一定关系的人连带受刑罚的制度。缘坐主要适用于谋反、谋叛、大逆不道等危害皇权的重大犯罪。因家族中有男子犯这些重罪，而妇女也要受到广泛的株连，特别是出嫁女既要受到父亲家族的株连，还要受到丈夫家族的株连。但在不同的历史时期妇女的缘坐范围及其处罚是有变化的。本文主要从性别、家族主义的角度对妇女缘坐及其处罚进行梳理与探析。

## 一　妇女缘坐及其范围

"缘坐"在夏商周时期是以"孥戮"的形式存在的。《尚书·甘誓》载：夏朝有"予则孥戮汝"。汉代儒家孔安国解释："孥，子也。非但止其身，辱及汝子，言耻累也。"这里的"孥戮"是罪及犯罪者的儿子，即

---

① 戴炎辉：《中国法制史》，台湾三民书局 1979 年版，第 55 页。

杀死犯罪者与他的儿子。《汤誓》载："予则孥戮汝，罔有攸赦。"孔安国解释为："古之用刑，父子兄弟罪不相及，今云孥戮汝，无有所赦，权以协之，使勿犯。"①

春秋战国时期，成文法出现后，缘坐制度以"夷三族"的形式出现，从秦朝开始实施。《史记·秦本纪》："（秦）文公二十年，法初有三族之罪。"② 这里的"三族"有的说是指父母、兄弟、妻子；有的说是指父族、母族、妻族。陈顾远先生认为"缘坐之始盖秦也"。商鞅变法，在秦国严刑峻法下，族刑的范围有所扩大，一家有罪，有时株连九族。商鞅本人被处以残酷的刑罚，还被株连全族。秦始皇即位后，正式颁布"以古非今者，族"，可见族刑由秦朝明定为正刑。

汉承秦制，汉代时缘坐制度以"夷三族"的形式继续存在。九章律中有"夷三族"的明文规定。《汉书·刑法志》中记载："汉兴之初，虽有约法三章，网漏吞舟之鱼，然其大辟，尚有夷三族之令。"③ 汉文帝时期，进行了一系列刑罚制度的改革，但是保留了"夷三族"。汉代犯大逆不道罪者，家属均须缘坐，犯罪者本人处以腰斩，其父母、妻、子、同产，皆受弃市之刑。《汉书·景帝纪》注如淳引律："大逆无道，父母妻子同产皆弃市。"④ 对于出嫁女，不论父族还是夫族有人犯罪都要受牵连而从坐，即如果父亲犯罪处以族刑，要从坐受戮；同样，夫家成员有人犯罪处族刑，也要跟随受戮。即"一人之身，内外受辟"⑤。

夏商周时期的"孥戮"，是对犯罪者全族的诛杀；战国、秦汉时期的"夷三族"是对与犯罪者相关的三族的诛杀，三族即父族、母族、妻族，即包括祖父母、父母、兄弟、姊妹、妻子、儿子、儿媳、女儿、孙女等。可见，"夷三族"形式的缘坐制度对妇女的株连是广泛的。就妇女个人而言，因结婚、生子发生的身份转换，由婚前的女儿、婚后的人妻、生育后的母亲等不同角色承担不同的缘坐责任，特别是出嫁女不仅要受到夫族的株连，也要受父族的株连。

---

① 沈家本：《历代刑法考》，中华书局 2006 年版，第 81 页。
② 同上书，第 71 页。
③ 同上书，第 74 页。
④ 班固：《汉书·景帝纪》，中华书局 1997 年版，第 142 页。
⑤ 《晋书·刑法志》，中华书局 1996 年版，第 926 页。

## 二　妇女缘坐范围的变化

魏晋南北朝时期，缘坐范围逐步缩小，特别是妇女缘坐的范围发生了变化，最终改变了出嫁女"一人之身，内外受辟"的处罚。

曹魏前期，对大逆不道罪缘坐的处罚，由汉代的"弃市"改为"腰斩"。缘坐范围也相对缩小，即不株连祖父母、孙子。魏律规定："大逆不道，腰斩，家属从坐，不及祖父母、孙。"① 曹魏后期，对妇女缘坐范围进一步缩小，是由"毋丘俭"一案引起的。《晋书·刑法志》"毋丘俭传"中记载，毋丘俭因案判处族刑后，他的孙女出嫁刘氏，因毋丘罪，应当同案处死，但因正在怀孕，被羁押在廷尉处。魏国的司隶主簿程咸向朝廷进谏说："女适人者，若已产育，则成他家之母，于防不足以惩奸乱之原，于情则伤孝子之恩。男不遇罪于他族，女独戮于二门，非所以哀矜女弱，均法制之大分也。""臣以为在室之女，从父母之诛；既醮之妇，从夫家之罚。宜改旧科，以为永制。"于是有诏，改定律令。② 魏景帝之后，解决了出嫁女"一人之身，内外受辟"的困扰，出嫁女不受再父族株连，只受夫族株连，出嫁之女不再因父母之罪缘坐而受刑。

曹魏制定《新律》，沿用汉朝缘坐之法，但是缩小了缘坐范围。此后各王朝也都逐步缩小缘坐范围。《新律规定》：凡大逆无道罪，本人腰斩，但不株连隔代之辈。高贵乡公在位又规定：出嫁之妇，仅受夫家株连，改变了以往已婚妇女同时受夫家和父家两方株连的状况。西晋《泰始律》规定：养子养女及出嫁之妇不再连坐亲生父母弃市罪。南朝《梁律》规定：犯谋反、叛降、大逆以上罪的妻妾、姊妹等应从坐弃市的妇女，可免除死刑，没为官奴婢。北魏也缩小了株连范围，犯大逆不道者，本人腰斩，诛其同籍，十四岁以下男子改处腐刑，女子没为官奴婢。晋朝时，"晋怀帝除夷三族刑，明帝又复之，唯不及妇人。自是之后，凡从坐之母妻姊妹等，皆得不死而没官奴婢。故《隋志》自梁以降，遂无夷三族之刑"。三国曹魏时期，对于妇女缘坐的法律规定进一步明确，改变了妇女原来"一人之

---

① 沈家本：《历代刑法考》，第 74 页。
② 《晋书·刑法志》，第 926 页。

身，内外受辟"的状况，此后历代出嫁女不再受父族的株连。

## 三 对妇女缘坐的刑罚

北魏后期"缘坐"首次见于正史，在《魏书》中记载："及浩被诛，陆遐后妻，宝兴从母也，缘坐没官。"① 这里是指北魏时期的军事谋略家崔浩，以修史宣扬"国恶"的罪名被诛，已经出嫁的女儿因为父亲身犯死罪而被牵连没官的案例。缘坐制度在唐朝时期正式入律，并进一步详细完备。从《唐律疏议》中能够看到缘坐制度的律文规定、司法解释，其中也明确了缘坐罪的相关罪名及处罚，其中包括谋反、大逆、谋叛、谋杀等罪名。

随着缘坐制度在法律中的进一步完善，对于缘坐时所受刑罚的规定也更加详细。《隋书·刑法志》中《梁律》记载：其谋反、降叛、大逆已上皆斩。父子同产男，无少长，皆弃市。母妻姊妹及应从坐弃市者，妻子女妾同补奚官为奴婢。资财没官。②

《唐律》《宋刑统》规定，"诸谋反及大逆者皆斩，父子年十六以上皆绞，十五以下及母女妻妾（子妻妾也同），祖孙兄弟姊妹、若部曲资财田宅，并没官，男夫年八十及笃疾、妇人年六十及废疾者并免（余条妇人应缘坐者准此），伯叔父兄弟之子，皆流三千里，不限籍之同异"。可见，在唐宋时期母女妻妾受株连，但不至于死刑，或没为奴婢，或被流放。此外对于出嫁妇女也有明确的条文规定："若女许嫁已定，归其夫，出养、入道及聘妻未成者，不追坐（出养者，从所养坐）；道士及妇人（尼姑）、若部曲奴婢，犯反逆者，止坐其身。"③

南宋法规定，造反者连坐，出嫁女受夫族株连。明清律的刑律（盗贼）规定，谋反时，宗族中祖父、子孙、兄弟，伯叔、侄子，不管同籍与否，受诛刑。而且同居者只要是男性，不管是否亲戚、同姓一律斩。但是，十五岁以下男子、母女妻妾姊妹及儿子的妻妾罚为奴隶，送给功臣之家。明

---

① 《魏书》卷三十五，中华书局1997年版，第826页。
② 沈家本：《历代刑法考》，第84页。
③ 同上书，第85页。

清律诛杀、缘坐范围进一步扩大，但是，妇女株连比男性轻（见表1）。

表1　　　　　　　中国古代妇女缘坐范围及其处罚的变化

| 朝代 | 缘坐范围 | 对男性的刑罚 | 对妇女的刑罚 |
|---|---|---|---|
| 夏、商、周 | 全族 | 诛杀 | 诛杀 |
| 春秋、战国 | 父族、母族、妻族 | 诛杀 | 诛杀 |
| 秦、汉 | （大逆不道罪）父母、妻子、同产者 | 弃市 | 弃市 |
| 曹魏前期 | （大逆不道罪）家属从坐，不及父母、孙 | 腰斩，不及父、孙 | 腰斩，不及母 |
| 曹魏后期、西晋 | 除谋反罪之外，已出的嫡母、养母和出嫁女，不再坐父母之罪 | 谋反：弃市 | 凡从坐之母妻姊妹等，免死，没为官奴婢 |
| 隋朝 | （谋反、降叛、大逆）父子、同产男、母妻姊妹、妻子女妾 | 父子同产男，弃市 | 母妻姊妹、妻子女妾、奚官为奴婢 |
| 唐、宋 | （谋反、降叛、大逆）父子、祖孙、兄弟、姊妹、部曲；伯叔、父兄弟之子 | 父子年十六以上皆绞；祖孙兄弟若部曲资财田宅，没官；男夫年八十及笃疾者免；伯叔父兄弟之子，皆流三千里，道士犯反逆者，止坐其身 | 十五以下及母女妻妾（子妻妾）绞；姊妹并没官；妇人年六十及废疾者免；凡从坐之母妻姊妹等，皆得不死而没为官奴婢，不限籍之同异若女许嫁已定，归其夫，出养、入道及聘妻未成者，不追坐（出养者，从所养坐）及妇人（尼姑）、若部曲奴婢，犯反逆者，止坐其身 |
| 明、清 | （谋反）祖父、子孙、兄弟，伯叔、侄子、母女、妻妾、姊妹、儿子的妻妾 | 祖父、子孙、兄弟，伯叔、侄子，不管同籍与否，受诛刑。男性同居者，一律斩。十五岁以下男子没为奴隶 | 母女妻妾姊妹及儿子的妻妾罚为奴隶 |

注：此表由笔者根据沈家本《历代刑法考》整理而成。

# 结　语

　　缘坐制度从夏商周时期开始，一直到清朝的灭亡，在古代中国存在了两千年之久。从夏商周的"孥戮"、春秋战国秦汉的"夷三族"，到三国北魏时出现"缘坐"，直至唐朝缘坐法正式入律，缘坐制度经历不同的历史时期，逐渐趋于完备。妇女缘坐的范围及处罚也不断发生变化。但是，从性别的角度来看，在家族主义的作用下，妇女缘坐的范围及惩罚方式与家族中的男性相比是有不同的。

　　古代中国的法律是以男性为中心制定的，男尊女卑的传统法律没有给予妇女独立的人格，妇女没有民事行为能力和刑事责任能力，因妇女生育的生理特征及在室女、出嫁女、妻子、母亲等身份上的特殊性，传统法律往往把妇女与老人、残疾人、未成年人放在一起，列为法律保护的对象。但是，对谋反、谋叛、大逆不道等危害皇权的重大犯罪实行的缘坐刑罚中，除对正犯严惩外，对其亲属和家属也进行相应的处罚，妇女也不例外。因家族中男子犯罪而妇女要受到广泛的株连，而且出嫁女既要受到父亲家族的连坐，还要受到丈夫家族的连坐。妇女缘坐范围发展到曹魏西晋时期终于改变了出嫁女"一人之身，内外受辟"的情况，出嫁女只坐夫族、不坐父族，妇女缘坐范围有所缩小。

　　从缘坐的刑罚中，还可以看到在古代中国刑罚中存在男女同罪异罚的现象。男女性别不同，缘坐所受的刑罚也不相同。在家族主义之下，对男性缘坐实行重罚，一律处死，只是在死刑方式上有减轻的倾向，从夏商周的"诛杀"、秦汉时期的"腰斩"，到隋唐时期减轻为"弃市"。相对于男性，妇女缘坐所受的刑罚从夏商周时期的"诛杀"、秦汉时期的"弃市"，到隋唐时期减轻为"没为官奴"，妇女缘坐所受的刑罚随着时代的变迁逐渐减轻。在缘坐制度中，妇女对家族中的犯罪者承担部分连带责任，而男性要承担主要连带责任。

——原刊于《大连大学学报》2014 年第 5 期

作者简介：何燕侠（1961—　），女，大连大学法学院教授，主要从事中国法制史研究；王慧（1987—　），女，大连大学人文学部研究生，主要从事中国法制史研究。

# 传统与现代:民国知识分子眼中的民间信仰

## ——以华北方志为例

### 段文艳

作为地方风俗的民间信仰向来是传统方志中不可缺少的内容,也是反映地方文化的重要部分。民国方志与以往方志的不同之处在于,不仅保留了原有的写作结构,还加入了著述者的很多即兴式述评。探究其中所蕴含的地方性精英思想文化与民间信仰之关系,对于深入理解不同文化形态在历史转型时期的发展趋向有重要价值。

## 一 从淫祠到迷信:精英思想的转变

民间信仰是一种以普通百姓为主体信众的文化类型,产生并融合于他们的日常生活与习俗之中。它影响着民众的行为意识,并给其以精神依托和助力。同时,民间信仰也是一种约定俗成的生活方式,作为风俗习惯在民众日常生活中得以传承。精英思想文化是与大众文化相对而言的,其知识主要来源于系统性、目的性、计划性的社会教育。传统社会中,精英思想文化与民间信仰文化既表现为上与下、雅与俗的疏离关系,也在很多方面存在互构的交融关系。"神道设教"是传统社会中官方教化百姓的重要途径,因此,精英思想一方面常常批判民间"愚夫愚妇"求神祷告时烧香焚纸的行为过度靡费,信仰活动中的男女混杂也背离礼制,有伤风化,无益于人心稳定;另一方面他们力图通过规训和引导把民间的迎神赛会等宗教信仰活动视为其实现社会教化、维持社会秩序的重要途径。

传统知识精英对于民间信仰的批判,立足点往往并不在信仰本身,而是多针对其"靡费"和"惑众"的弊端。废毁淫祀的目的既在于对民众精神世界的引导、社会秩序的规范，也在于将不必要的"靡费"补足民生、充实财政的现实目的，而较少关心和重视以民间信仰为核心的民众精神生活本身。18 世纪早期的著名法学家沈之奇在谈到"祭祀"条款中所强调的"煽惑人民"这一因素时明白地写道：小民百姓若是受惑于异端邪说，便可能产生思想"摇动"，从而引致"蔓延生乱"①。以此不难看出，传统国家的关注中心其实在于社会秩序的稳定、国家的安全，以及民间信仰的功用价值。作为精英知识分子的中国士大夫阶层与民众阶层之间的文化差异比起民间不同宗教信仰者之间的教派差异，似乎要更为引人注意。

近代早期，受过儒家教育的传统精英知识分子对于民间信仰的态度大体上仍延续了传统的批判性话语。1893 年，陈炽在其《庸书》中专门讨论"淫祀"问题。这位早期维新思想家站在传统无神论的立场，对于祀典以外的民间信仰进行了不遗余力的批判。认为三代之后"淫祀之兴，遂遍天下，几于天地不有，无人不拜，不能究诘，不可限量，乃至僵石枯木，奉若神灵，问卜求医，决之签，游手无业之辈，因得假托枯木，惑世诬民"②。康有为也以兴学育才为目的，在百日维新期间连上《请饬各省改书院淫祠为学堂折》《请尊孔圣为国教立教部教会以孔子纪年而废淫祀折》两折，认为民间"谬设庙祀，于人心无激励，于俗尚无所风导，徒令妖巫欺惑，神怪惊人，虚靡牲礼之资，日竭香烛之费"③。可见，康有为等近代知识分子反对民间信仰的立足点仍在"邪惑""靡费"等项，目的在于承认、维护现行统治政权的正统性与稳定性，这与传统文人的批判角度是一致的。

随着西方文化的传入与冲击，特别是在民族救亡的主题下，精英思想文化与民间信仰文化以民族文化的同一身份共处于西方文化的对立面，二者之间的关系也更凸显出了时代的意义。启蒙与被启蒙、教育与被教育、先进与落后、国家与民族等概念都与之产生了复杂的关系。

---

① 姚雨芗：《大清律例会通新纂》卷十五，台湾文海出版社 1987 年版，第 12 页。
② 赵树贵、曾丽雅：《陈炽集》，中华书局 1997 年版，第 33—34 页。
③ 汤志钧：《康有为政论集》，中华书局 1981 年版，第 279—280 页。

目前学界已有的关于近代知识分子和民间信仰关系的研究，大多都集中在那些接受了科学、民主思想的现代精英知识分子的反迷信思想上，而很少注意到受过传统文化熏陶的地方精英对民间信仰的认识状态。地方志是集中反映地方精英知识分子思想的重要文献，考察其中对民间信仰的记述，对于深入了解这一群体在历史转型期的思想面貌有着重要的意义。

## 二 从传统到现代:地方精英思想与民间信仰

从 19 世纪中叶以后所修的华北方志来看，受现代性话语的影响，地方精英知识分子对于民间信仰的论述态度从总体上来看是很复杂的，他们或是或否，持论不一，下文即根据其审视民间信仰的不同角度，分别论述。

从古圣先贤的立场出发，基本上肯定以礼法为核心的民间信仰风俗，特别是对祖先祭祀中的"孝行"给予充分肯定，认为"孝""礼"乃信仰之核心因素和目的，关乎社会风尚之维系。例如《晋县志》记载"每岁当元旦、清明两节，七月望、十月朔与忌日，有木主者祭木主，兼墓祭;无木主者专祭墓。除逆子外，未有不行此礼者，诚善俗也"[1]。《新城县志》亦有"民国丧礼，改三年之丧为二十七日，官不解职，士不辍考。自父母始殁以至除服，凡先圣、帝王所定一切之礼，悉废不用。此四千余年一大变也。孔子曰:'慎终追远，民德归厚。'此之不务，而欲民德之不偷，岂可得哉"[2]。可以说，以"孝"为核心的丧葬礼仪是民间信仰与精英思想文化融合得最彻底的一个层面。华北社会向有"百善孝为先，万恶淫为首"的民间谚语，孝道作为民众基本的行为准则，一方面体现在生前的伺候，另一方面就体现在死后的祭祀，因此，丧礼往往是人们向去世的双亲表示孝心的重要仪式，而精英思想对祖先祭祀的肯定就成为民间厚葬礼俗的原因之一。

---

① 丁世良、赵放:《中国地方志民俗资料汇编·华北卷》，书目文献出版社 1989 年版，第 88 页。

② 《新城县志·地俗篇·礼俗》卷二十，民国刊本。

酬神赛会多为民间信仰的重要组成部分，也是地方文化的主要载体，与地方经济和民众精神风貌有着密切的关系。所以，从娱乐的角度对民间演戏酬神的行为给予肯定也是精英思想的重要观点。如："至献戏酬神，清代期绝不爽，迄于民国初年，尚能继续，不过期移前后，略有变更，虽属迷信，借此稍娱劳作之苦。民十以后，苛捐杂税，兵匪频临，民不聊生，胡能演剧，鼓乐歌声不见于吾县者，几十五年矣。民苦无穷，民乐未有，歌'誓将去汝'之诗，泪如雨下矣。"① 作者从民生谈习俗之改变，注意到"迷信"之外的演戏酬神对于普通民众生活之必要，同情之意溢于言表。在"迷信"话语开始盛行的背景下，这种对民间信仰仍抱有同情心的看法很具有代表性。不过，此观点的出发点仍不外乎社会秩序的维系和传统社会风尚的推崇。对于戏曲在祭祀中的作用，也有地方精英人士颇不以为然，他们从传统礼制的角度出发，认为在举行合法的正祀时，如果献的戏为乡间杂戏，则与敬神思想不相吻合，而主张用雅乐。但是戏剧的发展逐渐由娱神向娱人转变的趋势却是事实，普通民众只注重戏剧给自己来的愉悦，而无暇顾及它是否适合神灵，越是乡间俚俗的东西越能得到普通民众的钟爱，但是民众的喜好却与社会精英在礼制方面的要求于现实生活中出现了分歧，甚至有人说："（城隍庙）且神者聪明正直之谓，顾乃造建歌楼，演唱杂剧，导淫败俗，失业耗财，举国若狂，视为固然，以此敬神，慢孰甚焉。"② 由此看来，如何看待传统艺术与民间信仰的关系，是一个自古以来就有颇多争议的问题。

神道设教的观点，仍为部分传统精英思想所认可。《清河县志》的撰述者曾就该县所设社稷坛、八腊庙、药王庙乃至马神庙都进行了一番考究，以古证今，表述了一番颇为耐人寻味的观点。提醒反"迷信"人士不可数典忘祖："按社稷坛，人多疑涉于神权，视为迷信，抑知社司土、稷司谷，均创造土谷，利施兆民之先民乎。考《春秋传》，共工氏有子曰勾龙，有平水土功，烈山氏有子曰柱，为稷官，周弃亦为稷官，吾中国自古以农为本，稷功在播种发明粒食，然五谷非土无以生，故自夏商以迄明清，均立坛致祭，以示推本报功，与欧美各邦纪念创造事业伟人之

---

① 丁世良、赵放：《中国地方志民俗资料汇编·华北卷》，第189页。
② 《万泉县志·祠祀》卷二，民国刊本。

义同一心理，若以为迷信，不免有数典忘祖之诮矣。"不仅如此，作者还对于标榜进步的学子，不明历史，轻言"迷信"的做法表示痛心："（八蜡庙）民国十四年，因该庙圮坏，又将残剩砖瓦重建一小庙。……曰昆虫者，非祭昆虫，祭其除昆虫而有功于我者也云云。观此则知八蜡系大有造于农事之创始，先哲昭昭明矣。……不明八蜡意义之学子反以建置八蜡祠庙为迷信，不尤令人可笑而可痛欤。"甚至还认为马神庙"于社会大矣，饮水思源，实有立庙致祭之价值，若习焉弗察，视为迷信，岂不谬哉"。同时，对与龙王同处一庙的火神祭祀，也持肯定态度，认为这是"纪念先哲功德之意，不可与龙王同日而语也"①。但是，与对待龙王的态度相同，在提到风雨雷电山川坛时，作者也不得不承认"此本属于神权时代之旧制，亦含有神道设教微意。当此科学昌明，风云雷雨据物理学气象学均有确实之证明，废之亦宜"。一方面，对于民间信仰在传统社会中"神道设教"的社会功绩给予肯定，并用历史考据的方式试图证明其合理性；另一方面也对西方科学知识的合理性表示认可，这反映了处于社会转型期的精英思想的时代性特征。而这在作者对于药王庙的看法中尤其得到了集中的体现：

> 药王殿，门庑殿阁……金碧璀璨冕服庄严之铜像，遂日灸雨淋，峙立于荒草瓦砾间，而莫之恤也，悲夫。按黄农君臣创《本草》、《素问》难经诸书，开后世医药之源，登后人乐寿之域，尊为药王，立庙敬礼宜矣。奈人徒知形式上之崇拜，未能就其已发明者而光大之，致医理坠落，医学失传。倘将药王庙重新修建，立医学研究会，凡古今中西内外两科之精蕴详为解释，有裨于人生大矣。又何至杂病流行，仅诿天命而束手待毙哉。②

这一段话中，作者感叹昔日辉煌庄严之铜像，今日却因日久雨淋，立于荒草瓦砾间无人问津。并由此谈及黄农创本草遗惠后人，并被尊为药王的历史，对于后人"徒知形式上之崇拜，未能就其已发明者而光大

---

① 《清河县志·舆地志》卷二，民国刊本。
② 同上。

之，致医理坠落，医学失传"的事实表示遗憾。同时提倡人们继承先人之衣钵，将"将药王庙重新修建，立医学研究会，凡古今中西内外两科之精蕴详为解释，有裨于人生大矣。又何至杂病流行，仅诿天命，而束手待毙哉"。此句话中的"医学研究会"，"古今中西内外两科之精蕴"两语，集中表现出了处在社会转型期的传统知识分子的思想意识之面向。可以说在面对民间信仰这一问题上，他们的思想是复杂的，但其已受到西方科学思想的影响这一点也清晰可见。

巫觋行为是道教的重要信仰仪式，因为可以对日常生活中的困境提供一种超自然的解释和指导，对民众有着很深的影响，甚至对儒家学说也有一定的渗入。董仲舒的天人感应、阴阳五行学说即有集中体现。因而，地方精英知识分子中必然有对于民间占卜、风水的行为，持理解甚至肯定态度者。传统文化本身的复杂知识构成使他们对民间信仰的态度也更为多样，例如，"命相……此学乃由历史名人生年八字，归纳各种公理公例，更由此等公理以断今人命运。其学至精，绝非迷信，不过海内时流，精此者少，吾县更无通者"①。这段话出自《阳原县志》，前文已论及此县志作者对于民间酬神演戏的同情态度，并借用颇有现代新意的"迷信"一语判断民间酬神演戏属于"迷信"行为，而在后文提及民间占卜、风水行为时，又特别强调占卜行为"绝非迷信"，这种前后矛盾的话语表达，很典型地反映出了此一时期的地方知识分子在对现代化的理解过程中，他们既积极又消极的双面性。由此可见，地方精英知识分子在对民间信仰是否为"迷信"这一性质所属的问题上，他们努力在为自身赋予话语的解释权，试图对侵入乡村地方性知识空间的外来文化和知识体系做出调适，当然也由此形成了传统与现代两种知识分子群体之间的对话空间。

从经济的角度，批评民间庙会中的靡费现象，反对葬礼中争相厚葬的行为，是民国时期华北方志中的另一主要观点。"近世丧礼日趋靡费，唪经不已，继以演剧。种种陋习，亟宜革除，是在有转移风化之责者。"②另外，他们还否定民间信仰中治病、骗财等个人行为。认为是愚夫愚妇

①　丁世良、赵放：《中国地方志民俗资料汇编·华北卷》，第189—190页。
②　《完县新志·风土第六》卷八，民国刊本。

愚昧盲从，于人于己毫无益处，徒为败坏社会风气之痼疾。"惟民智晚开，迷信甚深，一举一动莫不以卜筮为赖。愚夫、愚妇信之若神，趋之若鹜。"① 另外，方志中也不乏受近代科学思想之影响的激进知识分子，他们将民间信仰活动一概斥为迷信活动，并主张完全禁绝，以肃风气。地方精英思想对于民间信仰的认识并非清晰可辨，诸如"迷信""风习""宗教""信仰"等词语的使用都较为随意。虽然地方精英对于民间信仰问题多持否定并主废弃的态度，但也大多以为此类恶俗是积习难改，对其无可奈何。如上述《景县志》所论"而无知之妇女受其害甚多，但沉迷已久，一时甚难破除，更不足言宗教矣"②。地方志是一种传统的文化载体，其中所反映的多为地方精英对于当地文化风习的记载和认识。这一群体多将民间信仰盛行归为地方教化问题，不过，他们也逐渐意识到信仰习俗的逐渐淡漠和废除是因为"民智渐开"，此中所谓的"民智"，已经有了受近代文明影响的话语痕迹。

　　性别因素也一直是地方精英对于民间信仰大为诟病的一个重要原因。这主要表现在两个方面，一方面是对女性神灵的偏见，另一方面是对妇女信仰群体的责难。关于女性神灵被精英阶层诟病的事实，彭慕兰曾以泰山女神（碧霞元君）为例，做过详细的考察。她认为国家，尤其是儒家文人带着疑虑和敌意看待碧霞元君崇拜，是因为在社会和性活动的范围内，碧霞元君对于女性通过信仰行为诱导了她们在现实生活中的反叛意念，进而危害了家庭及社会秩序的稳固。③ 不论彭慕兰的观点是否公允，是否具有典型性，但对于从性别视角来观察民间信仰与精英知识分子之间的关系这一论题，却是颇有新意并引人思考的。传统社会中，比起女神，女尼、神婆等女性宗教师在精英阶层眼中的地位和形象就或许更加低下。赵世瑜曾利用《金瓶梅》《醒世姻缘传》等小说材料，对此进行过透彻的分析。由于近代佛道宗教的式微，这种身份的女性，特别是女尼的人数大为减少，因而逐渐淡出了知识分子的批判范围。在此姑不

---

①　丁世良、赵放：《中国地方志民俗资料汇编·华北卷》，第216页。

②　《景县志·风土志·宗教》卷六，民国刊本。

③　彭慕兰：《泰山女神信仰中的权力、性别与多元文化》，韦思谛编《中国大众宗教》，江苏人民出版社2006年版，第115页。

赘言。

比起对女性神灵与女性宗教师的偏见，地方精英群体对于热衷神灵信仰的女性群体却一贯大加责难。如"妇女多信鬼神，好算卦"① 等。这些地方精英对于女性好鬼神的行为多归因于她们见识短浅、思想愚昧所致，而极少从女性所处家庭、社会环境着眼。不仅如此，以维护地方风化为目的，批判那些积极参与庙会的女性，认为她们在庙会上的言行不合妇道，影响体统。民国以后，激进知识分子对于民间信仰的批判大多都是从信仰本身的性质出发，以贴"迷信"标签的方式概而论之，诸如"善男信女""愚夫愚妇"等，较少像传统知识分子那样特别将女性信仰与风化联系起来。这当然主要归因于近代社会风气的转化及社会性别观念的改观。不过，尽管传统性别观念在近代已经发生了相当之变化，但仍有对女性借信仰活动进入公共空间的行为持异议甚至颇有微词者。例如河南《偃师县志》载："近城妇女每于三伏之日集中于城隍庙中，男女混杂，夜坐于地，背相对而假寐。其风流之妇彻夜念经，或作捕蛾、推车种种之丑戏。民国以来，屡禁不辍。所以民国十六年毁神像时惹出偌大风波，老婆成群将学生殴了一次，经县长弹压乃免。"② 且不论该志所记是否恰如所论，单看作者乃至学生对于此事件之态度和立场，则精英知识分子对待民间信仰中的女性群体之态度确实是一目了然：他们虽提及庙中"男女混杂"，但接下来的记述里所谓"混杂"其中的男性便全然无了踪影，只剩下"风流之妇"在那"彻夜念经"了，而惹出偌大风波的也只是成群的老婆。将女性视为信仰之主体，既指出了民间信仰的一个事实面向，但其中也体现了知识分子之性别观念。

从地方志的体例编排与写作方式上，也能探析到地方精英知识分子对待民间信仰时不同的价值取向。他们不仅有意将地方庙宇沿革详细记录，所谓"以备后之君子考览焉"③。甚至还把灾异、民间信仰传说等故事记录下来，例如，民国时期，河南省西平县曾经发生过妖异，县志有载。虽然作者明言记载的目的是："略放其体，以著斯编，天道人事变幻

---

① 《新乡县续志·风俗志》卷二，民国刊本。
② 《偃师县风土志略·第五编·礼俗》，民国刊本。
③ 《西平县志·寺庙》卷二，民国刊本。

无穷,览者亦可以资考镜焉。"但从其语言叙述上,仍能看到作者本人对妖异事件的态度:"中华民国十七年四月妖作,民大恐。先是,冯玉祥于民国十六年率革命军入豫,下令破除迷信,毁坏神像。西平县长丁世平、吴文璋,先后将县城城隍庙及附郭各祀宇神像一律销毁。人心颇不安,至是妖作,各乡村入夜即张灯持械防妖。妖或作人形、或作兽形,出没无常,一时民间大起恐慌,阅半月始绝迹。"作者将冯玉祥破除迷信、毁坏神像,与妖大作、民不安联系起来加以记载,显然是对反"迷信"行为略有微词。更在接下来的文字中大发感叹:"庙宇亦一律铲平成荒丘矣,沧海桑田,不禁感慨系之。"① 此处"沧海桑田"一语,道尽了多少怅然若失的心态,刻画了多少无所适从的精神形貌呢?

地方精英除了在言论上对于民间信仰行为或臧或否,还在实际行动上有着不同的表示。1907 年 6 月,俄国汉学家米·瓦·阿列克谢耶夫在旅行到山东曲阜的时候,正赶上当地百姓祈雨,他曾惊异于一位县官违背传统文人招待客人的基本礼法而去临时参与求雨行动,以安抚百姓的事情。② 这种情况其实具有普遍性,由于华北平原特有的自然环境,祈雨是农民生活的重要内容,在地方政府不能为民众解决生存困境的情形下,参与民众的祈雨活动是他们安抚百姓、维护当地治安的必要手段和政务。方志中还记载很多地方政府在日食、月食等天象发生时参与祭祀仪式的活动。例如,在发生日食现象时,"知州率僚属及僧道等于大堂前,击鼓鸣锣,救护亏缺。行五揖四拜礼。食甚,驰走三遍;生光,又走三遍;复圆,行礼如初而散"③。不过,可以肯定的是,传统精英知识分子对于民间信仰活动的态度大体上多是持批判态度的,只是在对待策略上,不同地区仍有差异。

除地方官为维持秩序参与民间祭祀活动外,甚至还有军界人士的参与,"民国三年,陆海军部呈请合祀汉关羽、宋岳飞。每岁春秋,祭于武庙。迄二十五年,改定国历九月三十日,崇祀关、岳,至今未替。其祀

---

① 《西平县志·寺庙》卷三十四、三十九,民国刊本阎国栋译。

② [俄]米·瓦·阿列克谢耶夫:《1907 年中国纪行》,云南人民出版社 2001 年版,第 111 页。

③ 《蓟县志·祀典》卷七,民国刊本。

典亦无定式,仅县长率警察官长鞠躬致敬而已"①。对于关岳庙的祭祀,与近代民族主义思想的影响及社会背景有着密切的关系,对此,将另文探讨。不过,精英知识分子在民国前后对待民间信仰的态度复杂性,对于民众社会有着重要的导向作用,也加剧了民众信仰生活的无序化,成为近代反"迷信"运动不能深入开展的原因之一。

对于从信仰的角度探讨民间信仰之必要性的言论,在地方精英思想中,虽然很少,但亦有发人深思者。如民国《南宫县志》的编者在考察该县所存各庙的历史后,论道:"民国肇兴,破除迷信,一切淫祀皆废,而正祀亦因而俱废。夫祀典,所以表人心之宗仰者也。凡人有心,不可以无所系属。理想高尚者,其所宗仰正以确;理想低下者,其所宗仰鄙以俚。要为有所系属,以趋于向善则一也。人知迷信之当祛,不知迷信而外,尚有不可祛者,存则非除迷信者之所与知也。"② 在这段话中,作者显然已注意到"人心之宗仰"的重要性,并指出"理想高尚者"与"理想低下者"在此问题上的不同层次。所谓"理想高尚者"显然是指精英阶层,而"理想低下者"则为与之相对的普通民众。作者认为,尽管这两个群体在"宗仰"上存在"正以确"和"鄙以俚"的差异性,但是"要为有所系属,以趋于向善则一也"。也就是说,差异是正常的,关键是人们内心应该有所归依,而且任何思想不管形式如何,根本都在于"向善"就可以了。并因此认为"人知迷信之当去,不知迷信而外尚有不可去者"。这是在近代历史上精英知识分子中少有的从民众本身的主体性出发,来关注其信仰内核的言论。

## 三 结 语

综上所述,民国时期以儒学为首的地方精英思想对于民间信仰的态度仍更多地停留在批判的层次,而较少从再造国民的角度谈及对其进行改造与创新。不过,从传统士绅对淫祀批判,到现代知识分子的反迷信话语,精英知识分子对民间信仰的批判话语从角色的立场上看是承续的。

---

① 丁世良、赵放:《中国地方志民俗资料汇编·华北卷》,第188页。
② 《南宫县志·法制志·建制篇》卷五,民国刊本。

在民众信仰活动的态度上，精英知识分子的自身身份认知也是一致的，例如《迁安县志》的作者所言"按邑之习俗多近迷信，虽递经改革，尚多因仍，司民牧者与乡先生盖与有责焉"①。此处所谓"司民牧者"和"乡先生"的责任意识，正是知识分子群体在社会转型期对于自身身份价值的再次认可与塑造。虽然地方精英思想对于民间信仰的批判或多或少仍存在保守的倾向，不过，总的趋势，是在地方自治引导的新式学堂和新式村政建立的背景下，全国的、官方的话语和价值标准，正在逐步取代地方性的话语和价值观，并成为维系权力合法性和辩护行为的正当性武器。在地方志的相关记载中，"迷信"一语也已经为大部分传统士人所认可、接受，并逐渐成为一种流行性话语。正如李怀印所说："乡村精英们欣然接受了外加制度，并视之为自肥的机会；他们热情地模仿、借用官方话语的新词语，从而为自己与官府之间的交流以及他们彼此之间的言谈，披上时髦的外衣。"② 不仅是对外加制度，对于诸如"迷信"这样的外来知识词语，地方精英们也较普通民众容易接纳并使用，尽管在使用过程中，仍有一定的排拒，但他们的接纳和试用本身已经可以说是传统乡村社会开始发生转型的最初信号和表征了。

——原刊于《大连大学学报》2015 年第 4 期

作者简介：段文艳（1982—　），女，大连大学历史学院讲师，主要从事中国民间宗教研究。

---

① 《迁安县志·谣俗篇》卷十九，民国。

② 李怀印：《华北村治——晚清和民国时期的国家与乡村》，中华书局 2008 年版，第 26—27 页。

中外文化比较研究

# 清前期对日丝织品贸易初探

## 何　宇

　　自古以来，生丝和丝织品便是我国最主要的对日输出品之一。早在三国时期我国的丝织品便以赐赠的方式传入日本；五胡十六国时期，相传为秦始皇后人的百济人弓月君将大量丝织品及养蚕和丝织技术传往日本；隋唐时期，中日两国的丝绸贸易获得了长足的发展；两宋时期，随着我国海上贸易的发展，在对日贸易过程中输出的丝织品数量及其在总贸易额中所占的比例都有了进一步的提高；明清时代，我国的蚕桑业和丝织技术进一步提高，技术提升所带来的生丝产量的提高和丝织品质地的精美保证了其长期居于对日贸易的主要输出物品之列。

　　关于清前期中日丝织品贸易的研究，中日学者贡献良多，岩生成一、山胁悌二郎和永积洋子对丝织品数量进行了统计，木宫泰彦则在总论中日文化交流时颇多相关论述，松浦章则在研究中日文化交流时列举了有关中日丝织品贸易的相关事例。奈良修一对于 17 世纪我国蚕丝生产和中日贸易也有相关论述；中国学者李金明对清初中日长崎贸易有所表述，林仁川记录了许多中日间走私贸易的案例，并作出了分析，魏能涛则从宏观的角度探讨了明清时期中日贸易的阶段性特征。[①]

---

　　① ［日］岩生成一：《关于近世日支贸易数量の考察》，《史学杂志》第 62 编第 11 号；山胁悌二郎：《长崎の唐人贸易》，吉川弘文馆 1964 年版；［日］永积洋子：《唐船输出入品数量一览：1637—1833》，（东京）创文社 1987 年版；［日］木宫泰彦：《日中文化交流史》，胡锡年译，商务印书馆 1980 年版；［日］松浦章：《清代海外贸易史の研究》，京都朋友书店 2002 年版；［日］奈良修一：《中国十七世纪における生丝と日本への输出》，《和田德教授古稀纪念明清时代の法と社会》，汲古书院 1993 年版；李金明：《清初中日长崎贸易》，《中国社会经济史研究》2005 年第 3 期；林仁川：《明末清初私人海上贸易》，华东师范大学出版社 1987 年版；魏能涛：《明清时期中日长崎商船贸易》，《中国史研究》1986 年第 2 期。

# 一 开海之前的中日丝绸贸易

清初中日贸易的发展继承了明中期以来私人海外贸易发展的衣钵，而作为清初中日贸易的一个重要组成部分，对日丝绸贸易自然也是对明后期双方丝绸贸易蓬勃发展的一种承袭。自明中后期起，丝绸便是中日贸易过程中对日输出数量最大的货物之一。徐光启对此情况曾描述道："彼中百货，取资于我，最多者无若丝，次则瓷，最急者，无如药。通国所用，展转灌输，即南北并通，不厌多也。"① 入清以后，中日之间的丝绸贸易依然保持繁荣发展的坚强态势，每年都有大量的中国生丝和丝织品输入日本市场。广东、福建和浙江地区是清代对日贸易的主要区域，而生丝和丝织品一直是这三地主要的输日物品。下分述之。

广东地区出口到日本的贸易品种类繁多，数量也比较大，主要有丝、丝织品、棉布、铁器、糖、药材，等等。日本学者西川如见在《华夷通商考》中对广东地区的对日输出物品种类做了详细的统计，现列举如下：

> 白丝、黄丝、锦、金缎、二彩五丝、七丝（即素花绸子）、天鹅绒、八丝、闪缎、锁服、柳条、绫子、绉绸、纱绫、捻线绸、䊵绵、紬、绸、漆器、陶器、铜器、锡器、针、马口铁、眼镜、龙眼、荔枝、沉香、乌木、木棉（作枕芯用）、玳瑁、槟榔子、龙脑、麝香、珍珠英石（药物）、眼茄（木实，形色似茄而小，眼病时用以拭眼）、山归来、漆、椰子、菠萝蜜、蚺蛇胆（药物）、锅、水银、天蚕丝、端砚（砚石）、车渠（石）、花梨木、藤、翡翠（鸟）、鹦鹉、五色雀、碧鸡孔雀、药种、蜡药。②

我们以 1651 年入港的两艘广州船为例，对各种对日输出品的种类和输入量做一下探讨（见表 1、表 2）。

---

① 徐光启：《海防迂说》，陈子龙选辑《明经世文编》卷四九一，中华书局 1962 年版，第5442 页。

② ［日］木宫泰彦：《日中文化交流史》，胡锡年译，商务印书馆 1980 年版，第 674—675 页。

| 表1 | | | | | | | | | | | | | | | | |
|---|---|---|---|---|---|---|---|---|---|---|---|---|---|---|---|---|

**1651 年 8 月 4 日入港的广州船负载货物**

| 输出品 | 生丝 | 白纶子 | 白纱绫 | 缩缅 | 黑繻子 | 各种缎子 | 麻布 | 赤更纱 | 鲛皮 | 麝香 | 白砂糖 | 伽罗 | 各种菜种 | 杂货 | 铜锣 |
|---|---|---|---|---|---|---|---|---|---|---|---|---|---|---|---|
| 输出量 | 700 斤 | 2627 斤 | 2469 斤 | 206 斤 | 32 斤 | 24 斤 | 35 斤 | 31 斤 | 200 张 | 100 斤 | 10000 斤 | 1 壶 | 5000 斤 | 6 箱 | 12 个 |

**表2　　　　　　　1651 年 8 月 7 日入港的广州船负载货物**

| 输出品 | 生丝 | 白纶子 | 纱绫 | 白砂糖 | 黑砂糖 | 山归来 | 鹿皮 | 大鹿皮 | 苏木 | 赤更纱 | 麝香 | 菜种 |
|---|---|---|---|---|---|---|---|---|---|---|---|---|
| 输出量 | 400 斤 | 1320 斤 | 3521 斤 | 6400 斤 | 2500 斤 | 2000 斤 | 2300 张 | 750 张 | 20000 斤 | 27 斤 | 30 斤 | 17 包 |

资料来源：[日] 永积洋子：《唐船输出入品数量一览 1637—1833》，创文社 1987 年版，第 50 页。

从表1、表2 统计可以看出，广东地区对日输出的贸易品以丝织品和砂糖数量为最多。其中，丝织品重量轻、价值高，是商人最乐于携带的贸易品，而且广东丝绸素有"广纱甲于天下"的美誉，颇受日人的欢迎。因此，丝织品的利润在输日货物的利润总量中占有极高的比例。

福建作为清前期对日贸易的重要区域，当地海商每年都向日本输出大量的货物，西川如见在《华夷通商考》中对中国主要对日贸易省份的输日货物种类做了详细统计，现将福建地区的主要输日货物列举如下：

> 书籍、墨迹、绘画、墨、纸、笔、布、葛布、白丝、绫子、绉绸、纱绫、八丝、五丝、柳条、绫镶、纱、紀、罗、捻线绸、绢绸、闪缎、天鹅绒、南京绡、丝线、棉布、绫条布、砂糖、甘蔗、佛手柑、橄榄、龙眼、荔枝、天门冬、明矾、绿矾、花文石、鹿角菜、紫菜、牛筋（用作弹棉弓弦）、天蚕丝、瓷器、美人蕉（盆栽的小芭蕉）、线香、铸造漆器、古董、扇子、针、栟篦、蜡、降真香、茴香、藕粉、鱼胶、丝绵、茶、蜜饯、花生、药物、化妆品。①

当时，丝织品是福建地区最主要的对日输出品之一，福建海商输入日本的丝织品种类繁多，既有生丝，又有各式绫、罗、绸、缎等生丝制

---

① [日] 木宫泰彦：《日中文化交流史》，第 674 页。

成品。

江浙地区在开海之后迅速超越福建，成为当时我国对日贸易最主要的区域，其对日贸易优势地位的确立必然有其物质基础，而种类繁多且数量庞大的贸易品则义不容辞地担当起了这一角色。江浙地区的对日贸易品种类相当多，日本学者西川如见在《华夷通商考》中对此作了详细统计，现列举如下：

南京省：书籍、白丝、绫子、纱绫、绉绸、罗、纱、靶、闪缎、南京缎子、锦、南京绡、金缎、五丝、柳条、袜褐、捻线绸、金线棉布、绢绸、棉布、斜纹棉布、丝绵、皮棉布、丝线、纸、信纸、墨、笔、扇子、箔、砚石、线香、针、梽篦、香袋、人造花、茶、茶瓶、瓷器、铸器、锡器、镶嵌金银的刀护手、漆器（堆朱、清贝描金、朱漆、屈轮、沉金）、光明朱、绿青、明矾、绿矾、红豆、芡实、槟榔子、檀香、芍药、黄精、何首乌、白术、石斛、甘草、海螵蛸、紫金锭、蜡药、花石、纸质偶人、角质工艺品、革制文卷匣（俗称拜匣）、刺绣、书画、古董、化妆品及化妆用具、药种。

浙江省：白丝、绉绸、绫子、纱绫、南京缎子、锦、金丝布、葛布、毛毡、绵、罗、南京绡、茶、纸、竹纸、扇子、笔、墨、砚石、瓷器、茶碗、药、漆、胭脂、方竹、冬笋、南枣、黄精、芡实、竹鸡（鹌类）、红花木樨（即丹桂，药用）、附子、药种、化妆用品。①

通过前文对广东、福建、江浙三个主要对日贸易区域贸易品的统计，我们可以看到在这三地对日贸易主要物品的清单中，生丝和种类繁多的丝织品都赫然在列。足见其在当时中日贸易中的重要地位。下面再以顺治十二年（1655）赴日的两艘安海船为例，对当时输入日本的生丝及丝织品种类情况进行考察：

1655 年 1 月 31 日入港安海船装载的丝织品有：白丝 5200 斤、黄丝 8600 斤、中国白纶子 1991 反、东京纶子 681 反、中国白缩缅

---

① ［日］木宫泰彦：《日中文化交流史》，第 673—674 页。

（绵）363 反、大缩缅（绵）577 反、白大纱绫 1000 反、东京绸 100
反、北绢 300 反、中国赤纶子 120 反、绢缝丝 10 斤。

1655 年 2 月 2 日入港的安海船所负载的丝织品有：白丝 12300
斤、中国白纶子 2840 反、白缩缅（绵）620 反、白纱绫 1084 反、大
纱绫 102 反、赤缩缅（绵）100 反、纱 150 反、更纱 30 反。[①]

从以上实例的统计可以看到，每艘船只负载的生丝和丝织品都有十
几种，既有白丝、黄丝之类的生丝原料，也有纶子、纱绫、绸子一类的
丝织品。种类繁多自不用说，数量也相当庞大。日本学者岩生成一对清
初开海之前中国商船输入日本生丝的数量做了统计，具体情况见表 3。

**表 3**　　　　　　　　　　**清初中国商船输入日本生丝统计**

| 年份 | 生丝输入日本<br>总数（斤） | 中国商船输入数（斤） | 中国商船输入百分比（%） |
|---|---|---|---|
| 顺治二年（1645） | 188668 | 138261 | 73.3 |
| 顺治三年（1646） | 174414 | 105075 | 60.2 |
| 顺治五年（1648） | 65835 | 13559 | 20.6 |
| 顺治六年（1649） | 168108 | 92564 | 55.0 |
| 顺治七年（1650） | 235727 | 166886 | 70.8 |
| 顺治八年（1651） | 143802 | 71157 | 49.5 |
| 顺治九年（1652） | 225895 | 187500 | 83.0 |
| 顺治十年（1653） | 195519.5 | 142481 | 72.9 |
| 顺治十一年（1654） | 174980 | 139631 | 79.8 |
| 顺治十二年（1655） | | 177784 | |
| 顺治十三年（1656） | 234664 | 188651 | 80.4 |
| 顺治十四年（1657） | 127069 | 112384 | 88.4 |
| 顺治十五年（1658） | | 135720 | |
| 顺治十六年（1659） | 263367.7 | 229891 | 87.3 |
| 顺治十七年（1660） | | 201383 | |

① ［日］永积洋子：《唐船输出入品数量一览：1637—1833》，（东京）创文社 1987 年版，
第 63 页。

续表

| 年份 | 生丝输入日本总数（斤） | 中国商船输入数（斤） | 中国商船输入百分比（%） |
|---|---|---|---|
| 顺治十八年（1661） | 254145 | 211427 | 83.2 |
| 康熙元年（1662） | 390647 | 359771 | 92.1 |
| 康熙二年（1663） | | 47614 | |
| 康熙三年（1664） | | 119208 | |
| 康熙四年（1665） | 298270.6 | 163042 | 54.7 |
| 康熙十年（1671） | | 50000 | |
| 康熙十三年（1674） | | 220000 | |
| 康熙十五年（1676） | | 133282 | |
| 康熙十九年（1680） | | 190853 | |
| 康熙二十一年（1682） | | 173323 | |
| 康熙二十二年（1683） | | 11291 | |

资料来源：〔日〕岩生成一：《关于近世日支贸易数量の考察》，见《史学杂志》第62编第11号，第28页。

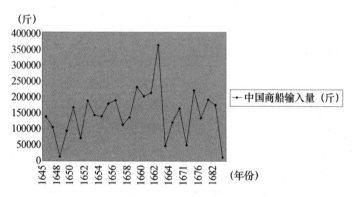

**图1　清初中国商船输入日本生丝数量变化折线**

资料来源：根据表3"清初中国商船输入日本生丝统计"制作。

虽然由于史料缺乏等原因，上文表格中有些年份未有记载。但通过上述统计，我们足以看出清初开海之前生丝输日的两个总体趋势：第一，这一时期内我国出口日本的生丝数量总体上呈曲折缓慢的上升趋势。第二，中国商船输入的生丝量在输日生丝总量中所占的比例也呈明显上升

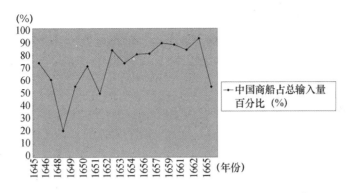

**图2 清初中国商船输入日本生丝占总量百分比折线**

资料来源：根据表3"清初中国商船输入日本生丝统计"制作。

趋势，从70%上升到85%以上。对于第二种趋势，在这里有必要做些许说明。当时，从事生丝和丝织品对日贸易的主要有三种商人，一是领取清政府牌照的赴日办铜商人，二是郑氏海商集团及其控制下的赴日贸易商人，三是荷兰商人。其中牌照商人在贸易中所占的份额一直很小，而且禁海令颁布后笔者也再未看到关于牌照贸易的记载，虽不能因此断定禁海之后再无牌照贸易商，但其所占份额极小是毋庸置疑的，换言之，其对中日生丝贸易格局的影响也极其微小。而当时从事中日贸易的另一支力量荷兰商人的实际情况是，自顺治十八年（1661）失去台湾这一对日贸易基地后，其在对日贸易中的地位一落千丈，已陷入货源缺乏、运输困难的窘境。其输入日本的生丝数量不可避免地下降，可以说，失去台湾后的荷兰商人几乎完全丧失了与郑氏集团抗衡的条件。所以，开海之前郑氏海商在对日生丝贸易中基本占据了垄断地位，故上述图表在很大程度上显示的是这一时期郑氏海商对日生丝贸易的消长情况。

## 二 开海后生丝及丝织品的贸易情况

康熙二十三年（1684）开海令颁布之后，中日贸易有了飞速发展。作为中日贸易大宗商品之一的生丝及丝织品则体现出了两个不尽相同的倾向。首先，中国输入日本市场的生丝及丝织品的种类进一步增多，以1711年6月3日入港的卯十五号南京船为例，该船负载的生丝及丝织品有：

　　白丝七百二十斤,大飞纹纱绫一千零五十七端,[①] 中飞纹纱绫一百八十端,并绫纱绫二百九十一端,绯并纱绫一百五十四端,纱绫一百零六端,大白绉绸一百六十五端,尺长中白绉绸一百一十端,中白绉绸七十一端,纹绉绸四十端,尺长中绯绉绸二十三端,中卷绫子三十端,黄绫子二端,色缎二十二端,色缎五十九端,色锦二十六端,色纹茶缎三十二端,拜罗海德安四端,黑罗纱一端,平纹花格布一端,棉毛织品十九端。[②]

　　如上所列,该艘船只负载的生丝及丝织品超过20种,如果将该条记载同前文所列举的1655年的两条安海船所负载的丝织品种类作一比较,能更清楚地看到此时输日丝织品种类的增多。当然这种情况出现的一个重要原因是开海之后,作为我国丝织业中心的江浙地区更大范围地参与了对日贸易之中。其生产的丝织品无论在种类、数量,还是工艺上都在全国首屈一指,它的广泛参与为中日丝绸贸易提供了更充足、更多样的货源。

　　另外,在丝织品种类日益走向多元的情况下,生丝和丝织品的成交数量却呈现出锐减的趋势。开海之后中国生丝输日情况如表4、表5所示。

**表4　　　　　清朝开海后有关年份中国商船输日生丝数量统计**

| 年份 | 生丝交易量（斤） | 年份 | 生丝交易量（斤） |
|---|---|---|---|
| 康熙二十七年（1688） | 40520 | 康熙五十年（1711） | 50276 |
| 康熙三十六年（1697） | 45671 | 康熙五十一年（1712） | 10122 |
| 康熙三十七年（1698） | 11618 | 康熙五十五年（1716） | 342 |
| 康熙四十三年（1704） | 84250 | 康熙五十八年（1719） | 7691 |
| 康熙四十四年（1705） | 38525 | 雍正二年（1724） | 6128 |
| 康熙四十五年（1706） | 44460 | 雍正六年（1728） | 8549 |
| 康熙四十六年（1707） | 70970 | 雍正十年（1732） | 23500 |
| 康熙四十七年（1708） | 81830 | 乾隆元年（1736） | 10599 |

---

　　① 端:纺织品的长度单位,一端约等于二丈六尺。

　　② [日] 大庭修:《江户时代日中秘话》,徐世虹译,中华书局1997年版,第64页。

续表

| 年份 | 生丝交易量（斤） | 年份 | 生丝交易量（斤） |
|---|---|---|---|
| 康熙四十八年（1709） | 40800 | 乾隆二年（1737） | 849 |
| 康熙四十九年（1710） | 23850 | 乾隆三年（1738） | 4499 |

资料来源：［日］山胁悌二郎：《长崎の唐人贸易》，（东京）吉川弘文馆1964年版，第229页。

**表5　　　　1751—1831年中国商船输日生丝数量统计**

| 年份 | 数量（斤） | 年份 | 数量（斤） |
|---|---|---|---|
| 1751 | 20320 | 1767 | 2200 |
| 1752 | 11810 | 1768 | 1680 |
| 1753 | 12990 | 1769 | 2210 |
| 1754 | 30105 | 1770 | 3050 |
| 1755 | 13200 | 1771 | 1280 |
| 1756 | 7705 | 1775 | 9420 |
| 1757 | 7154 | 1777 | 1685 |
| 1758 | 0 | 1779 | 3200 |
| 1759 | 22560 | 1780 | 395 |
| 1760 | 2289 | 1783 | 780 |
| 1761 | 3100 | 1791 | 525 |
| 1762 | 5700 | 1799 | 4550 |
| 1763 | 6532 | 1809 | 840 |
| 1764 | 16700 | 1818 | 2400 |
| 1765 | 7640 | 1831 | 4923 |
| 1766 | 50 | | |

资料来源：［日］永积洋子《唐船输出入品数量一览：1637—1833》，（东京）创文社1987年版，第124—328页。此表制作过程中参考了刘序枫《财税与贸易：日本锁国期间中日商品交易之展开》，《财政与近代历史论文集》，中研院近史所，1999年，第299页表9。

从折线图中我们可以清晰地看到开海之后中国生丝输日数量的变化趋势。尽管史料记载中有些年份已经缺失，但其总体递减的趋势是相当明显的，而且这种递减的幅度很大。表5中1751—1771年这20年的记载是完整的，我们以十年为断限将其分成两部分进行对比。其中前十年生

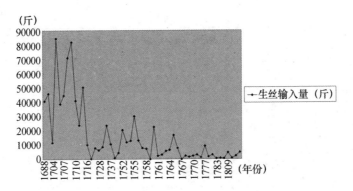

**图3 1688—1831年间中国商船输日生丝数量变化折线**

资料来源:根据表4"清朝开海后有关年份中国商船输日生丝数量统计"和表5"1751—1831年中国商船输日生丝数量统计"制作。

丝输日总量为128133斤,后十年为48860斤。与前十年相比足足下降了62%。中国的输日丝绸总量何以在开海之后,中日贸易全面走向高潮之时出现如此大幅度的下降呢?笔者认为原因有三。

首先,清廷颁布一系列法令限制了丝绸出口。乾隆二十年(1755)前后,我国主要产丝区江浙地区出现了大范围的气候异常,导致生丝大量减产。与此同时,国内丝商为获取高额利润也借机囤积居奇,国内丝价暴涨。清政府为平抑丝价,稳定丝绸市场秩序,于乾隆二十四年(1759)下令禁止丝、丝织品类输出海外。① 表5中生丝输日量由1759年的22560斤暴跌至1760年的2289斤,正是生丝禁令的直接反应。但事情后来又有些许变化,乾隆二十五年(1760)江苏巡抚陈宏年以禁出生丝使得输入洋铜不便,影响国家鼓铸大计为由,奏请放松对日贸易的丝绸输出禁令。他提出:采办洋铜向系置办绸缎、丝斤并糖、药等前往日本。易铜回棹,分解各省,以供鼓铸。今丝斤已禁,若将绸缎一概禁止,所带粗货不敷易铜。请将绸缎纻绢等准其采办。经户部审议后,定一船允许输出绸缎之类33卷(一卷120斤),计3960斤,一年16艘之输出额合计为63360斤,出海时,须经乍浦及上海的守口官员严格检查。② 乾隆二

① 《高宗纯皇帝实录》卷五九一,《清实录》第16册,中华书局1986年版,第571页。

② 嵇璜:《清朝文献通考》卷三十三《市籴考二》,"市舶互市",第1册,浙江古籍出版社2000年版,第5164页。

十五年，又做出调整规定：绸缎之外"如有愿带丝斤者，只许配带二、三粗丝，每一百二十斤抵绸缎一卷。其带多者，以此抵算，每船总不得逾一千二百斤之数，此外不许夹带浮多"①。也就是说，虽放宽了生丝出口的禁令，但每船生丝加绸缎的总输出额仍被限制为3960斤以下。总之，与清初无任何输出限制相比，清政府颁布的一系列禁止和限制生丝及丝绸输出的法令，从源头上控制了丝绸的出口，在很大程度上限制了中国海商对日丝绸输出的数量。

其次，日方的贸易政策调整限制了中国丝绸的进口数量。开海令颁布后，中日贸易终于有了合法的渠道，赴日贸易的中国商船数激增，双方贸易额直线上升。但这种贸易的飞速发展却引起了江户幕府的忧虑，因为贸易额的上升意味着日本贵金属，尤其是铜的大量外流。为限制其国内贵金属的外流，幕府颁布了一系列限制中日贸易规模的政策，生丝及丝织品作为输日的大宗商品，自然首当其冲受到较为苛刻的限制。如"贞享令"中涉及生丝及丝织品的规定主要有以下几条，第一，规定中国商船每年的生丝贸易额不得超过两千贯；第二，每年春、夏、秋三季分别制定生丝价格；第三，改变原有的仅以白丝为对象的管理办法，将各类丝种都纳入统一管理的范畴之内。而其后出台的"长崎贸易改正令"，"正德新令"等一系列旨在限制中日贸易规模的贸易法令，在限制丝绸贸易方面同样不会手软。那么，在这一系列法令的钳制下，中国丝绸输日的数量不可避免地日渐走低。

再次，日本幕府推行的进口替代政策为中国生丝和丝织品的入口设置了更为长远和深层次的障碍。为避免贵金属资源的大量流失，降低本国市场对中国生丝和丝织品的依赖程度，日本幕府积极推行进口替代政策，他们鼓励国内生丝和丝织业的发展，对国内从事养蚕业和制丝业的人员给以奖励。在幕府政策的感召下，日本国内的丝织业有了快速的发展，仅正德五年（1715）六月到十二月七个月，"京都的批发丝交易量：江州丝银3770贯200匁，关东丝银3509贯500匁，美浓丝银451贯，越前丝420贯，合计8515贯700匁"，"运到西阵的登达丝数量：正德五年（1715）年20万斤，享保年间（1716—1736）30万斤，化正期（1804—

① 《宫中档乾隆朝奏折》第20辑，台湾"国立"故宫博物院，1983年，第753—754页。

1829）225 斤"①，增长速度之快，令人惊叹。生丝产量的快速增长带动了丝织业的发展，据《蚕饲绢筛大成》记载："中古二百年以前，庆长元和之际至正德享保，凡百年间，诸国丝产物凡一倍增。又享保至文化年中之所见，亦有增至四倍者，为众所周知。"② 总之，日本推行的生丝进口替代政策较为成功，其国内的生丝生产及丝织业都获得了长足的发展，不仅摆脱了对中国丝织品的依赖，还逐渐走上了生丝和丝织品出口的道路，成为中国在此领域的主要竞争对手之一。

生丝及丝织品作为中日贸易中的大宗商品，每年商人们承载装运，浮海东渡，从中中国商人们能够获得多少利润呢？首先来看一下对日贸易商在我国市场上选购时的进货价格。由于我国幅员辽阔，不同区域丝绸生产情况不尽相同，因此各地丝绸价格相差较大。笔者选取江浙为主体的江南地区的丝价作为基准进货价格。原因是江南地区是我国清代丝绸的主要产地，也是当时的对日贸易中心及对日出口丝绸的主要提供地。因此，以这一地区的丝价为计算中日丝绸贸易利润率过程中中国海商生丝进货的基准价格较为客观。下文将以列表形式对以江浙为主体的江南地区的生丝价格进行统计（见表6、表7、表8）。

表6　　　　　　　　　　　清代江南生丝售价

| 时间 | 生丝每两单价（银：两） |
| --- | --- |
| 康熙中后期 | （均价）0.06 |
| 雍正六年（1728） | 0.089 |
| 乾隆四年（1739） | 0.110 |
| 乾隆二十年（1755） | 0.135 |
| 乾隆三十年至五十九年（1765—1794） | （均价）0.209 |

资料来源：宋叙五《清初至乾嘉年间物价及工资的变动》，国家清史编纂委员会编译组编印《台湾地区清史论文汇编（1945—2005）》第55册，第11页；范金民《清代江南丝绸的国内贸易》，《清史研究》1992年第1期，第19页。

---

① ［日］矢木明夫：《制丝业》，转引自高淑娟《中日对外经济政策比较史纲》，清华大学出版社2003年版，第259页。

② ［日］伊藤智夫：《绢》，法政大学出版局1992年版，第232页。

了解了生丝在中国的进货价格后，接下来看一下中国海商们将生丝运载到长崎后的出售价格。日方对于中国生丝输入价格的记载较为详细，具体情况见表 7 所示。

表7　　　　　　　　　　　　　日本生丝售价

| 时间 | 生丝每两单价（银：两） |
| --- | --- |
| 庆安二年（1649） | 0.51 |
| 庆安三年（1650） | 0.5 |
| 宽文十二年（1672） | 0.4 |
| 元禄十二年（1699） | 0.31 |
| 宝永六年（1709） | 0.29 |
| 宝历十三年（1763）至安永五年（1776） | （均价）0.2835 |
| 宝永七年（1778）至天明八年（1788） | （均价）0.2811 |

资料来源：［日］山胁悌二郎《长崎の唐人贸易》，（东京）吉川弘文馆 1964 年版，第 27、230 页；［日］永积洋子《唐船输出入品数量一览：1637—1833》，（东京）创文社 1987 年版，第 375 页。

由表 6、表 7 我们可以看到，中国市场的生丝价格是不断上涨的，而中国生丝输入日本的价格则呈下降趋势。因此，生丝贸易的利润率应为一个变量，故我们根据上两表所显示的价格对中日生丝贸易的利润率进行统计。由于中国记载的年份较少，难以与日方记载形成一一对应的关系，这使得按照每年的利润率进行单独统计相当困难，故笔者利用时段平均价格来计算各时段的平均利润率，具体情况见表 8。

表8　　　　　　　　　　　清代中日生丝贸易平均利润率统计

| 时段 | 平均利润率（%） |
| --- | --- |
| 1690—1727 年 | 500 |
| 1728—1762 年 | 158 |
| 1763—1775 年 | 65 |
| 1776—1788 年 | 34 |

资料来源：根据表 6、表 7 中数据制作。

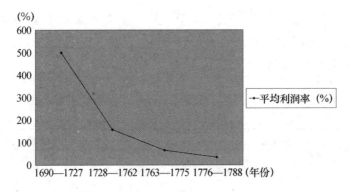

**图4　清代中日生丝贸易平均利润率变化**

资料来源：根据表8"清代中日生丝贸易平均利润率统计"制作。

从图4和表8可知，清代中日生丝贸易的平均利润率呈明显的下降趋势。康熙中后期至雍正前期由于日本生丝产量较低，对我国生丝的依赖性较高，故当时生丝贸易的利润率居高不下。后来由于日本政府推行进口替代等政策，日本国内生丝及丝织品产量大增，日本市场上的丝价大幅度降低，对中国生丝的依赖性也减弱了许多。这些变化的综合结果即导致了生丝贸易利润率的大幅下挫，由康雍时期的500%逐渐降为18世纪末的34%，利润率足足缩水了93.2%。

# 三　中日生丝及丝织品贸易对日本社会经济的影响

中日间丝织品贸易是一种经济行为，因此，它对经济领域的影响是最直接最全面的。在笔者看来，清代中日生丝及丝织品贸易对日本社会经济的影响主要体现在两个方面。

## (一) 带动日本国内市场的活跃

中国丝织品的输入极大地丰富和活跃了日本的市场。前文已述，自中日开展双边贸易以来，每年为数众多的中国商人浮海东来，携带大量丝织品等中国货物赶到长崎进行贸易。数量如此巨大的中国商品不可能全部滞留在长崎，必然会在日本国内进行二次贩卖。据笔者统计，当时日本国内对中国商人每年带来的丝织品主要有三条消化途径。第一条是将将军及一些贵族们预订的商品运往江户。每年将军和贵族们都要指定一些商人赶赴长崎替他们收购需要的中国丝织品。其中将军府所需的商品称御用物，是必须得到优先保障的；而贵族们需要的物品地位虽不及御用物，但这些贵族们的代理商在购买商品时较之普通商人还是具有相当优先权的。第二条是通过长崎会所拍卖的形式将丝织品批发给来自各地的商人，然后由这些商人将拍卖所得的中国商品运到当时日本的商业中心大阪，再进行批发或零售，最后来自全日本各地的小商人又到大阪向这些大商人批量购买中国丝织品再转卖到各地。这是一组多链条组成的商品营销渠道，也是中国商品进入日本全国市场的主要渠道。第三条则是长崎本地商人对中国丝织品的自我消化，即长崎商人获得中国丝织品后不再进行运输而直接以批发或零售的方式销售给长崎本地居民。

当我们认真审视中国丝织品进入日本市场的这三条渠道时，会发现每条渠道的中间环节和终端都是日本国内或大或小、或集中或分散的销售市场。

第一条渠道的终端是当时日本的首都，也是政治中心所在地江户。那里不仅居住着将军及大量的贵族及其家眷，还有数量巨大的保卫人员和家属。这些居于国家权力巅峰的人物有着颇为雄厚的经济力量和强烈的等级优越感，而这一群体巨大的经济力量保证了他们惊人的消费能力，强烈的等级优越感使他们有着强烈的消费欲望。这些因素综合起来，就使江户市场保持了强大的活力和吸纳消费品的能力。而历来被日本上流社会视为财富和身份象征的中国丝织品源源不断地进入江户市场，则在满足江户市场消费需求的同时，进一步刺激了江户贵族的消费欲望，尽管使贵族走向奢侈腐化，但客观上增强了江户市场的活力。

第二条渠道是中国丝织品进入日本市场的主渠道，它是由多个链条组成的以大阪为核心中介的发散型渠道。这一渠道的特点是将当时日本的商业中心大阪作为中国丝织品进入日本市场的总集散地。这一做法在最大限度地发挥大阪已经存在的市场功能的同时，刺激了其市场的进一步发展壮大。因为常年吸收如此数量巨大的中国丝织品对大阪市场的货物管理、协调运输等各方面的成熟都有极大的推动和促进作用。而且在大阪市场的有力调节下，大量中国丝织品更加快速有效地进入日本的地方市场,有力地推动了地方市场的繁荣,为这些处于国家经济末梢的基层市场注入了新的活力。总之,日本市场上最大宗的进口物品——中国丝织品,与日本最大、功能最强的商业市场——大阪市场的有效结合,确实起到了强强联合的效果,既使贸易资源和市场资源都得到了有效利用,又刺激了贸易和市场的快速发展,是对经济资源整合的一个高效之举。

第三条渠道是一条本地营销渠道,将它与前两个渠道并列为中国丝织品进入日本市场三大渠道的原因就是长崎市场本身是一个活力很强的消费市场。原因有三:首先,长崎作为当时日本唯一的对外贸易窗口,不仅常年居住着众多的中国和荷兰商人,还有大量来自全国各地的贸易商人居住于此。这一庞大的商人群体有着极强的消费能力。其次,长崎居民接受新鲜事物的机会较之其他地区要多得多,因此,他们对这些事物的接受能力也要远高于其他城市。最后,中国进口丝织品在长崎的销售属于本地营销,没有运费成本支出,因此其销售价格应低于其他地区市场,而价格的低廉自然对市场消费有很直接的刺激,消费能力的提升自然也增强了市场本身的活力。长崎作为日本唯一的对外贸易港口和清商的聚集地,中日丝织品贸易对其市场发展的推力之大自然不言自明。

通过上述对中国丝织品进入日本市场的三条主要渠道的分析,我们可以清晰地看到借中日贸易进入日本的中国丝织品通过复合的商业链条,将其对市场的各种影响传递到了包括政治中心江户、商业中心大阪及贸易中心长崎在内的全国主要的大型市场。与此同时,又通过大阪市场的集散功能,将其影响深入全国各地规模较小的地方市场。大宗贸易品流通和投放市场所带来的巨大张力沿着大小不等的贩运渠道波及日本的各级市场体系。另外,在商品贩运和商品市场调节的双重刺激下,日本的货物仓储、商品运输及商路建设都有了长足的发展。由中日丝织品贸易带来的强大动力如同新鲜的血液一般,从长崎流入日本经济机体的每个终端环节,为日本社会经济的发展注入了强劲的动力。

### (二) 推动日本进出口替代的发展

中国贸易品的大量输入及日本贵金属的大量外流,迫使日本着力推行进出口替代,客观上加速了日本与进出口相关产品的工艺改进。前文已述，在清代中日贸易过程中，以丝织品为代表中国输日物品数量巨大且价格高昂。而反观日本出口中国的则以贵金属为大宗，尤其是铜料输出的数量惊人。而这种贵金属的大量流失对日本经济的长远发展是不利的，也是秉承重商主义的日本政府所无法容忍的。为抑制本国贵金属的大量外流，幕府官方采取了各种方式限制中日贸易的规模。但贸易规模缩小后，日方很快发现另外一个问题，即进口的丝绸等中国商品无法满足日本市场的需求，市场上中国物品供不应求，价格居高不下。为在不增加贵金属输出的情况下解决国内市场对丝绸等中国物品的需求问题，日本官方想到了进出口产品的替代，转而努力推进本国生丝、丝织品等物品的生产，以达到自给自足或尽量减少进口数量。同时努力推进本国海产品生产，用可再生的海产品代替不可再生的贵金属充当对华出口的主力军。

日本进口替代政策的成果最主要体现在生丝及其制成品丝织品这两种对中国依赖性较大的商品上。幕府采取措施鼓励各藩发展养蚕业，在幕府的鼓励和统一指导下，各藩的养蚕业都有较为迅速的发展。如"肥后藩产细川重贤在宝历十年（1760）左右，在城下的市中心设立丝采织机所，又招熟知蚕业的岛已兮到京中，以普及技术，宝历十三年岛已兮自己写下《养蚕栽桑同法治要略教谕》指导郡乡，因而郡代贴出公开告示，极为热心"[1]。在各地养蚕业迅速发展的前提下，日本的生丝产量迅速上升，对中国生丝和丝织品的需求量也随之迅速下降。据山胁悌二郎统计，宽永十八年（1641）日本从中国输入的生丝为 13 万斤，而到了享保年间（1716—1735）已经降至 1 万斤[2]，减少了近94%的输入量。足见进口替代政策的显著成果。

出口替代方面，传统的说法中之所以将清代中日贸易称为丝铜贸易，足见日本对华输出品主要为铜料，而铜料本身作为战略物资和不可再生的特性使日本政府不得不推动出口替代，即用其他可再生的产品代替每年大量输入中国的铜料。在这一方面主要体现在海产品生产的发展。对此，日本政府动用官方力量，从海产品的生产到采购，再到销售；从管

---

① ［日］伊藤智夫：《绢》，法政大学出版局 1992 年版，第236 页。
② ［日］山胁悌二郎：《近世日中贸易史の研究》，吉川弘文馆 1960 年版，第110 页。

理机构的设置，到相应人员的配备，再到对海产品从业者的资助，各个环节都倾尽全力。"从采取'直购方式'时起，在大阪、函馆、长崎建起了包装货物管理机构，在下关、江户分别设置了指定的批发商，在全国配备了经纪人、收购人，并有会所的官员出差各地，以现金进行采购。另一方面，则与从事渔业者事先订下上缴责任额（承包额），并提前贷付资金，或为增产及鼓励其振奋精神作了各种努力，如对成绩卓著的个人、村庄设立嘉奖赏金制度及给予技术性的指导等。"① 通过政府的推动，日本的海产品成功超越铜料成为对华输出数量最大的物品。

纵观日本的进出口替代，可以看出它的确是在中国丝织品的强势输入的重压之下催生的，带有某种被动的意味。但日本幕府官方这种面对困境机动灵活，求新求变的胆识和能力彰显出其积极主动的一面。当然其结果是非常成功的，进口替代对生丝等产品的生产工艺进行了改进，不仅使日本摆脱了对中国生丝等物品的严重依赖，而且至 19 世纪岛国日本竟成为生丝的输出大国。出口替代不仅使日本海产品的生产规模显著扩大，而且还使其生产管理模式有了集约化的倾向。这些都为日本近代工商业的发展奠定了初步的基础。

——原刊于《明清论丛》2014 年第 9 辑

作者简介：何宇（1980— ），男，大连大学历史学院讲师，主要从事清代中日贸易史研究。

---

① ［日］速水融、宫本又郎：《经济社会的成立：17—18 世纪》，厉以平监译，生活·读书·新知三联书店 1997 年版，第 160 页。

# 围绕朝鲜半岛的日清、
# 日俄矛盾与"甲午战争"

张晓刚　国　宇

　　1894 年，日本为实现其野心勃勃"经略大陆"的构想，悍然发动了"甲午战争"。在某种意义上，"甲午战争"是中日朝俄等国间内在矛盾的表面化，而东北亚诸国，围绕朝鲜以及中国东北地区的利益争夺则由来已久。日本以维护朝鲜独立之名，自日朝间"文书问题"起，就不断挑战中朝传统的宗藩关系；俄国自 1860 年攫取了乌苏里江以东的大片领土之后，在觊觎中国东北之余，其侵略眼光也瞄准了朝鲜半岛，并与日本在"桦太"等地直接展开争夺。日本担心在扩张之路上落后于人，加紧攫取朝鲜半岛的控制权，也因此更加激化了日清矛盾。东北亚诸国彼此忌惮，互相警惕，使得这一时期的东北亚局势错综复杂。各方势力的消长，彼此矛盾的演化，与"甲午战争"的爆发有着深刻的联系。

## 一　现实与预想：日朝矛盾、日清
## 矛盾、日俄矛盾的彼此关联

　　明治维新后的日朝矛盾，始于日朝间的"文书问题"。1868 年年底，一向负责对朝外交的对马藩"先问使"抵达朝鲜。在呈递"王政复古通知书"之前的"先问书契"中，一改"日本国对马州太守拾遗平某"的旧有称谓，而使用了"日本国左近卫少将对马守平朝臣义达"的名衔。并在其后的"王政复古通知书"中使用了新印。对此，朝鲜方面反应强烈，称，"不但岛主职号与前有异，句语中皇室奉敕等语，极为悖慢……岛主图署之自我铸给，今忽谓以铸印，亦为骇然"，表示拒绝接受日本的正式文书。对于朝鲜来说，日本单方面对旧有外交模式做出的调整，实为"三百年以来所无之举也。惟我两邦之率由旧章,永以为好者,为其诚信之不可渝,约条之不可违,则今日之事,谓之诚信乎,约条乎"①。而朝鲜对日本"无信无约"的指责背后,也隐含着对日本"称皇称敕"的警惕。而就日本的立场而言,明治维新后的日本,无论在外交领域还是在内政领域,绝对主义倾向下的主体一元化则是既定的改革方针。借由对"神户事件"与"堺事件"的处置,明治政府承诺对于以幕府将军名义缔结的条约,将以天皇的名义加以继承。这使明治政府在戊辰战争之前,就迅速取得了西方各国对于明治政府作为外交主体资格的确认。"江户开城"之后,各国公使又相继在东京觐见天皇,呈递国书,并在协商之后撤销了"戊辰战争"以来的局外中立。天皇作为外交唯一主体的资格被各国所承认。而作为江户幕府时代的"大君外交体系"重要组成部分的日朝"交邻"关系,则与明治政府力图迅速实现外交主体一元化的努力相违背,同时,以对马藩为中介进行的日朝外交,其封建性也与逐渐近代专制化的日本政体相违背。正是在这样的背景之下,一向专擅对朝交涉的对马藩,也不得不废弃原本朝鲜方面认可的印信,又在文书中强调"朝廷特褒旧勋,加爵进官左近卫少将,更命交际职,永传不朽,又赐证明印记"②,表明了其外交权限来自天皇的"授予",实际上放弃了作为朝鲜"外臣"的身份。

　　日朝间的交往格局,在谨守旧传统与开拓新局面之间的冲突,其背后也是两种完全不同的外交观念的冲突。这种冲突在19世纪的东北亚并不鲜见,而其结局也大多蚀刻着时代的烙印:强权与武力左右着国际格局的基本走向,巨舰与大炮决定了国家间的基本关系。谋求改变日朝旧有关系的日本自身,就是在"黑船"的威胁之下打开国门的,在需求突破日朝外交死结的同时,日本也不得不考虑来自其他列强的威胁,而最直接的威胁来自俄国。1860年中俄缔结的《北京条约》使俄日之间形成隔日本海而对峙的局面,旋即俄国军舰次年就占领了对马,对马藩对此

---

① 日本外务省外交史料馆:对韩政策关系杂纂/朝鲜交际录七号丙,档案号:B03030196 400。

② 日本外务省外交史料馆:对韩政策关系杂纂/朝鲜交际录五号甲,档案号:B-1-1-2-065。

无力解决，甚至提出放弃对马，要求幕府转封九州。直到幕府出面请求英国干涉，俄国的企图才未得逞。实际上，俄国的这一动作是对早在1859 年英国测量对马海岸的回应，占领对马的俄国官员就曾向对马藩宣传英国对于对马的野心。而英国干涉俄国的占领行为也不过是出于防止俄国在远东壮大实力并为自己谋取利益，英国公使甚至称"对俄国军舰的非法行为提出抗议，迫令退出，如果俄国拒绝，英国就自己来占领该地"①。这一事件作为"围绕着日本的严重国际关系的象征，其严重程度甚至使人预想到日本国土将遭到瓜分"②。之后日俄在"桦太"问题上矛盾逐渐实质化，应对俄国威胁并在列强的东北亚利益争夺战中占据一席之地，成为左右明治政府外交政策决断的要因之一。大久保利通在明治二年十一月给岩仓具视的信中说："唐太（桦太）③ 之事实为今日之大患，愚亦为此寝食难安。"④ 在信中，大久保建议原任外务权大丞的黑田清隆专任兵部大丞，专职陆军事务。黑田任兵部大丞未及满月，大久保又向岩仓建议，让其担任开拓次官，负责"桦太"事务。黑田赴任之后，提出通过军事手段应对俄国在"桦太"问题上的"攻势"主张，认为"朝廷应为与鲁（俄国）一战谋划，可派遣留学生兼充间谍之任。谋划此战，人力与财力实为两大根本"⑤。而在当时的日本，黑田所言谋划与俄一战所需的"人力与财力"的条件根本不具备的。黑田也逐渐将其立场修正为"桦太放弃论"以保证北海道地区的优先开发。俄国在日本北方咄咄逼人的姿态，以及其在中国东北的扩张，使日本对于俄国终会将其势力渗透朝鲜半岛的可能表现出极大的担忧，早在明治二年十月，时任日本公务办理职（总领事）的法国人モンブラン（Charles Descantons de Montblanc）就曾向外务卿泽宣嘉提出警告说："俄国人掠夺朝鲜之时，较

---

① ［日］信夫清三郎：《日本外交史》上卷，天津社会科学院日本问题研究所译，商务印书馆 1980 年版，第 89 页。

② ［日］信夫清三郎：《日本外交史》上卷，1980 年，第 90 页。

③ ［日］"桦太"指库页岛，历史上是中国领土，第二次鸦片战争后被迫割让给俄国；日俄战争后，日本曾经占领该岛南部或全部，直至 1945 年被苏军夺得。日文中"桦太"亦写成"唐太"，读音相同。有学者认为"唐"代表古代中国，由此表明日本人也认为库页岛历史上是中国所辖领土。

④ ［日］大久保利通：《大久保利通文书》第 3，日本史籍协会，1929 年，第 321 页。

⑤ 参见《黑田清隆意见书类》。

之俄国的东方领地桦太，长崎将更加直接地与大陆毗连（既直接面对俄国势力），前述之情状至之之时，大日本国也将变为今日之桦太。"① 出于对预想中俄国势力南下的警惕，日本朝野内外"对俄警戒论"一时间甚嚣尘上。柳原前光在其《朝鲜论稿》中称，"近年各国于彼地（朝鲜）窥探其国情者亦不在少数，如鲁西亚（俄国）者，其业已蚕食满洲东北，而势必鲸吞朝鲜"②。明治三年五月，兵部省曾提出"创设大海军之议"，在计划的提案书中谈及俄国的南下意图，称"（俄国）于近年取得黑龙江沿岸满洲之地，已与我北海道及朝鲜国界相接，压逼皇国、中国及朝鲜之北境……若无法阻止其南下之欲，此诚为两大洲之大害"。③ 明治八年四月，岩仓具视在《国事意见书》中也谈到了对于俄国南下吞并朝鲜的担心："若俄国以其排山倒海之势吞并之，则我国首尾皆受俄国威胁，此于我国势之害大矣。"④

　　在上述诸多围绕朝鲜的"对俄警戒"论调之外，尤为需要注目的，是外务省在明治二年九月向太政官提交的"朝鲜外交报告书"。其中谈到，"即使无法令朝鲜成为皇朝（日本）之藩属，也应当保持其国脉永世不变。而今自鲁西亚（俄国）始，各强国皆视朝鲜为鱼肉。此时得以维持万国公法，行匡救扶绥之任者，舍皇朝之外岂有他国。此诚燃眉之急也。一旦置朝鲜之安危于度外，任由鲁（俄）狼等强国吞噬之，必为皇国永世之大害"⑤。外务省的报告书中，对于朝鲜地位的预期，无论"皇朝之藩属"还是"国脉永世不变"，显然与朝鲜在当时东亚国际关系中的实际地位有极大的冲突。朝鲜与日本之间并无"藩属"关系，而"国脉永世不变"之说，考虑到朝鲜与清政府之间的实际情况，与其理解为外务省希望朝鲜不被其他强权染指，莫如说，在外务省的预想中，一个与清政府间并无"藩属"关系的、"独立"的朝鲜更符合日本的利益。

　　虽然在其后发生的"江华岛事件"之时，外务少辅森有礼曾强辩称，

---

　　① 日本外务省调查部：《大日本外交文书》第二卷，日本国际协会，昭和十二年，第528页。

　　② 日本外务省调查部：《大日本外交文书》第三卷，第149页。

　　③ 佐藤市郎：《海军五十年史》，鳟书房，1943年，第51页。

　　④ ［日］大塚武松、藤井甚太郎：《岩仓具视关系文书》第一，日本史籍协，昭和二年，第392页。

　　⑤ 日本外务省调查部：《大日本外交文书》第二卷，第856页。

"朝鲜虽曰属国,地固不隶中国,以故中国曾无干预内政,其与外国干涉,亦听彼国自主不可相强等语。由是观之,朝鲜是一独立之国而贵国谓之属国者徒空名耳"①,但事实上,同处于东亚政治文化之下的日本,对于中朝间的藩属关系是有充分认识的,外务省早在明治三年就曾提出解决朝鲜问题的"三策",在放弃与朝鲜交往可能、撤退倭馆人员以及以军舰威逼朝鲜迫其开港开市之外,提出"先派遣使节前往支那,签订通信条约,之后,于归途前往朝鲜王京(以条约)迫之"② 的办法。希望首先取得与清政府对等的外交地位,并借由此取得对朝外交的地位优势,如果日本不是充分了解中朝关系,显然不能提出这样的解决办法的。而事实上这也是日本在当时处理朝鲜外交问题的第一选择。对于中朝关系,木户孝允也在"江华岛事件"发生之后,提请岩仓具视处理朝鲜问题时加以考虑,称"朝鲜之与中国,现奉其正朔,虽于其互相交谊之亲密,患难之互相关切情况,未可明知,然而其有羁属关系则可必"③。显然,日本要令朝鲜成为"皇朝之藩属"或者保持其"国脉永世不变"以应对预想中,由"鲁(俄)狼等强国吞噬之"的可能,与清政府之间关于朝鲜的摩擦就不可避免。实际上,在日本与朝鲜因"江华岛事件"一度走向战争边缘之前,日本方面就已经为可能的日朝甚至是日中战争进行准备。1873 年(明治六年),时任参议陆军大将的西乡隆盛,与外务卿副岛种臣及参议板垣退助商议,"派遣陆军中佐北村重赖、陆军大尉别府晋介为实地调查委员赴韩国;同时,又令外务省十等出仕池上四郎、武市正干以及外务省权中录彭城中平赴满洲,调查满韩地形、政治、兵备、财政、风俗"④。彭城中平在中国东北游历调查之时,其调查内容涉及极广,其在《清国滞在见闻事件》中提及盛京将军"尽心于武事政治",但同时,彭城中平也屡屡谈道:"政府高官多苦心于武备之事,至于兵卒则流于懒惰。"对于已经开港的牛庄,彭城中平对其进行了详细的了解,"清国的开港地牛庄,即奉天府管辖下的海城县没沟营之海口……称之为营

① 故宫博物院编:《清光绪朝中日交涉史料》第一卷,第6页。

② 日本外务省调查部:《大日本外交文书》第三卷,第144—145页。

③ [日]东亚同文会:《对华回忆录》,胡锡年译,商务印书馆1959年版,第126页。

④ [日]黑龙会:《西南记传》上卷1,黑龙会本部,明治四十二年,附录第二章满洲视察复命书,第22页。

口",对于营口的守备,彭城中平也做了调查"此庙(老爷庙)以南大致二里稍偏西处,有兵营一座,常备兵五百人,共分十队,每队兵员五十人,队长一人。队长均为满人……其所持兵器大炮、小铳、枪、弓等,炮铳皆为西洋旧款"。尤为值得注意的是,彭城中平在对营口及周边地理进行调查时特意提道:"(营口)距金州城四百里,距金州城下辖小平岛四百九十里,自此岛至山东芝罘之渡船,顺风一日即达。冬日营口港冰封之后,此地渡船通信仍可为之。"① 在充分的武力调查与准备之下,日本以炮舰外交的手段,强行打开朝鲜国门就并不是一件令人意外的事情了。

## 二 被动与"先手":在朝鲜半岛问题上日清势力的消长

"江华岛事件"之后,日本与朝鲜签订了《日朝修好条规》。其第一款称"朝鲜国自主之邦,保有与日本平等之权"②。"自主之邦"的称谓,一方面是日本追求外交近代化的必然要求,也是《日朝修好条规》得以成立的根本基础;但同时,忽略朝鲜的实际外交地位,"创造"朝鲜"自主之邦"的假象,这也正是《日朝修好条规》的最大目的所在。而日本政府原本为解决"日朝国交"的"中断"而提出的"对朝三策",最终还是通过"炮舰外交",在中朝日三国对于朝鲜地位并未取得一致认识的前提之下,强行以条约的形式,重建了"日朝国交"。以损害中朝关系为前提的"日朝国交"直接导致了日本政府与清政府在朝鲜问题上的激烈对立。"自主之邦"的表达如果成立的话,那么中朝之间原有的藩属关系则必然受到损害。这是清政府绝不愿意看到的。而几乎与此同时,日本从其自身实力的立场出发,与俄国达成了《桦太与千岛交换条约》,以放弃"桦太岛"的方式,达成了日俄关系暂时的协调。日俄关系的缓和,使清政府成为阻碍日本在朝鲜扩张势力的主要对手。而如何实现《日朝

---

① [日]黑竜会:《西南记伝》上卷1,明治四十二年,附录第二章满洲视察复命书,第44页。

② 日本外务省调查部:《大日本外交文书》第九卷,第115页。

修好条规》，将朝鲜"独立之邦"具体化就成为日本外交中极为重要的课题。时任朝鲜办理公使职的花房义质在与金宏集商谈仁川开港的具体事宜之时，曾向其强调"我政府保护朝鲜之意切，与朝鲜共富强之欲深"①。所谓"独立之邦"，在"保护朝鲜"的"意切"之下，无异于一句谎言，而"独立之邦"的具体化，也无非是彻底摈弃清政府在朝的影响力，使朝鲜在日本的羽翼之下，成为日本间隔俄国的战略缓冲地带。这一点，在花房义质就与金宏集谈判事宜向外务卿井上馨提交的报告书中，则有更直接的阐述。花房义质称"以我（日本）助其（朝鲜）全然独立至为重要"，而"倘若能够对其国政之枢轴，外交之方略加以干涉，其（朝鲜）定不能再持全然他国从属之局面"②。花房义质的提议，可视为《日朝修好条规》签订之后日本对朝鲜的外交主要方针。这一方针简言之，即实现朝鲜的"去清亲日"。为此，日本一方面利用朝鲜遣使赴日的时机，极力展示日本近代化的成果，培养朝鲜政府中的亲日派；另一方面，日本政府也不断实化与深化《日朝修好条规》的各项约定，加紧釜山、仁川、元山等地的开港进程。朝鲜的开港，不单是日本出于扩张其在朝势力的考虑，同时，这也是阻止俄国向朝鲜扩张的手段。时任驻俄使节的榎本武扬曾向外务省汇报称，俄国有意租借元山港，并将其建设为军港的意图，极力劝说日本政府应抢先实现元山开港，并尽力推动元山港成为自由港，以此对抗俄国对元山港的野心。对此，时任外务卿的寺岛宗则也在给花房义质的信函中强调"此港（元山港）非但于贸易至关重要，亦为接壤之邻邦兵备攸关，若为将来两国利害之所计，务必促成其开港为要"③。在极力促成朝鲜开港之余，日本方面也极力实现"使节驻扎京城"的政治目的，试图从朝鲜的中枢着手，对朝鲜政府施加影响。对此，花房义质在与金宏集的谈判中将"使节驻扎京城"称为"至要之事"，并威胁称，美国使节即将直接前往京城与朝鲜交涉，俄国也有这样的计划，并称"倘若日本公使得以驻在京城，则各国使臣抵达京城之后，

---

① 日本外务省调查部：《大日本外交文书》第三卷，第 349 页。

② 日本外务省调查部：《大日本外交文书》第十四卷，第 351 页。

③ J ACAR（亚洲历史资料中心）Ref. A03023631000、公文别录，朝鲜始末续录，明治九年—明治十五年·第一卷·明治九年六月—明治十五年四月（国立公文书馆）。

日本亦可从中妥为周旋"①。朝鲜在日本的逼迫之下，不得不同意日本"使节驻扎京城"。日本成为第一个在朝鲜驻留官员、设置使馆的国家。花房义质常驻汉城后，积极开展活动，拜会朝鲜当政要人，宣传日朝接近的必要，在向朝鲜赠送武器的同时，又要求朝鲜聘请日方军事顾问，建立日式军队，并向日本派遣留学生。② 朝鲜方面也正聘请堀本礼造担任军事教官，成立了"别技军"。然而，这支从装备到待遇都有别于传统军队的日式军队的存在，非但没有使日朝关系更加紧密，相反，却成为导致朝鲜局势发生动荡的"壬午军变"的导火索。

日本在朝势力的扩张，如前所述，虽然有为应对预想中俄国势力势必南下侵入朝鲜半岛的局面出现而提前布局的考虑，但更多的则是试图颠覆中朝之间的传统关系，创造一个与日本"共富强"的、处于日本"保护"下的朝鲜。这一点，非但引起清政府的警惕与不满，在朝鲜国内，也很难获得民意与舆论的支持。这样的背景之下，"壬午军变"的发生，作为朝鲜对于日本势力入侵的自我抵抗，则显得顺理成章。这一深具必然因素的偶然事件给了正在寻找机会回击日本扩张的清政府以机会。接到驻日公使黎庶昌关于花房义质已由日本陆海军护送返朝的报告之后，光绪八年六月二十四日（1882 年 8 月 7 日），署理北洋大臣的张树声上奏称"日本现在派兵前往，其情尚难揣度。朝鲜久隶藩封，论朝廷自小之义，本应派兵前往保护。日本为中国有约之国，既在朝鲜受警亦应一并护持。庶师出有名兼可伐其阴谋"③。其后的总理衙门《奏请派兵护持折》中称"日人夙谋专制，朝鲜朝臣阴附日人者不少。今使内乱蜂起而日兵猝至，彼或先以问罪之师代为除乱之事，附日之人又乘机左右之，使日本有功于朝鲜，则中国字小之义有阙，日人愈得肆其簧鼓之谋"④，如总理衙门所论，则张树声奏折中"阴谋"之所指，亦不言自明。针对于此，清政府迅速派兵入朝，表现出极为明确的态度，其主旨就是"防范日本借机扩大对朝鲜半岛的控制权，而对朝鲜'派兵保护'与对日本

---

① J ACAR（亚洲历史资料中心）Ref. A01100215900、公文录·明治十四年·第三十四卷·在外公使报告第五（朝鲜国公馆）（国立公文书馆）。

② 日本外务省调查部：《大日本外交文书》第十四卷，第332页。

③ 故宫博物院编：《清光绪朝中日交涉史料》第三卷，第32页。

④ 同上书，第31页。

'一并护持',在宣示了宗主国形象之余,也有效地维护了清政府的在朝利益"。①

"壬午军变"作为一次偶然事件,日本军方对此并无战备预案。虽然黑田清隆与副岛种臣倾向于对朝开战,但廷议最终并未支持开战论。也正因为日本政府对于动用武力准备不足,对于"壬午军变"的解决,日本的外交方针也不得不"一方面秉持政府当局的强硬态度,另一方面将和平解决作为基本方针"。② 花房义质携井上馨训令在重兵护持之下赴朝谈判,而其后签订的《济物浦条约》及其后的《续约》,除捉拿凶徒的时限及赔款数额之外,日本基本上实现了预设的交涉目标。但即便如此,"壬午军变"对于日本来说,也仍是一次极大削弱其在朝影响力的事件。清政府借由迅速平定"壬午军变",有力地对外宣示了其宗主国的地位,其后与朝鲜签订的《中朝商民水陆通商章程》更是将清政府对朝鲜的影响及控制提升到前所未有的局面。原本主动调整日朝关系的日本,其在朝鲜半岛获得的"先手"优势开始丧失。面对此种局面,日本也开始调整其对朝政策。这种调整,外务卿井上馨将其总结为"积极"与"消极"两策,在"内则养成实力为我之隐秘辅助;外则以各国确认其独立自主为要"与"若无法钳制清政府之干涉,则姑息其所为以保持日清两国及东洋之和平"③ 之间,日本不得不根据时势做出对其自身有利的选择。与之前"以我(日本)助其(朝鲜)全然独立至为重要"的咄咄逼人相比,此时的日本也"不得不暂取前述之消极政策以为保持东洋和平之大局以为万全之策"④。右大臣岩仓具视在此时提出通过"应与有约各国协议,达成朝鲜乃独立之共识"⑤ 的手段应对中朝藩属关系的新局面,但事实上,在"壬午军变"之前,清政府主导的《朝美修好条约》未如《日朝修好条规》之例,对朝鲜"独立之邦"做出约定,而其后纷至沓来的

① 张晓刚:《东北亚近代史探赜》,中国社会科学出版社 2012 年版,第 42 页。

② [日]安冈昭男:《明治前期大陆政策史の研究》,法政大学出版局 1998 年版,第 158 页。

③ 井上馨侯伝记编纂会:《世外井上公伝》第四卷,明治百年史丛书,原书房,昭和四十三年,第 490 页。

④ 同上书,第 493 页。

⑤ 日本外务省调查部:《大日本外交文书》第十五卷,第 253—254 页。

西方诸国，也大多以《朝美修好条约》而非《日朝修好条规》为范本，与朝鲜签订了条约。"朝鲜独立"非但不是一个被公开承认的"共识"，在实际上，各国也大多从务实的角度出发，委任其驻华使节兼任驻朝使节。日本寄希望于创造一个"朝鲜独立之邦"被公认的局面，在其尝试参与朝美外交失败之时，就几乎已经注定不会出现了。

与西方列强不同，俄国正式踏足朝鲜半岛则显得姗姗来迟，直到1884 年 7 月，驻天津领事韦贝尔才经由穆麟德的暗中斡旋，赴朝签订了《朝俄修好通商条约》。但与大多数在朝鲜问题上持观望态度的西方国家不同，对于朝鲜来说，"其利益此时尚未遭到来自俄国的直接损害，朝俄之间也并无实际的大的冲突，此外，俄国不但是有助于朝鲜摆脱清政府，能够对清起到牵制作用的力量，同时将来其在牵制英、日势力方面的价值也不言自明"①。《朝俄修好通商条约》的签订是朝鲜试图外交自主的努力，这种"自主"的努力，也从反面反映出清政府在"壬午军变"之后对朝控制和影响的不断加强。而这一点，也令日本如坐针毡。如果说"壬午军变"导致了日本"被动"地调整对朝政策，那么，"甲申政变"则显然是日本针对日、清势力在朝此消彼长的局面而主动做出的回应。日本以其武力为后盾试图策动朝鲜亲日派政变，却遭到了清政府同样的武力回击。虽然以西乡从道为首的军部势力主张对清采取强硬措施，但就实力与舆论而言，日本对清开战显然难取必胜把握。伊藤博文也坚持先处理对朝交涉，并认为"朝鲜问题既已告和平解决，在此基础之上，对清谈判也应当采取追求和平的方针"②。"追求和平"这一方针也在伊藤博文和井上馨的坚持之下，成为对清谈判的主导方针，在伊藤博文出发赴天津之前，井上馨以外务卿身份发出训令，强调"我政府向以日清两国和好为重……为将来计，善后之事宜当倾向于商办解决"。③ 三条实美也以太政大臣身份将天皇内谕"奉旨晓谕"各地方长官，称"与外国交涉之事，兹事体大，各国现在之情势及将来事态之发展仍需观察，为不误国家永远之大计，交涉一事，当取妥善之方向以全

---

① ［韩］崔文衡：《韩国をめぐる列强の角逐》，齐藤勇夫译，彩流社，2008 年，第 50 页。
② 春亩公追颂会：《伊藤博文传》中卷，原书房，昭和十五年，第 400 页。
③ 日本外务省调查部：《大日本外交文书》第十八卷，第 338 页。

邻好之谊"①。要其镇抚人心，防范"轻举"之事。伊藤博文赴清之后，中日双方在都做出一定让步的前提之下签订了《天津会议专条》，约定"将来朝鲜国若有变乱重大事件，中日两国或一国要派兵，应先互相行文知照，及其事定，仍即撤回，不再留防"②。日本方面就此获得了所谓"共同保护朝鲜"的权利，但是，"当时的亲日的开化派被一扫之后，对于清国来说，以维持宗主权的行使为目的，在韩国驻扎本国军队已无必要……两军同时撤兵实际上也就意味着日本势力的相对减弱"③。

如同当年日本利用英俄互相保持"克制"的时机插手朝鲜半岛一样，俄国也在此时确立了"利用日清冲突的有利时机，占有韩国某处港湾"④的方针。由于风传俄国利用《朝俄秘密协定》占据了永兴湾，同时作为对俄国占领阿富汗的回应，英国舰队于1885年4月占领了朝鲜巨文岛，试图将其作为封锁俄国太平洋舰队的基地。在巨文岛被英国占领之后，井上馨深感此事是"予俄国插手朝鲜以最大良机"，认为"日本近海就此成为争夺之焦点，东亚和平难保"⑤。而清政府则利用解决"巨文岛事件"的契机，以朝鲜宗主国的身份直接与英国展开交涉，使英国"改变了以往对中朝宗属关系的暧昧态度，对之给予了公开的承认……围绕中朝宗属关系的国际形势开始变得对中国有利"⑥。对于此，井上馨不得不以个人名义向李鸿章提出了"朝鲜办法八法"，希望能够在对朝事务上取得与清政府的协调。有日本学者认为"朝鲜办法八法"是"默认清帝国对朝鲜的宗主权，提议以清政府为主导，把朝鲜置于日清两国共同保护之下，以抵抗俄国的入侵"⑦。而已经在朝鲜问题上获得优势的清政府拒绝了井上馨的提议。随着的"甲申事变"与"巨文岛事件"的解决，日本对朝预想的"积极策"与"消极策"接连破产，日本在朝势力受到巨

---

① ［日］田保桥洁：《近代日支鲜関系の研究：天津条约より日支开战に至る》，原书房，昭和五十四年，第6页。

② 王铁崖编：《中外旧约章汇编》第一册，生活·读书·新知三联书店1957年版，第465页。

③ 崔文衡：《韩国をめぐる列强の角逐》，第61—62页。

④ 同上书，第56页。

⑤ 日本外务省调查部：《大日本外交文书》第十八卷，第601页。

⑥ 郭海燕：《巨文岛事件与甲午战争前中日关系之变化》，《文史哲》2013年第4期。

⑦ ［日］信夫清三郎：《日本外交史》上卷，天津社会科学院日本问题研究所译，商务印书馆1980年版，第207页。

大打击，在其后十余年里，日本完全丧失了在朝鲜的"先手"和"主动"的地位，日本描画的"朝鲜独立之邦"的假象也无从成立。

## 三 "割辽"与"还辽"：日俄的正面对决

"甲午战争"的爆发，是围绕朝鲜问题的中日矛盾激化到不可调和境地的产物。如前所述，在"甲申政变"后的十年里，日本在朝鲜丧失了主动，日清矛盾朝向对清有利的方向发展。对于日本来说，发动战争几乎是扭转其被动局面的唯一手段。"防谷令事件"之后，天皇于1893年5月19日批准了《战时大本营条例》。条例的颁布，"具体地表明了军队预定不久将要进行战争"①。而近十年的备战，也令日本政府对于"甲午战争"的结果有"乐观"的期待。相对于日本，清政府则对于战争的可能性预估不足，战备更无从谈起。在战争一触即发之际，俄国也对日本发动战争以改变朝鲜半岛状态的企图，表现出极大的关切。中日正式宣战之前，驻东京俄国公使希特罗渥奉俄国政府训令正式向陆奥宗光提出问询，称"中国政府已请求俄国调解中日两国纠纷，俄国政府甚望两国早日和平解决，因此，若中国政府撤退其派驻朝鲜之军队，日本政府是否亦同意撤退其军队"②。陆奥宗光称，撤军的条件为清政府同意由中日两国共同负责改革朝鲜内政，而如果清政府不愿承担改革朝鲜内政之责，则日本政府必以其独力施行之。6月30日，俄国又向日本发出正式照会，称"朝鲜政府已将内乱平定之意知照各国使节，并请各国使节协助请求中日两国共同撤兵，俄国政府劝告日本接受朝鲜之请求"③。陆奥宗光接此照会后，立即赴伊藤博文官邸商议此事。并就拒不撤兵一事达成一致。其后，陆奥宗光电告驻俄公使西德二郎，称"本大臣与伊藤伯意见一致，日本绝不可接受露（俄）国之劝告"④。事实上，在此之前，陆奥宗光已经接获报告，就俄国在西伯利亚的兵力配备而言，俄国不可能就日本在

---

① ［日］信夫清三郎：《日本外交史》上卷，第251页。
② ［日］陆奥宗光：《蹇蹇录》，伊舍石译，谷长青校，商务印书馆1963年版，第38页。
③ 日本外务省调查部：《大日本外交文书》第二十七卷，第284页。
④ 同上书，第285页。

朝鲜的战争行动做出具体的激烈反应，而这也成为日本决然发动"甲午战争"的原因之一。

战争爆发之后，随着日本在军事上的不断胜利，列强对于日本动向的警惕也不断加深。大山岩率日本第二军于1895年1月在山东登陆之后，清政府战败几乎已成定局。此时，在针对清政府与朝鲜的宗属关系上和日本有同样利益的俄国，也并不希望胜利的一方有任何"破坏朝鲜领土完整的企图"①，而战争的继续发展，对于俄国在远东地区，尤其是中国东北的利益必将有极大的损害。有鉴于此，在战前拒绝了清政府正式的调停请求的俄国，此时也开始尝试了解日本停战的条件。1895年2月，俄国外交部就向日本方面提出，若日本发表宣言承认朝鲜在名义与事实上独立的话，俄国政府愿意劝告清政府派遣全权使节赴日谈判。②2月24日，俄国驻日公使希特罗渥拜访陆奥宗光，称接获本国政府电报，"获悉日本希望清国能够派遣可以签署包括朝鲜独立、赔款、土地让与等条件，及将来两国关系条约之全权使节……倘若日本政府宣布在名义及事实上承认朝鲜之独立，我政府当劝说清国政府派遣包含前述条件之全权使节赴日"③，表示俄国认可以"朝鲜独立"作为日俄媾和的基础。确保朝鲜"独立"，这是俄国的既定方针，而对于日本从中国割地一项，俄国则希望日本能将割地的要求限定于台湾。早在1894年年底，希特罗渥曾以私人身份暗示陆奥宗光，"俄国对于日本占领台湾一事并无任何异议"④。在上述俄国政府正式提出以朝鲜"独立"作为"劝告"清政府派遣全权使节赴日媾和的条件之前，1895年2月14日，希特罗渥又一次以私人身份强调，"日本要求割让台湾，俄国对此毫无异议，若日本放弃岛国之地位向大陆扩张版图，则绝非上策"⑤。面对朝鲜"独立"木已成舟的事实，"俄国利益"更加明确地指向了中国东北。日本通过战争获取在中国东北地区的"割地"是俄国决不能允许的。而在此之前，俄国政府在2月1

①　[俄]鲍里斯·罗曼诺夫：《俄国在满洲（1892—1906）》，商务印书馆1980年版，第62—63页。

②　参见《大日本外交文书》第28卷上册，第701—702页。

③　日本外务省调查部：《大日本外交文书》第二十八卷，第703—704页。

④　[日]陆奥宗光：《蹇蹇录》，第171页。

⑤　同上书，第172页。

日召开的第二次远东政策会议上也已做出决定，"第一，增强俄国在太平洋的舰队，使俄国在太平洋上的海军力量尽可能强于日本；第二，同英国及其他欧洲列强，主要是法国，达成协议，如果日本政府和中国缔结和约，所提出的的要求侵犯俄国利益时，则对日本共同施加压力"①。在获悉日本提出议和条件中包括割占辽东半岛之后，4月6日，俄国外交大臣罗拔诺夫上奏称："日本所提和约条件，最引人注意的，无疑是他们完全占领旅顺口所在的半岛；此种占领，会经常威胁北京，甚至威胁要宣布独立的朝鲜；同时由我国利益来看，此种占领是最不惬意的事实。"②在4月11日召开的关于远东外交政策的特别会议上，罗拔诺夫又称"在任何情况下，不能指望日本的友谊。它不仅对中国战争，还要对俄国战争，以后会是对全欧洲。日本人在占领南满之后，绝不会止于此，无疑将向北推进殖民"。在此之外，维特也在会议上强调，"日本之所以进行战争是我们开始建筑西伯利亚铁道的后果。欧洲列强及日本大概都意识到不久的将来要瓜分中国，他们认为，在瓜分之时，由于西伯利亚铁道，我们的机会将大大增加。日本的敌对行动主要是针对我们的……假使我们现在让日本人进入满洲，要保护我们的领土及西伯利亚铁道，就需要数十万军队及大大增强我们的海军，因为我们迟早一定会与日本人发生冲突"③。也正如维特的推测，日清矛盾的地位随着清政府的战败以及朝鲜的"独立"而逐渐让位于日俄矛盾。而对于日俄将来可能发生冲突一事，早在甲午战争爆发之前的1890年，山县有朋在提出其著名的"我邦利益线之焦点实在朝鲜"之论时，就已经声称"西伯利亚铁路竣工之时，自露（俄）都出发，十数日即可饮马黑龙江。对吾人而言，西伯利亚铁路完成之时，既朝鲜多事之秋也"④。俄日两帝国的相互警惕，也使其后的"日俄战争"与其说是"甲午战争"的延续，莫如说"甲午战争"是"日俄战争"的序曲。而此时"甲午战争"尚未终结，暗流涌动之下，日俄双方皆已蓄势待发。中国的东北地区，成为两国角逐的焦点。

---

① 孙克复：《甲午中日战争外交史》，辽宁大学出版社1989年版，第194页。
② 中国史学会：《中国近代史资料丛刊中日战争》第七册，上海书店2000年版，第309页。
③ 同上书，第314页。
④ ［日］大山梓：《山县有朋意见书》，原书房，1966年，第197页。

但对于日本来说，俄国对于中国东北地区的关注并不是其考虑如何攫取"甲午战争"胜利果实的主要出发点，此时的日本，朝野内外"对于中国的割让唯欲其大，发扬帝国的光辉唯欲其多这一点，几乎是一致的"①。军队之中，更是主张"辽东半岛是我国军队流血牺牲夺取来的……而且辽东半岛既控制朝鲜的侧背，又扼北京的咽喉，为国家前途久远之计，绝不可不归我领有"②。一方面出于对国内舆论民情的回应，另一方面，中国东北，尤其是辽东半岛的战略价值也早为日本所觊觎。为此，日本决意占有辽东半岛。这一企图令日本与俄国的矛盾越发凸显。在获悉日本正式提出割让奉天南部之后，俄国立刻向日本表达了强烈不满。在与俄国公使会面之后，林董外务次官向陆奥宗光报告称，"与露（俄）国公使面晤，该公使对日本政府要求（清政府）割让奉天省南部之事颇为不快，并声称就其个人意见而言，日本之要求必会伤害欧洲各国之感情，予欧洲各国干涉之口实"③。在彼此协调之后，4月23日下午，俄、德、法三国公使又同时向日本政府正式表示对中日条约中割让辽东半岛一项表示异议的备忘录。俄国在备忘录中称"露（俄）国皇帝陛下之政府，查阅日本向清国提出之媾和条约，其要求中有辽东半岛割与日本所有之项，此件非但将使威慑清国之都成为常态，同时朝鲜之独立亦有名无实。上述之情形，将为远东永久和平之障碍。露（俄）国政府为向日本国皇帝陛下之政府再次重申其诚实与友谊之故，兹劝告日本政府明确放弃领有辽东半岛一事"④。法国与德国也通过备忘录的形式表达了相同的对朝鲜"独立"以及远东和平的担忧。对于可能招致列强不满，甚至引发干涉的局面，日本政府在事先亦有预想，但如同陆奥宗光在同一日稍早时候给伊藤博文的电报中所称那样，"据青木（青木周藏，时任驻德公使）、西两公使电报获悉，来自欧洲各大国之强力干涉，已不可避免……此无非是倘若我政府最初向欧洲大国提出我之条件所必然招致之干涉延迟至今日而已。我政府既已成骑虎之势，无论如何危险，除维持

① ［日］陆奥宗光：《蹇蹇录》，第116页。
② 同上书，第115页。
③ ［日］伊藤博文：《秘书类纂·第壹卷日清事件》，秘书类纂刊行会，1933年，第201页。
④ 日本外务省调查部：《大日本外交文书》第二十八卷下册，第17—18页。

如今之立场，示人以一步不让之姿外，别无他策"①。对于日本来说，此时做出让步，放弃割地，甲午战争的主要"胜果"立时化为灰烬，果若如此，"即使我当局者为国家长久计忍受内心无限的痛苦，有决心承担将来的难局，但此变化一旦对外发表，将使我国陆海军人员如何激动，我国国民又将如何失望？即使能够减轻外来的危机，但从内部发生的变动又将如何抑制？实已处在内外两难之间，不知轻重何在"②。24 日，广岛大本营立刻就此事召开会议，会议商定三个方案，"其一，断然拒绝三国之劝告，此种情况之下，当有与三国以兵力决雌雄之觉悟……其二，撤却对于金州半岛（辽东半岛）之占领，将条约交由各国会议协商，此种情况之下，如何会议，于何地何时会议，仍需与三国公使谈判商定……其三，全然接受三国之劝告，将（还辽）视为我之恩惠，以确保中国政府对于其他条件完全施行"③。伊藤博文等人虽较为倾向于第二套方案，但从外交实务角度出发，陆奥宗光认为，中日换约迫在眉睫，长期彷徨于和战之间徒增变数，各国出于各自立场，必于会议之间提出种种条件，这无异于招致欧洲各国新的干涉。鉴于此，日本方面将此时的外交方针确定为，"对于三国纵使最后不能不完全让步，但对于中国则一步不让"④。4 月 29 日，陆奥宗光又接到驻俄公使西德二郎的电报，电报中称，"近期与露（俄）国外交大臣曾长时间面谈……俄国之所以反对我于大陆的割地要求，根本在于，其认为一旦日本于辽东半岛获得优良军港，日本之势力发展必不限于该半岛之内，日本将来必会向朝鲜全国及满洲北部丰饶之地大举殖民。上述之地久之必成日本之屏藩。俄国之领土势必从海陆两方面受其威慑"⑤。由此，日本政府相信，对于俄国，"我国如无以武力一决胜负的决心，单凭外交上的折冲是不起什么作用的"⑥。同样觊觎中国东北的日俄两国，双方的意图均已摆在桌面之上，日俄矛盾已是不通过战争无法解决的了。而此时在军事力量上居于下风的日本，

① 日本外务省调查部：《大日本外交文书》第二十八卷下册，第 10—11 页。
② ［日］陆奥宗光：《蹇蹇录》，第 158 页。
③ ［日］伊藤博文：《秘书类纂·第壹卷日清事件》，第 296—297 页。
④ ［日］陆奥宗光：《蹇蹇录》，第 160 页。
⑤ 日本外务省调查部：《大日本外交文书》第二十八卷下册，第 62 页。
⑥ ［日］陆奥宗光：《蹇蹇录》，第 165 页。

除了还辽一途，也别无他法。

# 结　语

日朝矛盾的产生，是宗藩体系与条约体系两种不同国际秩序碰撞的结果。虽然日本强行以条约的形式重建日朝国交，但是这一矛盾并未随着日本逼迫朝鲜签订空有"平等"之名的条约而宣告终结。相反，日本在朝鲜半岛表现出的咄咄逼人的态势，不但损害了朝鲜的利益，也颠覆了东北亚国家内部间近300年的和平局面。日本与清政府的矛盾不断激化，双方实力此消彼长，最终导致了甲午战争的爆发。在这一过程中，日本始终保持着对俄戒备、与俄争雄的意识，日本的大陆政策与俄国的远东政策遂产生直接冲突。日本对于朝鲜，进而对中国东北地区的野心，随着甲午战争的胜利而逐渐暴露。俄国在默认朝鲜"独立"之余，坚决要将日本阻挡在亚洲大陆之外。日俄双方争夺的焦点从朝鲜转移到中国东北，继日朝、日清矛盾之后，日俄矛盾逐渐成为左右东北亚国际关系走向的主要基点。从这个意义上说，"甲午战争"与10年后的"日俄战争"也有着千丝万缕的联系。而19世纪末20世纪初的东北亚地区，各国围绕着朝鲜以及中国东北所展开的争夺也令中、日、朝、俄诸国间的关系变动不居，彼此牵连，头绪万端。时至今日，东北亚地区国家间虽然经贸关系密切，人员往来频繁，但是仍然存在军事对峙、领土纠纷等诸多棘手问题，而其中有的本来就是近代及甲午战争以来遗留的问题。有鉴于此，在东北亚时局错综复杂的当下，重新梳理和审视这段历史，总结其中的经验教训，无疑具有学术价值和现实意义，对于建设稳定而协调的东北亚地区国际关系也不无裨益。

——原刊于《武汉大学学报》（人文科学版）2014年第4期

作者简介：张晓刚（1962—　）男，大连大学原学报编辑部主任，教授，主要从事中日关系史研究；国宇（1980—　）男，大连大学东北亚研究院客座研究员。

# 日俄战争后的日本《帝国国防方针》与中国东北

## 吕秀一

　　1904—1905 年，日俄进行了一场旨在掠夺中国东北和朝鲜权益的帝国主义战争。战争的结果，日俄签订《朴茨茅斯条约》，通过该条约，日本除获得在朝鲜的特殊地位以外，还获得了在中国东北南部的各种特殊权益。之后，日俄两国从对立关系逐步转向协调关系，从 1907 年 7 月到 1916 年 7 月先后签订了四次日俄密约（Russo-Japanese Secret Treaty）。在四次"密约"的保护下，俄国不仅保住了在中国东北北部地区的利益，而且将势力扩展到蒙古地区，日本则获得了在中国东北南部及内蒙古部分地区的"特殊利益"。但是，随着日俄协调关系的发展，日美矛盾开始激化，日本的国家战略、军事战略也发生了重大变化。除俄国以外，日本还把美国视为第二个假想敌国。日本为对付将来有可能发生的第二次日俄战争，一方面通过协调外交与俄国达成相互保证在中国东北权益的协约，另一方面还制定了全面戒备俄国并企图在远东地区谋求霸权的国防方针。

　　本文以日俄战争后日本制定的国防方针为线索，探讨日本国防方针与中国东北的关系，从而揭露日本的大陆政策以及日本侵略中国东北的一个侧面。

## 一　1907 年日本《帝国国防方针》出台的背景

　　众所周知，19 世纪后期，中国与周边国家之间从近代时期业已形成的传统宗藩关系，由于受到英国、法国、日本等国家的冲击遭到破坏，取而代之的是近代国际关系上的条约体系关系。日本经过明治维新刚刚走上资本主义道路，在国力初步增强后便匆忙地走上了对外扩张之路，朝鲜和中国首当其冲成为其扩张的主要目标。1876 年日本强迫朝鲜签订了《江华岛条约》，打开了朝鲜大门。1885 年，通过《中日天津条约》，在朝鲜取得了出兵权。与自明朝以来就同朝鲜一直保持宗藩关系的中国相比，日本仅用 10 年时间便在朝鲜获得了与中国同等的地位。1895 年，日本通过《马关条约》获取了对台湾的领有权，同时确立把独占朝鲜作为基本国策。1900 年，义和团运动爆发后，俄国出兵抢占东北，这不仅与企图扩大东北利益的日本发生对立，而且还直接威胁了日本在朝鲜的特殊地位。

自日本确立对外扩张政策以来，日本一向把中国东北看成自己的"生命线"，中国东北也是日本对外侵略的最主要目标之一。1889 年，长州藩出身的山县有朋出任第三届日本内阁首相。向来积极主张推进对外扩张政策的山县有朋，于就任第二年便推出对外扩张政策的基本理论——《外交政略论》。在 1890 年召开的帝国议会上，山县有朋就所谓"利益线"问题进行公开阐述，称"凡国家能保全主权线及利益线者方为国家。当今列国并立，维持一国之独立仅只防守主权线不可谓完备，必须同时包围利益线"①。显然，山县有朋在这里提出的日本"利益线"是随着"主权线"的扩大而扩大的。1895 年签订《马关条约》时，日本为获取在中国北部与南部的领土，在和约谈判时逼迫清政府割让台湾和辽东半岛。其目的在于，一是利用台湾通过台湾海峡进入福建等中国南部地区；二是利用辽东半岛向东北北部和华北地区扩张，以便将来有朝一日从南北两方面夹击中国。但是，日本的此举直接引起了俄国的反对。俄国以"三国干涉还辽"的方式与德法一起共同逼迫日本放弃辽东半岛。之后，日本除用割让与吞并手段使中国台湾和朝鲜变成日本的殖民地以外，还把中国东北视为与帝国安危和发展息息相关的"生命线"。为此，日本举国"卧薪尝胆"，加紧对俄国的战争准备。1904 年日本发动的日俄战争，即是日本在中国东北正式取得特殊权益的新举动的开始。日俄战争为瓜分中国东北而起，又以基本完成瓜分中国东北而终。日俄战争结

---

① ［日］大山梓：《山县有朋意见书》，第 203 页。

束后，日本通过日俄《朴次茅斯和约》，从俄国手中获取了垂涎多年的包括辽东半岛在内的中国东北南部的特殊权益，沙俄则退守到东北北部。日俄战争的胜利，使日本对外扩大意识急剧膨胀，并开始从国家政略和战略上全面考虑日后的"主权线"和"利益线"问题。在"如愿以偿"地获得中国东北利权后，日本不仅加紧对东北南部的控制，还同时极力扩大在东北的各种权益。与此同时，面对蠢蠢欲动的美国势力，日本和俄国认为在两国利害关系一致情况下，有必要共同划定东北、内蒙古的势力范围。[①] 于是，日俄两国先后签订了四次密约。即便如此，日本仍然在戒备俄国，并积极策划巩固东北权益的各种策略。而后的 40 多年里日本发动的一系列侵略的实践证明，日本"利益线之焦点"就是指沿中国台湾、朝鲜、"满蒙"、中国关内等的广阔地区。[②] 而 1906 年日本制定的日本史上第一部《帝国国防方针》则是上述"主权线"与"利益线"意识的集中反映。

1906 年，日本参谋总长儿玉源太郎与陆军大臣寺内正毅就日俄战争后的日本国家发展问题发生不同意见，参谋本部作战科科员田中义一中佐得知这一消息后，为了统一战后日本的国家战略与国防战略思想，编写了一部有关日本国防方针的意见书——《随感杂录》，并把它呈报给了陆军元帅山县有朋。在《随感杂录》中，田中义一全面论述了决定国防方针的必要性，并为将来有可能发生的第二次日俄战争制定出非常详细的备战之策。田中在意见书中指出，"日本的国是应该始终如一，不因内阁交替等而变化，必须确立基于国是的政略。今后的政略应摆脱过去岛国的处境，要作为一个大陆国家去寻求国家前途，战略也不能与此背道而驰"，而"国家的军备要根据政略和战略来决定，政略和战略则要根据国家经济能力来确定"，要求日本政府"日本国军的作战应把俄国定为假想敌国，由守势转换为攻势。特别是必须迅速确定作为国军的作战方针，以便拟定陆海军协同作战计划"[③]。实际上，除了田中以外，在日本内阁、军部的首脑人物等都对日俄战后的东北问题做了具体研究。如儿玉源太

---

① [日] 海野福寿：《日清日俄战争》，集英社，1992 年，第 187 页。

② 沈予：《日本大陆政策史》，社会科学文献出版社 2005 年版，第 53 页。

③ [日] 田中义一：《随感杂录》（日本山口县公文书馆所藏，第 4 节）。

郎任参谋总长、寺内正毅任陆军大臣期间，陆军曾就战后经营问题进行过多次研究，总长和大臣意见比较一致，即"战后的国防，不能从单纯意义上确定陆海军兵力，而是要确定与日本国是相称的大政方针，即在海外拥有保护国和租借地，而且在结成日英攻守同盟（明治三十八年八月缔结）后，不能像过去那样只以守势作战作为国防的基本方针，必须以攻势作战作为国防的主要着眼点"①。山县有朋在审阅田中义一的《随感杂录》后，对其亲自修改并上奏日本天皇。经天皇敕准，日本政府于1907年正式确定了日本历史上第一部《帝国国防方针》。经天皇批准的《帝国国防方针》属于日本的秘密国策，在保密条件下分别呈报给首相、陆军大臣、参谋总长等人。首相西园寺认为，"开国进取乃帝国之国是，施政方针亦应始终贯彻之。……帝国一贯执行上述政策，历经几多苦心经营，才获得现在的地位与权益，将来亦必须谋求继续扩展。希望帝国在满洲、朝鲜的权益及在太平洋彼岸发展民力，将来会更大发展"②。《帝国国防方针》在正式修改（1918年进行第一次修改）之前，一直作为日本的国防政策并影响了日本的对外扩张政策。

## 二 《帝国国防方针》与中国东北

如前所述，自日本确立大陆政策以来，中国东北已成为日本对外扩张的主要目标之一。关于日俄战争后中国东北经营问题，早在1904年7月日俄战争激烈进行时，小村寿太郎外务大臣曾就日本在东北的扩张问题声称，"应进一步把我国的利权扩张到满韩及沿海州（俄国远东沿海地区——笔者注），从而图谋我国力的发展"，"事实上韩国已成为我国之主权范围，满洲则在某种程度上置于我国势力范围，以此拥护和扩张我国之利权"③，表示了以朝鲜和业已取得的中国东北权益为基础，全面向中国东北各地侵略的野心。而1907年制定的《帝国国防方针》则对东北与日本帝国战略的关系都有比较明确的表述。

① ［日］森松俊夫：《大本营》，教育社，1980年。
② 臧运祜：《近代日本亚太政策的演变》，北京大学出版社2009年版，第57页。
③ ［日］黑野耐：《帝国国防方针研究》，总和社，2005年，第93页。

第一,《帝国国防方针》之总体方针。

《帝国国防方针》全文由 7 款组成。首先对负有侵略性的日本帝国的扩张政策做了总结,声称日本的军事历史,只有德川时代采取了保守主义,其余"无不为进取"。中日甲午战争和日俄战争都是"因采取攻势方得以获取战局之大捷",而这种侵略历史"充分体现日本人之性格,今后必须更加发扬此性格"①,进而全力美化战争、极力鼓吹侵略。在上述扩张理念下,《帝国国防方针》的总体方针对与日本扩张政策有密切关系的国家和区域都做了具体定位,而对中国东北的表述最为具体和露骨。

第二,《帝国国防方针》之东北观。

在总体方针指引下,对与日本有密切利益关系的中国东北"经营"和扩大权益问题均做了比较详细的描述。第一款便是"开国进取之国是"、谋求"国权之振兴,致力于国利民福之增进"。而谋求这种"国权"与"民福"的措施就是"必须向世界之多方面经营"。该方针规定除了"在满洲、韩国扶植"特权外,还把"向南亚及太平洋彼岸扩张"说成"自不待言"的事情,确定了"进一步扩张作为帝国施政"的根本方针。② 在这一基础上,《帝国国防方针》提出,"我们在隔海相望的陆地上还扶植了满洲和韩国的利权,因此,一旦有事发生就如同在国内作战一样,我们必须拥有能够应对此局面的国防,一定要在海外保持攻势。只有这样我们的国防才是全面的"③。对日本来讲,如果控制了中国东北,不仅可以解决日本国内资源短缺、人口众多的问题,而且将来还可以以中国东北为跳板进攻中国关内地区,进而向世界扩张。

第三,针对俄国的战备与东北之关系。

《帝国国防方针》自始至终把俄国作为第一假想敌国,而这种把俄国作为第一假想国的理由是和日本要确保在东北的权益始终联系在一起的。《帝国国防方针》提出,"俄国在明治三十七、三十八年(1904、1905)战败后,尽管有国内之大动乱,但却在远东部署了比战前更加优势之兵力,且有计划沿黑龙江铺设铁路。他日若有可乘之机,未必不挑起报复

① 〔日〕大山梓:《山县有朋意见书》,第 14 页。
② 王颜昱主编:《日本军事战略研究》,军事科学出版社 1992 年版,第 125 页。
③ 林庆元、杨齐福:《"大东亚共荣圈"源流》,社会科学文献出版社 2006 年版,第 210 页。

战争，侵犯我在满洲及韩国之特权"。为了防备俄国的"复仇战"和巩固业已取得的东北权益，作为制衡俄国的措施，"陆军以满洲、乌苏里及韩国为作战地域，将主要战场引向满洲，将次要战场引向乌苏里方面。为此，尽可能迅速将陆军之大部集合于南满洲，将一部集合于咸镜道之北部，然后寻找敌人攻击之。而在任何情况下，必须保证韩国安全"①。具体措施是"利用安奉铁路和东清铁路迅速把战力集中到奉天附近，攻击哈尔滨并切断东清铁道"。如果一旦发生第二次日俄战争，鉴于日本兵力将处于劣势状况，《帝国国防方针》规定，"需要更加发展满洲现有的交通线，而且在满洲及韩国铺设和经营新的交通线，并在韩国北关地方（咸镜北道）构筑防御阵地亦十分必要"，而修建新铁路的必要性在于"黄海之海上运输因情况变化有欠安固之虞"，需要尽快修筑纵贯朝鲜的铁路及义奉（新义州至奉天）铁路，把它作为对俄作战时的运输线②，充分显示出了利用东北东部区域阻击俄国，保护日本在朝鲜和中国东北南部特殊权益的意图。

为贯彻《帝国国防方针》，日本由最高统帅部策划对东北的侵略，而且日本外务省也积极参与进来。因为中国东北对日本来讲是"用数万人的性命和十几亿的资金为代价获得的，其利权必须巩固"，同时在"满洲推行积极之经营之策，以此作为伸张利权的基础"③。1908 年 9 月，担任第二届桂太郎内阁外相的小村寿太郎，向内阁提出《对外政策方针》与《关于解决满洲诸问题的方针决定》，极力主张日本应将对外政策的重点放在解决满洲问题上。小村指出："帝国不能轻易放弃眼下在满洲拥有之地位，要永久地保持下去。"为此，小村提议，为了确立日本在南满的"优势地位"，应迅速解决延长新奉铁路等问题④。外务省政务局长阿部守太郎提出的《对华政策纲领》，则对日本的国防方针与东北各地及日本特权的关系有了具体表述。该《纲领》声称，关东州租借地是日本"对满蒙方面权利的根基与活动的重点"，而南满铁路是"帝国在满洲进而在内

---

① 王颜昱主编：《日本军事战略研究》，第 126 页。

② ［日］田中义一：《随感杂录》（日本山口县公文书馆所藏，第 4 节）。

③ ［日］黑野耐：《帝国国防方针研究》，第 93 页。

④ 《关于解决满洲诸问题的方针决定》，《日本外交年表与主要文书》，日本外务省，1965 年，第 309 页。

蒙古权利的根基", "故对其干线的全部营运，必须以坚定的信心，在适当的时机重新延长或更新这一权利，努力发展我之地位"①，明确了日本应进一步扩大在中国东北及内蒙古包括铁路权益在内的各种利权的方向。

从上述《帝国国防方针》可以看出，日俄战争后，日本根据既定的大陆政策与"主权线""利益线"理论，一改以往的守势战略为攻势战略。而这种攻势战略的主要目的是确保日本在朝鲜和中国东北的特殊权益。笔者认为，日俄战争后，日本对中国东北战略思想的基点是在确保业已取得权益的同时，在军事上把中国东北作为应对第二次日俄战争的前哨基地，在经济上为日后进一步深化对中国东北的侵略并为全面"经营"中国东北打下基础。全力解决的重点是在中国东北修筑新铁路，以此巩固和扩大日本在中国东北的特权。对日本而言，只有修筑安奉等铁路才能把日本的国力通过朝鲜延伸到中国东北腹地，并可以利用铁路沿线的权利来取得驻兵权。后来的事实也证明了这一点。1909 年中日签订的《安奉铁路节略》和《图们江中韩界务条款》都具体规定了有关铁路的款项。到 1913 年，日本通过《满蒙五铁路案》的换文，完全达到了在中国东北修筑铁路的目的，余下的是如何把权益扩大到铁路以外各个领域的问题了。第一次世界大战期间及战争结束后，日本借俄国退出远东舞台的机会，肆无忌惮地显示出了旨在扩大在中国东北权益的野心，如要求中国承认日本在中国东北南部及东部内蒙古享有土地商租权和居住权，直至后来向中国提出"二十一条"并发动"九一八"事变。应该说，所有这些侵略中国东北的行径，都是日本既定的大陆政策和以"攻势战略"为宗旨的《帝国国防方针》的具体表现。

——原刊于《延边大学学报》(社会科学版) 2012 年第 1 期
作者简介: 吕秀一 (1964—　　)，男，大连大学历史学院副教授，主要从事伪满洲国史研究。

---

① 《关于解决满洲诸问题的方针决定》，《日本外交年表与主要文书》，第 370 页。

# 浅析基督教对辽宁近代教育发展的影响

姜德福　张玲玲

近代以来，基督教（本文所述基督教包括天主教和基督新教，东正教不在本文研究之列。）在辽宁传播开来，基督教教育事业亦随之在这片土地上产生。到 20 世纪中叶，基督教会在辽宁共创办教会学校 200 余所，形成包含不同层次和类别教育机构的教育体系，对近代辽宁教育事业的发展产生了深远影响。

## 一　近代辽宁基督教教育事业概观

第二次鸦片战争以后，凭借不平等条约的保护，基督教打开了在辽宁传播福音的道路，但最初传教士们的传教活动开展得很艰难。如何摆脱不利局面，让中国人接受上帝的福音，成为摆在传教士们面前的一道难题。在艰难的传教工作中，传教士们发现，教育在中国极受推崇，如果将教育作为传播福音的组成部分，借助教育的形式，应该可以达到传播福音的目的。他们认为，中国人虽说重视教育，但中国教育存在很大问题，如果教会办好教育，就能够以更大的力量来影响中国民众，进而使学生皈依上帝。因此，传教士们将创办教会学校作为传播福音的最好办法和最佳途径。正如传教士狄考文所说，"没有教育作为媒介，我们在像中国这样的民族中的传教努力是最为劳而无功的"，基督教会必须将教育作为工作的"一个重要组成部分"[①]。20 世纪初，基督教在华宣教事业发生重大转变，其宣教重心由以往强调个人信仰，注重招揽信徒，转为

---

[①]　陈学恂主编：《中国近代教育史教学参考资料》，人民教育出版社 1993 年版，第 2 页。

加强对社会和国家施加影响。为此，基督教会一方面集中力量加快城市传教事业，另一方面重点发展教育尤其是高等教育，这也是辽宁教会学校发展的一个背景。

1913年，基督教全国会议规定各地教堂都要附设幼儿园，此后辽宁开始出现教会兴办的幼儿园。在基督教会兴办的幼儿园中，有大孤山的崇正幼稚园、锦州的育英幼稚园、大连西安街教会幼儿园、附设在安东元宝山文化女校内的基督教立幼稚园等。

辽宁最早出现的近代新式小学，是由基督教会创办的。小学教育是基督教会在辽宁兴办学校的重点。在小学中有锦县的育贤小学、大孤山的培英小学、奉天文华小学校、奉天光华小学、奉天私立沈河区三育完小学校、开原文光小学、安东三育小学、岫岩三育小学、英守屯信德初级小学校、兴城福民小学、兴城二台子基督教会小学、兴城沙后所基督教会小学、兴城望海甸基督教会小学、兴城育贤小学、新民公主屯基督教学校、新民大民屯达德女子小学校、桓仁教民小学校、营口懿德小学、法库志广小学、庄河光亚小学、安东博育小学、大连三春街小学、本溪桥头小学等。在这些学校中，锦县的育贤小学较有代表性。[①]

教会将中学看作教会学校体系中最重要的部分。基督教会在辽宁兴办的中学有：海城的三育中学、新民的文会初级中学、大孤山的培英中学、奉天的文华初级中学校、营口培真中学、安东私立三育中学校、沈阳苏家屯私立野声中学、朝阳指南学校等。

"中国女子学校之设，始于教会，继而国人也渐有私设学校者。"[②] 在女学中较为重要的有：辽阳的文德女校、奉天的重明女校、坤光女子两级中学校、慎德女子两级小学校、东沟的崇正女子学校、新民的崇实女子中学、锦县的育英女校等。一些女校具有一定的规模，而且影响不小。1930年，奉天坤光女子两级中学校有16个班级，包括了幼稚园、初小、高小、初中、高中和师范班，共有学生400余人，教师26人，经费达2

---

① 政协锦州市委员会学习文史委员会编：《锦州文史资料》（第九辑），1990年，第99页。
② 政协辽宁省委员会文史资料委员会编：《辽宁文史资料》（总第33辑），1991年，第207页。

万余元。① 这些女校提倡男女平等，不收学费，一般基督徒家庭有适龄女孩多送入这类学校读书。

基督教会设立大学的目的，在于培养献身于教会的中国领袖人物。近代基督教会在沈阳创办的高等学校有沈阳文会书院和奉天医科大学两所，这也是东北地区仅有的两所教会创办的高等学校。② 1902 年，苏格兰长老会、爱尔兰长老会（后丹麦路德会加入）联合在奉天大南关租用民房建立了具有大学性质的文会书院。该校分为预科和本科，主要招收各县教会中学毕业的学生，以及教友、长老和学校教职员的子弟。从这所学校毕业的学生可以从事牧师、教师等职业，也有少数毕业生前往英美等国留学。③ 1892 年，医学传教士司督阁为解决其开办的盛京施医院医务人员不足的问题，在医院附设了培养医务人员的学校。在此基础上，1912 年，英国长老会和丹麦信义会联合创办了奉天医科大学。这所大学是当时东北地区具有现代化设备和条件的最高医学学府，也是基督教会在东北地区开办的各类学校中规模最大的一所，在辽宁乃至东北地区首开医学本科教育。

在学校教育系统之外，还有两类基督教会兴办的教育事业不容忽视。一类是神学教育事业，另一类是社会教育事业。

在神学教育方面，基督教会在辽宁兴办了凤城女子圣经学校、安东基督教信义神道院、营口圣经学院、东北基督教神学院、东蒙教区修道院、圣方济各小修院、奉天天主教神学院等。这些神学教育机构的办学宗旨是为基督教在辽宁的传播与发展培养传道人和神职人员，因此，其主要课程是经院哲学、圣经学、教会法典、宗教礼仪、教义神学等课程，但同时也开设其他课程，如奉天天主教神学院开设的其他课程包括国文、地理、历史、数学、物理、化学、世界地理、世界历史、动物学、植物学、宇宙学、拉丁文、法语等。

---

① 辽宁省地方志编纂委员会办公室编：《辽宁省志·宗教志》，辽宁人民出版社 2002 年版，第 230 页。

② 辽宁省教育志编纂委员会编：《辽宁教育史志资料》（第二集下），辽宁大学出版社 1990 年版，第 880—897、937—941 页；辽宁省教育志编纂委员会编：《辽宁教育史志资料》（第二集上），1990 年版，第 83—85 页。

③ 齐红深：《东北地方教育史》，辽宁大学出版社 1991 年版，第 240 页。

在基督教会开办的社会教育事业中，识字扫盲、成人文化补习、英语、烹饪、打字、音乐、裁剪等成为各类教会社会教育机构的主要教学内容。尤其要指出的是，各地的基督教青年会和女青年会在这方面做出了突出贡献。创立于1912年的奉天基督教青年会设有智育部，开办了业余补习学校，开有英语、日语、物理、化学、数学、会计学和各种技术课程，还成立了"平民夜校"，编印《平民千字课本》，开展扫盲活动。创立于1922年的奉天基督教女青年会设有民教部，开办有识字班、音乐班、英语研究班、裁剪班、烹饪班等。创立于1919年的大连基督教青年会附设夜校，补习科学文化知识及学习《圣经》。成立于1918年的锦县青年会开设妇女识字班、贫儿学习班，普及小学教育，还开设日语、英语学习班等。

同国内其他地区的外国在华教育一样，辽宁省的这类教育也"初非专门之教育家所设立"，而是由基督教传教士创办的，因而，"其志亦并不在教育人才以促教育之进步，乃欲以学校为一种补助物，以助其宣传福音之业"①。

基督教会创办幼稚园，是因为在他们看来，"幼稚之年，正就我范围之时"，"故上帝之宝座，可藉教室之讲台而至者，藉儿童之游戏而亦至"。而"教会小学最初设立之宗旨为宣传福音。其目的在破除偏见，招致学生父母之信任，并在城镇中设立一种公认之教会机关，而使人信奉耶教"②。教会中学则被视为教会学校体系中最重要的部分，传教士狄考文所说的"中国基督教会下一代的中坚人物无疑将由我们的教会中学来培养"，代表了传教士对教会中学教育的普遍认识。③

正因如此，这些基督教会学校在课程设置和教学内容安排方面，将如何有利于基督教的传播与发展作为首要考虑之事，然后才考虑文化知识的传授。在许多教会学校里，《圣经》都作为一门必修课程，而且每日必读。基督教会创办的育英女子小学校"除教学文化课外，还让学生学

① 朱有瓛、高时良：《中国近代学制史料》（第四辑），第157页。

② 李楚材编：《帝国主义侵华教育史资料·教会教育》，教育科学出版社1987年版，第215、205页。

③ 陈学恂编：《中国近代教育史教学参考资料》（下册），第14—15页。

神学"①。岫岩基督教会兴办的三育小学将《圣经》作为学生每日必读
课。② 海城三育中学每天早晨要由牧师讲解一个小时的《圣经》。③ 礼拜
也是教会学校必须履行的仪式。新民高中、岫岩三育小学等，"星期天列
队到东关教会做礼拜"，海城三育中学每个星期日上午全校师生必须参加
礼拜，奉天坤光女校要求在日常生活中严守宗教仪式，早晚礼拜，诵读
《圣经》。④ 在大孤山崇正女子学校，"《圣经》课为学生必修课，并规定
星期日学生要到教堂作礼拜"⑤。除此以外，教会学校还通过组织各种带
有宗教气息的课间活动，对学生进行潜移默化的影响。相对于媒体布道，
教育和医学传道方式更为隐秘。尽管这种方式在短期内可能不会使信徒
数量迅速增加，但已为基督教的传染扩散培育了良好的社会温床。可以
这样说，基督教会在辽宁创办的学校，旨在培养基督徒，以实现其"基
督教占领中国"，使"中华归主"的目的。

## 二 基督教对辽宁近代教育发展的影响

基督教会学校的出现和发展，对近代辽宁教育事业产生了重要影响，
这些影响主要表现在以下几个方面。

第一，教会学校影响和推动了新式学堂在辽宁的迅速发展。余日章
曾说，"中国新世，学校之创立，精神形式，悉由基督教会梯山航海，转
运而东，基督教对于中国教育之一途，为今日新教育规矱，早为国民公
认"。⑥ 1908 年辽宁省有小学 2040 所，中学 3 所，到 1934 年，小学增加
到 5738 所，中学增加到 130 所。尤其是沈阳文会书院和奉天医科大学这

---

① 政协辽宁省锦州市凌河区委员会学习文卫办公室编：《凌河文史资料》，1989 年，
第 47 页。

② 《岫岩县志》编纂委员会编：《岫岩县志》，辽宁大学出版社 1989 年版，第 150 页。

③ 政协辽宁省海城市委员会文史资料工作委员会编印：《海城文史资料》，1988 年，
第 20 页。

④ 辽宁省地方志编纂委员会编：《辽宁省志·宗教志》，第 228 页；政协辽宁省海城市委员
会文史资料工作委员会编印：《海城文史资料》，1988 年；政协沈阳市大东区文史资料工作委员
会编印：《大东文史资料》，1991 年。

⑤ 辽宁省地方志编纂委员会办公室编：《辽宁省志·宗教志》，第 274 页。

⑥ 许美德等：《中外比较教育史》，上海人民出版社 1990 年版，第 4—5 页。

两所教会高等学校的创办,为辽宁现代高等教育开了先河。

第二,教会学校将西方先进的教学方法和教育体制引进辽宁。在教学方法上,实行分科、分班、分级教学,注重对学生进行启发式教育,培养学生的思维能力和实验能力。奉天私立重明女学开设国语、政治、算术、自然、历史、音乐、体育等课程和编织、缝纫、烹饪、查经科目,设幼稚班、初小、初中。沈阳文会书院在"做实验时,学生每人分得必需的仪器一份"①。朝阳指南学校拥有的教学设备有:"千倍显微镜、各种植物标本、人体骨骼标本、幻灯机、可行走的火车模型、可飞翔的飞机模型等。"② 虽说并不是所有教会学校的办学条件和水平都能如此,但是,教会学校的新式办学理念和先进教学方法,为辽宁新式学堂的创办提供了借鉴。

第三,教会学校向辽宁民众传播了西方近代科学知识,并且注重实用人才的培养。教会学校一般都设有西学课程,包括自然科学和人文科学。这使接受教会教育者接触到了四书五经之外的知识,激起他们探求新知的强烈愿望。教会学校为辽宁培养出一批具有新思想、掌握了近代科学知识的新型知识分子。沈阳文会书院的毕业生中有不少人被聘为教师,或作为海关、铁路、邮政、盐务等部门通晓英语的办事员。奉天医科大学为辽宁乃至东北地区培养了许多医疗人才,从 1912 年至 1949 年,该校共培养各类医务人员 1160 人,在该校毕业生中有许多人成为医务界高级专家,如肺科专家刘同伦、眼科专家高文翰、外科专家吴英恺等。

第四,教会女校的兴起不仅使部分女性打破了禁锢,走上社会,而且开始接受西方近代自然科学和社会科学知识,逐步走上自强自立的道路。教会女校的开办,在一定程度上改变了中国人的传统教育观,先进的中国人由此认识到女子教育的重要性和必要性。教会学校以平等的姿态吸收女子入学,为辽宁女子教育打开一扇窗子,开辽宁女子教育之先声。

总之,这些教会学校的开设虽然出于宗教目的,但毕竟来自西方教

---

① 政协辽宁省委员会文史资料委员会编印:《辽宁文史资料》,1991 年,第 207 页。

② 辽宁省地方志编纂委员会办公室编:《辽宁省志·宗教志》,辽宁人民出版社 2002 年版,第 274 页。

育先进国家。就其办学方针——破坏现存教育制度，以基督教教育制度取而代之——而言，确实对中国传统教育起到了破坏作用，而带有近代教育的特征。教会学校成为中国学习西方教育的窗口，通过这个窗口，近代辽宁教育人士学到了许多属于新式教育的内容和方法，开阔了教育视野。同时，作为基督教文化与现代西方文明传播载体的教会学校，将西方文化输入辽宁，成为西方文化的传导者，把西方资本主义的思想文化、价值观念、生活方式等输入辽宁，不但对辽宁教育的进步，而且对辽宁社会的现代化都产生了一定的积极作用，加速了国人对西方文化的了解、认识和接受。

——原刊于《理论界》2012 年第 2 期

作者简介：姜德福（1963—   ）男，大连大学历史学院教授，主要从事英国史、基督教史的研究；张玲玲（1970—   ）女，大连大学马克思主义学院副教授，主要从事中国近现代史研究。